U0128292

高雄研究叢刊
第 3 種

臺灣鳳邑儒教聯堂的

飛鸞勸化與其社會網絡

作者 邱延洲

高雄研究叢刊序

　　高雄地區的歷史發展，從文字史料來說，可以追溯到 16 世紀中葉。如果再將不是以文字史料來重建的原住民歷史也納入視野，那麼高雄的歷史就更加淵遠流長了。即使就都市化的發展來說，高雄之發展也在台灣近代化啟動的 20 世紀初年，就已經開始。也就是說，高雄的歷史進程，既有長遠的歲月，也見證了台灣近代經濟發展的主流脈絡；既有台灣歷史整體的結構性意義，也有地區的獨特性意義。

　　高雄市政府對於高雄地區的歷史記憶建構，已經陸續推出了『高雄史料集成』、『高雄文史采風』兩個系列叢書。前者是在進行歷史建構工程的基礎建設，由政府出面整理、編輯、出版基本史料，提供國民重建歷史事實，甚至進行歷史詮釋的材料。後者則是在於徵集、記錄草根的歷史經驗與記憶，培育、集結地方文史人才，進行地方歷史、民俗、人文的書寫。

　　如今，『高雄研究叢刊』則將系列性地出版學術界關於高雄地區的人文歷史與社會科學研究成果。既如上述，高雄是南台灣的重鎮，她既有長遠的歷史，也是台灣近代化的重要據點，因此提供了不少學術性的研究議題，學術界也已經累積有相當的研究成果。但是這些學術界的研究成果，卻經常只在極小的範圍內流通而不能為廣大的國民全體，尤其是高雄市民所共享。

　　『高雄研究叢刊』就是在挑選學術界的優秀高雄研究成果，將之出版公諸於世，讓高雄經驗不只是學院內部的研究議題，也可以是大家共享的知識養分。

　　歷史，將使高雄不只是一個空間單位，也成為擁有獨自之個性與意義的主體。這種主體性的建立，首先需要進行一番基礎建設，也需要投入一些人為的努力。這些努力，需要公部門的投資挹注，也需要在地民間力量的參與，當然也期待海內外的知識菁英之加持。

『高雄研究叢刊』，就是海內外知識菁英的園地。期待這個園地，在很快的將來就可以百花齊放、美麗繽紛。

國史館館長

推薦序一

　　延洲在高雄師範大學臺灣歷史文化與語言研究所取得碩士學位，這本新書是延洲以其碩士論文修改而來。我是他的校外指導教授，在我的學生裡，他是一個很特別的學生，思慮敏捷，像一塊未經琢磨的璞玉。他在剛進入研究所的時候，還沒清楚地找到寫作方向，似乎有些徬徨，但在確認方向後，卻又能專心向學、突飛猛進，令人感到驚奇。

　　延洲的碩士論文有一個很特別的地方，他以一個局內人的身分，進行這份研究，確實能看到外人所不能發掘的現象。他研究鳳山地區的鸞堂，在過去的研究裡，鸞堂的發展雖然與地方公廟之間，有著若即若離的關係，但除了幾個案例的研究，沒有人能全面的了解鸞堂跟地方公廟之間，究竟關係如何演變，人和廟務之間透過何種方式聯結。延洲引用人類學家 Marcel Mauss 的「Gift」（禮物交換）概念分析此一現象，但卻又不死抱理論，能修正此一理論，而適合華人社會的運作。他指出鸞堂的祭儀中除了有其獨特的祭儀外，如著造善書的系列祭儀，另外透過祭祀鬼神的祭儀中，也與地方公廟有互通的現象。而鳳山地區鸞堂對於恩主的指稱主要為：文衡聖帝、孚佑帝君、太白金星，然而恩師並無固定，每座鸞堂皆不相同，雖然如此，這些恩師共同的特色多是地方公廟的主神，可以看出鸞堂與地方公廟的信仰聯結。此外，在鸞堂網絡中，人的因素也很重要。傳統漢人對於網絡互動的價值觀，深深影響此地鸞堂網絡的發展，「人情債」的概念即是此種價值思維，這是華人社會與西方社會不同的地方。此外，華人社會更將他人對於自己的「回報」視為對自己的「餽贈」，在這樣的思維上，也形塑出有別於 Mauss 的論述，而點出了華人社會的禮物交換觀念，影響了鳳山地區鸞堂在宗教及社會網絡互動的行為。

　　當老師的樂趣之一是當學生能有所成就時，同時所能得到的榮譽感。延洲在進入博士班之後，眼界更加寬廣，學問也越加扎實。此本新書將過去的論文修正的論點更為清晰，讀來行雲流水，越見延洲在研究上的潛能。近來屢見延洲發表新論，也期待未來很快地能讀到他的第二本新書。

值此書出版之際，延洲來電要我幫他寫序，僅將這幾年來我對他的觀察與了解，添述數語，是以為序。

逢甲大學歷史與文物研究所教授

王志宇

2016 年 11 月 25 日

推薦序二

幾乎在每一位老師的教學生涯中，都會遇到令人印象深刻的學生，這種學生分為兩類，不是成績優異者，就是所謂的「頑劣學生」。在我教學歷程，邱延洲即是令我印象深刻者，但他卻不是屬於聽話順從類，而是歸在聰明搞怪型！還記得他大四上學期，認真準備碩士班考試時，跑來跟我討論他未來想研究的主題，討論很多想法，其中泛西拉雅信仰及鸞堂信仰，係他最有興趣的。最後，他決定從事鸞堂研究，我推薦長期從事鸞堂研究的王志宇教授，擔任他的指導教授。

後來，延洲也回到家鄉，就讀高師大臺研所，對鳳山的鸞堂做了一番的田野調查，在王志宇教授與劉正元教授共同指導下，撰寫〈鳳山地區鸞堂信仰及其社會網絡之研究——以鳳邑十一鸞堂為中心〉學位論文。雖然，我沒有直接指導延洲的碩士論文，但他時常與我討論田野案例，以及論文內容的想法。2014 年，延洲順利取得學位，隨即入伍。同年底，獲得行政法人高雄市立歷史博物館的出版獎助計畫，第一時間他向我聯繫，希望能為他寫序，我毅然答應。在此之際，延洲的文章即將出版，我也履行承諾向大家推薦他的專書。這本《臺灣鳳邑儒教聯堂的飛鸞勸化與其社會網絡》係延洲就其碩論改寫而成，相較碩論版本，更顯完整，論述也增進不少，相信他改寫期間也花費不少精力。

延洲以一個鸞堂信仰者的角度，論述鳳山地區鸞堂信仰與社會網絡，其中他觀察到許多細微的問題，諸如鸞堂著造善書的祭儀，這是以前學者所未曾詳談的，他更指出這些祭儀反映鸞堂信仰者在道德實踐的價值思維，也是傳統漢人崇敬鬼神的信仰認知。此外，他也發現鸞堂與地方公廟有著強烈的聯結，並以具體的互動行為，產生穩定模式，鸞堂在面對不同屬性的團體，如與其他鸞堂之間、與地方公廟以及一般的民眾，都以不同的機制進行互動，在這些互動中最顯著的即是以鸞堂的祭儀進行社會網絡的建立。值得一提的是，延洲將所觀察到現象，以人類學家 Marcel Mauss

的「禮物交換」概念對話，反省現今多數研究者所使用的理論，提供未來要從事宗教範疇底下的民眾互動的研究者，一個思考的方向。

　　鳳山地區是延洲從事鸞堂研究的始點，本書也是他踏入學術領域的第一本書，相信並期許他未來能有更豐碩的著作。最後，做為他大學時期的業師，再次向讀者推薦這本鳳山地區鸞堂研究專書。在此僅添數語，聊以為序！

國立臺中教育大學
臺灣語文學系副教授

林良哲　謹誌

2016 年 11 月 29 日

推薦序三

　　延洲君係我與王志宇教授共同指導的研究生，在此很樂意為他這本學術專著寫序。還記得他當初就讀時（入學時本所名稱為臺灣文化及語言研究所），某天跑來找我，說想邀請我擔任共同指導（與王教授共同指導）。剛開始我有點疑慮，因為我對鸞堂議題其實並不在行，當時我任研究所主管，想想覺得有義務要協助研究生完成論文，所以就勉為其難答應。

　　教學及指導過程中延洲的學術表現令我大大驚艷，後來幾次私下一對一的討論，以及課堂的互動中，我發現延洲頗有人類學研究的潛能。課堂外他頻繁地參與臺灣民俗及廟會活動，課堂討論也常以這些自身的宗教經驗與觀察發表意見，跟同學分享了許多具體的參與個案。指導過程中我主動提供若干宗教人類學的理論供他參考。一開始我覺得延洲的學術企圖心不小，擔心他的理想性過高，另外，對於延洲以「參與觀察」做為主要的研究方法也喜憂參半。喜的部分，係唯有研究者長期浸潤在研究場域中，才能觀察到細緻的問題；憂的部分，是擔心在這樣的情況下，他會遇到許多困難阻礙。然而，後來證明我的擔憂是多餘的。延洲本身是鸞堂組織的成員，所以他同時兼具觀察者及參與者的角色（在本書中，讀者可以發現延洲成功地調和了兩種角色）。另外，從其撰寫過程，發現他有很多創見及想法，這些對於任何一個研究者來說，都是很不容易的事。

　　延洲成功地運用上述方法觀察並分析了鳳山地區鸞堂信仰，以及鸞堂組織之間的網絡互動關係。他的碩士論文係本所優秀的論文之一，學位考試時獲得口試委員的一致肯定，之後這本論文也榮獲高雄市歷史博物館的出版獎助。獲獎時延洲打電話給我分享他的喜悅，我也感到與有榮焉。他當時也口頭邀請我為此書撰寫推薦序，現在這本書即將出版，我當然義不容辭提筆，向讀者推薦延洲的研究成果。

　　延洲這本《臺灣鳳邑儒教聯堂的飛鸞勸化與其社會網絡》，係改寫他的碩士學位論文〈鳳山地區鸞堂信仰及其社會網絡之研究──以鳳邑十一

鸞堂為中心〉而來。在閱讀完這本專書的內容後，發現延洲在碩論的基礎上，對鸞堂信仰有更清晰的論述，顯見他在成大博士班這段期間必定更加精進。這本專書最令我讚歎的是：除了對鳳山地區鸞堂信仰做脈絡的探究外，延洲在鸞堂的相關組織、祀神、祭儀等面向都做了詳盡的說明。他在研究觀點上以人類學家 Marcel Mauss 的「禮物交換」理論來論述鸞堂的社會網絡如何形塑，並延伸討論南部鸞堂儀式中物質之間、物質與非物質、以及非物質之間的交換形式及變遷，整體呈現經驗資料與理論之間的對話，展現高度的學術視野與價值。

在此，我以最誠摯的心情，向讀者大眾推薦這本專書，也相信大家在閱讀完之後，也會跟我一樣收穫滿滿。是為序！

國立高雄師範大學
臺灣歷史文化及語言研究所副教授

劉正元

2016 年 11 月 28 日

自 序

　　很難想像一個小時候見到書本就想睡覺的人，在這時竟然要將自己的研究成果出版成書，並且分享給各位！冥冥中似乎存在著「果報」，想想有趣，年少糟蹋學問，如今被學問糟蹋。然而，一切的轉機就在 2006 上半年，當時得知大學推甄錄取，便跟隨父祖的腳步，進入鸞堂信仰的世界，因緣也在這個時候種下，直到 2010 年農曆 12 月 15 日，奉恩師命「宣誓」，纔真正具有信仰者身分，亦在此間強化研究鸞堂的念頭。

　　當然，在我生長經驗中，接觸鸞堂信仰的頻率算很高，卻也只是懵懵懂懂，直至親身參與後，逐漸了解「鸞堂」到底是甚麼？然而，從書籍的閱讀卻也發現，為什麼我所處居的家鄉——「鳳山」與他地的鸞堂信仰有著這麼多差異。鳳山地區鸞堂在許多研究中一再被提及，也被諸多學者認為在鸞堂整合運動裡有其重要地位，有趣的是沒有專文、專書討論之。這也令我深感研究「它」的必要，碩士班階段，即付諸行動觀察「它」的種種問題，碩士論文〈鳳山地區鸞堂信仰及其社會網絡之研究——以鳳邑十一鸞堂為中心〉便是行動之後的成果。

　　回想那時，隻身初訪各鸞堂並沒想像的容易，常遇「不得其門而入」，都是無人在內的窘境。幾次下來，我改變拜訪的時程，這樣的困境慢慢化解，藉由與各堂執事、堂生、耆老的「閒聊」，發現「他們」對我具有「堂生」身分感到親切，聊的內容雖然雜，但每次都有不錯的回饋，且進一步感受到，當我提及我的伯公邱松齡（tsuí-á）和阿公邱松正（é-á）名諱，更滔滔不絕述說往事，並且讚佩祖孫三代同為鸞堂效勞，不是簡單的事。有時靜靜沉思，我的論文不也是繼承伯公、祖父當時的信仰果實而成就的嗎？

　　2014 年底，幸獲行政法人高雄市立歷史博物館「2014 年寫高雄－年輕城市的微歷史」文史出版獎助計畫，讓我這小小成果能與讀者大眾分享，也督促我重新審視碩士論文的疏漏，進一步重新改寫，遂而有了這本《臺灣鳳邑儒教聯堂的飛鸞勸化與其社會網絡》見世。

　　書中我除了對文獻進行解析外，也著重身體力行的「參與觀察」，藉由二者並重論述鳳山地區鸞堂信仰與其社會網絡，期望為鸞堂議題增添不同的研究視野。鳳山地區鸞堂始於日治中晚期，主要系統有二：一為五甲協善堂，設立於大正 6 年（1917）；二是靜心社舉善堂，設立於昭和 2 年（1927）。前者為左營啟明堂分衍，後者為旗津修善堂的脈絡。1940 年至 1960 年，鳳山地區鸞堂信仰蓬勃發展，更增加了 9 座鸞堂，分別為啟成、靈善、慈善、樂善、明善、啟善、養靈、喜善、挽善等鸞堂，觀察鳳山地區鸞堂的蓬勃主要係透過人際關係之互動，設立肇因皆係由一群人所發起。

　　鳳山地區大多數鸞堂，設立初期寄祀在地方公廟，有著跨教派的互動關係，為了解這樣的互動是基於何種思維，從鸞堂的組織運作、宗教祭儀進行討論，發現鸞堂的著造善書的系列祭儀深具有特色；此外，祭祀鬼神的祭儀中，與地方公廟有互通的現象。這些祭儀反映了鸞堂信仰者在道德實踐的價值思維，也彰顯傳統漢人崇敬鬼神的信仰認知。

　　「救劫」是鸞堂信仰的核心，信仰者以自身參與，實踐「修己利人」，來挽救日漸崩壞的社會，這模式反映在著造善書。鸞堂善書是以神祇降鸞而作的勸世文章，內容中凸顯其神學體系，來降鸞的大多是鸞堂內供奉之神祇，信仰者認為鸞堂是進行教育的處所，以神為師的信仰思維，也產生了「恩師」之稱。鳳山地區的鸞堂與其他地區相同，均有「恩主」的信仰，從字面可明白「恩主」與「恩師」在信仰認知上是有差異的。鳳山地區鸞堂對恩主的指稱主要為：文衡聖帝、孚佑帝君、太白金星，但恩師所指並無固定，每座鸞堂皆不相同，雖然如此，這些恩師共同特色皆是地方公廟的主神，可以看出鸞堂與地方公廟的信仰聯結。

　　鸞堂與地方公廟有著強烈的聯結，並以具體的互動行為，產生穩定的模式，鸞堂在面對不同屬性的團體，如與其他鸞堂、地方公廟以及一般的民眾之間，乃以不同機制進行互動，最顯著的便是以鸞堂的祭儀進行社會網絡之建立，這是鸞堂在鳳山地區蓬勃發展之故，所產生的影響係不論地方公廟、一般民眾，都有許多機會接觸鸞堂祭儀，在長時間發展及影響下，就成為眾多宗教儀式中的首選，而「祭儀」就成為鸞堂的必備資源。

　　本書以人類學家 Marcel Mauss 的「Gift」（禮物交換）概念作為發想，延伸論述鳳山地區鸞堂與他者的互動，就我的觀察理解，鸞堂祭儀也是透過「Gift」概念進行互動關係的建立，但並不完全如 Marcel Mauss 所指實質的禮物交換，其中牽涉了傳統漢人對網絡互動的價值觀。「人情債」即是此種價值思維，這是華人社會與西方社會的不同。此外，華人社會更將他人對於自己的「回報」視為對自己的「饋贈」，在這樣的思維上，也形塑出有別於 Mauss 的論述。我認為華人社會的禮物交換觀念，確實影響鳳山地區鸞堂在宗教及社會網絡互動的行為。

　　然而，對目前的研究成果，不論是鳳山地區鸞堂信仰的討論，抑或是有關鸞堂的社會網絡議題，在目前似乎並未引起更多研究者的關注。本書的撰寫與出版，便是希冀透過這樣的討論，可以更進一步了解鳳山地區的鸞堂信仰，以及該地區鸞堂的社會網絡互動。

　　這本書的完成，首先感謝逢甲大學歷史與文物研究所王志宇教授、高雄師範大學臺灣歷史文化及語言研究所劉正元教授，以及臺中教育大學臺灣語文學系林茂賢教授三位師長的教導。王師與劉師係我碩士論文的指導教授，研究路途受到二師的提攜與照顧，王師出身歷史學門，劉師則是人類學門，透過如此的學習，讓本書增添許多不同的觀點，在二師的鼓勵下，才得以有今日之作；我在民俗領域的奠基，更要感謝林師，初入大學殿堂學習，即被林師的教學風格所吸引，學習歷程上，更受林師「牽教」，促使我回歸在地研究，感謝三位師長的知遇之恩。此外，更要向出版計畫的匿名審查委員，有了委員建議，也讓這本專書更為臻備。

　　在田野及參與觀察的過程中受到各位鸞堂前輩先進幫助，於此致上十二萬分的謝意，感謝誠心社明善堂主王國柱先生、副堂主林義雄先生、司經柯鳳明先生細心的指導，感謝舉善堂、協善堂、靈善堂、慈善堂、樂善堂、啟善堂、養靈堂、喜善堂等堂主、執事前輩，豐富了本書田野資料的厚實，其中啟善堂主黃海含先生、養靈堂主王文鴻先生、喜善堂主鄭客仁先生不厭其煩接受我的叨擾，由衷致謝。

　　也感謝我的家人，因為你們的容忍與體諒，我纔能堅持在研究的路途上。最後，特別要向諸位聖真感謝與致意，撰寫本書的過程中，曾面臨多次的瓶頸，每當萌生退意之時，只要心中靜禱求助恩主及諸位恩師，問題、瓶頸總是迎刃而解，或許這樣的說法過於玄異，更或許因為筆者身為鸞堂信仰者，如此信仰之心，得蒙諸真眷顧，纔得成就本書。故而，將撰寫本書過程無法解釋的情況，歸結於受到恩主及諸位恩師的幫助，就讓我用這本《臺灣鳳邑儒教聯堂的飛鸞勸化與社會網絡》聊表寸心吧！

謹誌

2016 年 12 月 1 日書於成功大學歷史系館

目　次

圖　次

表　次

導　言

　　參與寺廟活動大概是多數臺灣人共同的生活經驗與記憶，其中以神明誕辰，也就是俗稱的「神明生」最多，從俗諺「三月痟媽祖」，即可反映此種現象，顯現臺灣民眾對寺廟活動的參與程度，然而在臺灣不僅僅只有農曆三月的「媽祖生」，每個月也都有各種神祇誕辰，可見寺廟活動的影響力是不容小覷。

　　與多數臺灣民眾相同，「看熱鬧（kuànn láu liat）」係從小養成的經驗和興趣，回憶幼時，因住家緊鄰寺廟，接觸宗教活動可謂頻繁，當時也與外界認為神秘之宗教儀式「扶鸞」有微妙的邂逅，小時候並不知這是多特殊的信仰儀式，如此的邂逅確實也影響筆者至今。其實接觸扶鸞並非偶然或者意外，祖父與父親皆是正鸞生，算是一種家族信仰，只是當時不知悉而已，這種兒時的經驗，也在成年之後化為實際的信仰行為，高三那年開始「行堂（kiânn tng）」，[1] 大學四年級（2010）奉恩師之命正式宣誓入堂。

　　基於這樣的生活經驗，又加上所學與民俗文化、民間信仰相關甚深，遂而提筆撰文，藉由大學以降的課程修習，啟發了對民間信仰與鸞堂議題的求知慾，閱讀相關的研究與書籍，深刻發覺書中呈現與筆者生長地「鳳山」的鸞堂信仰有甚多差異之處，這是本書得以成形的始端。經由大量的閱讀及田野觀察發現，許多研究者為避免探討主題失焦，都會免除討論周邊問題，鸞堂研究亦然，如王見川兩篇著作〈西來庵事件與道教、鸞堂之關係──兼論其周邊問題〉、[2]〈略論陳中和家族的信仰與勸善活動〉[3] 提供對鸞堂研究之反思。

1　「行堂（kiânn tng）」一詞係指鸞堂信仰者對於參與鸞堂的行為指稱，也可作信仰鸞堂的之稱。

2　王見川，〈西來庵事件與道教、鸞堂之關係──兼論其周邊問題〉，《臺北文獻直字》120（1997 年 6 月），頁 71-91。

3　王見川，〈略論陳中和家族的信仰與勸善活動〉，《臺北文獻直字》119（1997 年 3 月），頁 135-154。

　　王見川兩篇文章，前者討論西來庵與鸞堂的關係，除全臺白龍庵開基五大家將團外，[4] 西來庵亦有五團的家將，其堂號以「吉」字為頭，[5] 是全臺灣「吉」字頭家將團之源，在整個家將信仰與文化的發展過程極為重要，但王氏並未談及西來庵家將與鸞堂間的互動，令他人無法得知西來庵的信仰全貌及西來庵事件中，家將團是否參與或是扮演角色為何？後者亦是聚焦於陳中和及其家族在鸞堂的勸善事業，對陳中和家族是否為單純的鸞堂信仰者也未有討論。傳統上，地方神廟是公眾的議事場域，仕紳掌握了寺廟，亦是掌握了分配利益的權力，在此文中，只見身為仕紳階層的陳中和奔走於鸞堂的勸善活動，卻未見投身更廣泛之民間信仰相關事務，這顯然與一般大眾對大多數仕紳的地方參與情況印象有所不同。

　　藉由上面兩篇論述，可有些許思考。首先，西來庵事件被定位為單純的鸞堂所發起之抗日事件；第二，陳中和等仕紳階層被導引為單純的鸞堂信仰者。而從先前閱讀與觀察經驗觀之，研究聚焦後造成鸞堂其他面向的問題不被看見，觀察到的也只是看到鸞堂外部現象，無法了解該鸞堂實際上的諸多問題。

　　鳳山地區約莫於戰後至 1950 年代初期出現了設立鸞堂的風潮，更在 1961 年聯合著造善書《明道》，當時參與聯著共有十一座鸞堂，「聯著」不表示各鸞堂的組織就此合併，反而另設「鳳邑儒教聯堂」，作為聯著善書時處理相關事宜的組織，故鳳山地區的鸞堂之間仍是維持獨立的信仰領域。在剛開始的初步走訪，即發現這些鸞堂地理位置之分布極為有趣，似乎與庄頭聚落有所關聯；換言之，鸞堂與聚落民眾的生活，存在著某種從外部現象難以發現的互動關係。此外，戰後以來，鳳山地區鸞堂信仰與「地方

4　全臺白龍庵主祀五福大帝，又稱五靈公，目前寄祀於大銃街元和宮，五靈公分別為張部顯靈公、鍾部應靈公、劉部宣靈公、史部揚靈公、趙部振靈公，每部各有分屬之家將堂號，張部：如意增壽堂、鍾部：如善范司堂、劉部：如良應興堂、史部：如順協興堂、趙部：如性慈祥堂。

5　西來庵為全臺白龍庵之分衍，其分衍之因，為白龍庵原是福州官兵同鄉會所與信仰中心，也因為白龍庵位於軍事重地，再者牽涉民間信仰中「請神問事」之相關問題，在地民眾因不滿每每請示，福州官兵皆為優先，因此造成之間嫌隙，遂而另外分香成立西來庵；西來庵家將亦因承襲白龍庵之信仰，而亦有五部家將。

公廟」[6] 亦有著微妙互動，然而現今鸞堂研究成果中鮮少關注鸞堂與地方信仰互動關係，職是，鳳山地區鸞堂與地方公廟的雙方互動似乎擁有與其他地區鸞堂不同且特殊之處。

經由田調過程與自身參與的經驗，發現幾個有趣的現象：1. 鳳山地區各鸞堂皆具有強烈的獨立性，在此前提下，鸞堂之間以及鸞堂與地方公廟間仍存有頻繁互動情況；2. 鸞堂的發展脈絡上，地方菁英似乎扮演著鸞堂之間，及地方公廟之信仰聯結的媒介角色；3. 鳳山地區鸞堂網絡的若干互動關係中，似乎與聚落居民也存在著緊密聯結。在此，對初步田野觀察的現象，提出本書擬討論的問題面向：1. 鳳山地區鸞堂在強烈的獨立性格驅使下，其社會網絡如何形成？2. 鳳山地區鸞堂的社會網絡係透過怎樣模式進行互動？

扶鸞的形成，許地山認為文人扶乩始於宋代，[7] 基本上不論扶乩或是扶鸞等宗教儀式均不專屬任何民間教派，至少在臺灣所見如此。《臺灣慣習記事》[8] 與丸井圭治郎的《臺灣宗教調查報告書（第一卷）》[9]，都將鸞堂定義為迷信與巫覡，內容偏重信仰與活動介紹，形式上以調查報告為主。增田福太郎《臺灣本島人の宗教》[10] 對儒教神祇系統較有著墨，但討論面向侷限，且

6　地方廟宇，在目前學界的名詞使用有「地方公廟」與「地方宮廟」兩種，這是根據廟宇與聚落的關係而產生不同的指稱。由於「宮廟」的指稱用語，從字面上無法明顯看出寺廟有無聚落公共性與公有性，可能導致閱讀者也能以為「地方宮廟」也含括了具私人性質的神壇；再者，依照王志宇的闡述：「公廟：乃由村人集資興建，地方群眾對公廟的活動有參與的義務」，以此可了解「公廟」的指稱是具有公共性與公有性。由於本文所討論的地方廟宇係具有公共性與公有性，行文中即以「地方公廟」作為指稱；請參見王志宇，《寺廟與村落：臺灣漢人社會的歷史文化觀察》（臺北：文津出版社有限公司，2008），頁 52。

7　許地山，《扶箕迷信的研究》（臺北：臺灣商務印書館，1994），頁 15。

8　臺灣慣習研究會，《臺灣慣習記事（中譯本）》〈第一卷下〉（南投：臺灣省文獻會，1984），頁 86-88、200。

9　丸井圭治郎，《臺灣宗教調查報告書》〈第一卷〉（臺北：捷幼出版社，1993），頁 156-160。

10　增田福太郎，《臺灣本島人の宗教》（臺北：南天書局有限公司，1996），頁 15-19。

定義亦是朝迷信與巫覡進行解釋，與現行研究的討論相較，差異甚大。

本書著重信仰與地方的討論，為了解鳳山地區鸞堂信仰與地方公廟、地方菁英、聚落民眾等多重的互動，主要仍以鸞堂信仰為研究主軸，從中延伸思考，論述鸞堂信仰及其社會網絡，然而目前在此項議題上，並無強烈之論述文章，為求深入知悉地方與信仰之間的關係，先從幾項有關地方與信仰互動的概念來說明。

目前信仰與地方研究多以「祭祀圈」作為論述的觀點，通常用在討論地方公廟與聚落居民之間的互動關係，最早使用此概念者為日治時期的岡田謙，以祭祀圈研究臺灣社會，其論點係同奉祀一個主神的民眾所居住的地域。[11] 到了 1978 年許嘉明才重新為祭祀圈下了更明確的定義。[12] 林美容認為祭祀圈係為了所謂的「共神信仰」[13] 而共同舉行祭祀之居民所屬的地區單位，此後又於氏著〈由祭祀圈到信仰圈——臺灣民間社會的地域構成與發展〉進行對祭祀圈的反思，並提出「信仰圈」概念，其定義為：「所謂信仰圈，是以某一神明或其分身之信仰為中心，信徒所形成的志願性宗教組織，信徒的分布有一定的範圍，通常必須超越地方社區的範圍，才有信仰圈可言。」[14] 而祭祀圈抑或信仰圈，兩者之概念皆與信仰及地區有關。

雖然，祭祀圈係多數研究者用於探討民間信仰及地方社會組織的概念，但王志宇在其論著《寺廟與村落——臺灣漢人社會的歷史文化觀察》，不刻意地去討論祭祀圈，而是探討此空間中的人群如何與信仰進行互動，從聚落的結構、聚落居民、村庄風水與道德實踐，進而論述「社會文化空

11　岡田謙著，陳乃蘗譯，〈臺灣北部村落之祭祀範圍〉，《臺北文物》9（1960 年 12 月），頁 14-29。

12　許嘉明，〈祭祀圈之於居臺漢人社會的獨特性〉，《中華文化復興月刊》11：6（1978 年 6 月），頁 61。

13　共神信仰應為同一地區居民祭祀同樣之神祇，如土地公，地方守護神等。

14　林美容，〈由祭祀圈到信仰圈——臺灣民間社會的地域構成與發展〉，參見張炎憲主編，《中國海洋發展史論文集（第三輯）》（臺北：中央研究院三民主義研究所，1988），頁 101。

間」的形成，[15]引發省思鸞堂與聚落在信仰上與結構性的問題。鸞堂有別於一般的地方公廟，若以祭祀圈論述鸞堂與聚落民眾，似乎難以闡述完整，針對此種在信仰與聚落的論述限制，社會文化空間之概念似乎較能解決本書在鸞堂與聚落互動的相關問題。

陳建宏〈公廟與地方社會——以大溪鎮普濟堂為例〉[16]，援引 Prasenjit Duara（杜贊奇）的文化權力網絡（cultural nexus of power）[17]，以桃園大溪地區的鸞堂作為研究對象，從多項因素討論普濟堂如何從鸞堂變成地方民眾信仰的公廟，臺灣有相當多鸞堂在發展過程中成為地方公廟，其因眾多。就陳建宏認為，普濟堂轉變之因與地方菁英的介入有莫大關係，指出傳統地方菁英參與普濟堂活動，主要以地域及親屬作為關係結合的基礎，但在建廟之時加入了另一批地方菁英，削弱原先鸞生的勢力，導致普濟堂扶鸞活動衰微，鸞堂信仰本質減弱，並以象徵資本概念說明，後來加入的地方菁英其象徵資本多於之前的地方菁英。

此外，汪明怡之碩士論文〈臺南寺廟聯境組織變遷之研究〉也提出異於祭祀圈與社會文化空間的觀點。臺灣至日治以前，無論政治抑或經濟多以府城為中心，其發展過程中並無「村」或「庄」的觀念，則是以「境」來區分地域，汪氏的論文中即是闡述此種概念，清末因臺灣戰備能力不足，而由鄉紳以寺廟為中心團練鄉勇[18]，發展出「聯境」的制度，隨著時代變遷，政權更迭，以致團練鄉勇的本質改變，轉而成為寺廟之間的「交陪」，其中除寺

15　王志宇，《寺廟與村落——臺灣漢人社會的歷史文化觀察》（臺北：文津出版社有限公司，2008）。

16　陳建宏，〈公廟與地方社會——以大溪鎮普祭堂為例〉（桃園：中央大學歷史研究所碩士論文，2004）。

17　PrasenjitDuara, *Culture, Power and the State: Rural North China, 1900-1942* (Sandford: Sandford University Press, 1988)；另參見 Prasenjit Duara 著、王福明譯，《文化、權力與國家：1900-1942 的華北農村》（南京：江蘇人民出版社，1994），頁 20-23、45-49、82-85、92-94、112-127、133、141；轉引自王志宇，《寺廟與村落——臺灣漢人社會的歷史文化觀察》（臺北：文津出版社有限公司，2008），頁 257-258。

18　汪明怡，〈臺南寺廟聯境組織變遷之研究〉（臺南：臺南大學鄉土文化研究所碩士論文，2004）。

廟間的互動，亦牽涉寺廟與民眾的關係。汪氏在論著中援引 Marcel Mauss
的「禮物交換」觀點討論之，以各寺廟間的神明誕辰的「插燭」、建醮系列
活動、建醮後的送天師以及四安境的迎「聖爐、聖旗」等活動，論述聯境的
變遷與寺廟的交陪。

交換理論主要為原始部落的「庫拉交易圈」[19] 及「誇富宴」[20] 後續之研究，
係一種屬於經濟人類學的研究觀點，主要論述者為 Marcel Mauss，其認為
原始社會的禮物交換是一種不含商業性質的相互贈予，且與宗教或巫術有
直接關係 [21]，在其論著〈禮物：舊社會中交換的形式與功能〉一文中針對不同
的交換模式提出「全面報稱體系」，此體系有三項義務，分別為給予、收取
以及回報。[22] Mauss 認為義務性的交換與餽贈係維持社會階級秩序與權力
關係。無論 Mauss 或汪明怡在討論交換理論時，均以禮物等屬物質情況作
為論述之要點。汪氏試圖朝向傳統漢人關於「人情」部分進行論述，但最終
仍回歸物質，Mauss 認為交換原則重要的係非商業性的互相贈與，且有巫
術及宗教的意涵，提供思考在信仰的範疇中是如何進行交換，鳳山鸞堂社
會網絡的形成，是否也存在交換的互動。

鸞堂的現行研究成果，戰後至今投入研究者不少，有蔡懋棠 [23]、鄭喜夫 [24]、

---

19 「庫拉交易圈」，原文為 kularing，係指新幾內亞東部及附近各島嶼的許多民族與
　部落存在的一種伴隨一定規模，物與物交換的儀禮性物品的交易圈；參見陳國強
　主編，《文化人類學辭典》（臺北：恩楷股份有限公司，2006），頁 76。

20 「誇富宴」，原文為 potlatch，出自於美國華盛頓欽魯克印第安人之語，含有「給
　予」之義，為印第安人的一種社會性儀式，一般舉行於婚喪喜慶；參見陳國強主
　編，《文化人類學辭典》，頁 239。

21 陳國強主編，《文化人類學辭典》，頁 311-312。

22 Marcel Mauss 著，汪珍宜、何翠萍等譯，《禮物：舊社會中交換的形式與功能》
　（臺北：允晨文化實業股份有限公司，1984），頁 55-59。

23 蔡懋棠，〈臺灣現行的善書（佛道等教勸善之書）〉，《臺灣風物》24：4（1974 年
　12 月），頁 86-117；〈臺灣現行的善書（續）〉，《臺灣風物》26：4（1976 年 12 月），
　頁 84-123；〈臺灣現行的善書〉，《臺灣風物》29：3（1979 年 9 月），頁 21-93。

24 鄭喜夫，〈從善書見地談「白衣神咒」在臺灣〉，《臺灣文獻》32：3（1981 年 9 月），
　頁 120-167；〈臺灣善書初探〉，《臺灣文獻》33：3（1982 年 9 月），頁 45-72；〈關
　聖帝君善書在臺灣〉，《臺灣文獻》34：3（1983 年 9 月），頁 115-148。

林永根 [25]、林漢章 [26]、王世慶 [27]、陳兆南 [28]、翁聖峰 [29]、許玉河 [30] 等都曾撰文探討鸞堂或善書在臺灣的發展,其中宋光宇 [31]、鄭志明 [32]、王見川 [33]、王志宇 [34]、李世

---

25 林永根,〈臺灣的鸞堂——一種蓬勃發展的民間信仰與傳統宗教〉,《臺灣風物》34:1(1984 年 3 月),頁 71-78。

26 林漢章,〈余清芳在西來庵事件中所使用的善書〉,《臺灣史料研究》2(1993 年 8 月),頁 116-122。

27 王世慶,〈日據初期臺灣之降筆會與戒煙運動〉,《臺灣文獻》37:4(1986 年 12 月),頁 111-152。

28 陳兆南,〈鸞堂宣講的傳統與變遷——以善書文獻的考察〉,收錄李豐楙、朱榮貴編,《儀式、廟會與社區——道教、民間信仰與民間文化》(臺北:中央研究院文史哲研究所,1996 年),頁 99-123。

29 翁聖峰,〈日據時期(1920-1932)臺灣的儒學與儒教——以「臺灣民報」為分析場域〉,《臺灣文獻》51:4(1986 年 12 月),頁 285-307。

30 許玉河,〈澎湖鸞堂發展史〉,《臺灣文獻》54:4(2003 年 12 月),頁 153-204;〈神道設教——澎湖鸞堂的社會關懷(上)〉,《咕咾石》54(2009 年 3 月),頁 93-118;〈神道設教——澎湖鸞堂的社會關懷(下)〉,《咕咾石》55(2009 年 6 月),頁 88-106;〈澎湖鸞堂之研究(1853-2001)〉(臺南:臺南大學鄉土文化研究所碩士論文,2004)。

31 宋光宇,〈解讀清末在臺灣撰作的善書《覺悟選新》〉,收錄氏著《宗教與社會》(臺北:東大圖書股份有限公司,1995),頁 1-65;〈清末和日據初期臺灣鸞堂與善書〉,《臺灣文獻》49:1(1998 年 3 月),頁 1-19。

32 鄭志明,〈臺灣民間鸞堂儒宗神教的宗教體系初探〉,《臺北文獻直字》68(1984 年 6 月),頁 79-130;〈鸞書「聖賢真理」的社會思想〉,收錄氏著《中國善書與宗教》(臺北:臺灣學生書局有限公司,1988),頁 205-445。

33 王見川,〈清末日治初期臺灣的鸞堂——兼論「儒宗神教」的形成〉,收錄氏著《臺灣的齋教與鸞堂》(臺北:南天書局有限公司,1996),頁 169-222;〈西來庵事件與道教、鸞堂之關係——兼論周邊問題〉,《臺北文獻直字》120(1997 年 6 月),頁 71-91;〈從意誠堂同善社所藏文物看陳中和家族的宗教信仰與勸善活動〉,收錄於黃俊傑編,《高雄歷史與文化論集(四)》(高雄:財團法人陳中和翁慈善基金會,1997),頁 59-74。

34 王志宇,〈從鸞堂到儒宗神教——論鸞堂在臺之發展與傳布〉,收錄於李豐楙、朱榮貴編,《儀式、廟會與社區——道教、民間信仰與民間文化》(臺北:中央研究院文史哲研究所,1996),頁 157-177;〈儒宗神教統監正理楊明機及其善書之研究〉,《臺北文獻直字》120(1997 年 6 月),頁 43-63;《臺灣的恩主公信仰——儒宗神教與飛鸞勸化》(臺北:文津出版社有限公司,1997)。

偉[35]等人成果豐碩，探討的深度與廣度較為可觀。就戰後鸞堂研究型態的分期，1970 至 80 年代，大致上是信仰內容與善書的介紹；1980 至 90 年代，則為大量使用日籍文獻資料與清末善書，呈現鸞堂歷史與善書中的內容及其反映之價值觀及與現代社會的互動回應；1990 年代迄今研究之面向更為廣泛，舉凡鸞堂人物之生命史、族群性鸞堂均是研究議題，王見川提出未來鸞堂研究的六大面向：「一、鸞堂歷史，二、鸞堂的生態，三、鸞堂的宗教屬性，四、鸞書內容，五、鸞堂崇拜的主神，六、研究者與研究對象的互動」[36]。此外，鄭志明更認為鸞堂研究除了著重歷史探析外，亦有其他議題可供未來研究者關注討論，如鸞堂文化的社會意義、社會心理、社會思想、倫理教化、社會控制等，顯示鸞堂宗教體系與社會的緊密結合，甚至鸞堂與當代政治的互動關係，都有被討論的空間。[37]

　　鸞堂緣起與發展之研究，王世慶依據《臺灣總督府公文類纂》與鸞書《覺悟選新》所撰文之〈日據初期臺灣之降筆會與戒煙運動〉整理出五種說法論述臺灣鸞堂的分布與系統，[38]且認為扶鸞的傳入與鸞堂設立係順著臺人

---

35 李世偉，〈清末日據時期臺灣的士紳與鸞堂〉，《臺灣風物》46：4（1996 年 12 月），頁 111-143；〈日治時期臺灣的儒教運動（上）〉，《臺北文獻直字》120（1997 年 6 月），頁 93-131；〈日治時期臺灣的儒教運動（下）〉，《臺北文獻直字》121（1997 年 9 月），頁 43-82。

36 王見川，〈臺灣鸞堂研究的回顧與前瞻〉，收錄氏著《臺灣的齋教與鸞堂》（臺北：南天書局有限公司，1996），頁 199-222。

37 鄭志明，〈近五十年來臺灣地區民間宗教之研究與前瞻〉，《臺灣文獻》52：2 期（2001 年 6 月），頁 135。

38 王世慶所提的五種說法其內容為：1. 據光緒 27 年臺北辦務署士林之署長朝比奈金三郎之調查，據某文人言，鸞堂已在二百年前由大陸傳入臺灣，大概是康熙 40 年左右。2. 咸豐 3 年從福建泉州公善社傳入澎湖，建普勸社。3. 同治 6、7 年澎湖許太老至廣東學扶鸞方法，返臺澎後為庄民治病，光緒 13、14 年間許太老將該法傳授給宜蘭頭城街進士楊士芳，並在頭圍見喚醒堂。4. 井出季和太所著《臺灣治績志》載，同治 9 年間，廣東有扶鸞降神迷信傳入澎湖，以之勸導戒煙。5. 光緒 19 年，宜蘭人吳炳珠與莊國香二人前往陸豐見鸞堂以降鸞勸戒煙效果顯著，乃學得此法傳回臺灣；參見王世慶，〈日據初期臺灣之降筆會與戒煙運動〉，《臺灣文獻》37：4，頁 113。

有吸食鴉片之勢，知識分子為改善當代社會之風氣，進而從扶鸞著手，此種論述難免限縮瞭解鸞堂設立之原因。王志宇的〈從鸞堂到儒宗神教──論鸞堂在臺之發展與傳布〉，從鸞堂設立之因素，歸納了三種類型：1. 社區教化型鸞堂；2. 戒煙型鸞堂；3. 神威顯化型，[39] 據其歸納類型，有值得關注之處。鳳山地區鸞堂大多設立於戰後，對「戒煙（戒鴉片）」此項行為，應當式微，甚至已不存在。審視鳳山地區各鸞堂的設立，時間序上是緊密的，各鸞堂成立肇因，似乎也不太合乎王志宇所提出的三大類型，基於時代及社會環境需求，戒煙成為鸞堂設立的肇因之一，但戰後不得見之，然而社會教化與神威顯化在現今的鸞堂信仰中仍可見得，這是否真為鸞堂設立契因，還是鸞堂發展的型態，值得深究。雖然王治宇論著所田調範圍為中部地區，但對本文欲論述之鳳山地區仍有諸多可以借鏡之處

　　鸞堂與一般地方公廟不同之處，在於擁有自成一格的信仰儀式，這些儀式皆與「鸞」有密切關聯，多從「扶鸞儀式」延伸。Jordan & Overmyer（焦大衛、歐大年）合著 *The Flying Phoenix: Aspect of Chinese Sectarianism in Taiwan*，以參與觀察，親身融入鸞堂信仰活動，詳盡記錄各項的儀式，並且對鸞堂信仰者作深度訪談，探討拜鸞活動及儀式在信仰中的意義。[40] 另外，鸞堂儀式研究，張家麟亦有論述，〈宗教儀式變遷認同與宗教發展──以鸞堂扶鸞活動為焦點〉[41] 及〈宗教儀式變遷與當代社會──論臺灣扶鸞儀式的型態及其形成原因〉，[42] 前文以問卷分析作為研究方法，透過問卷反映信眾對儀式變遷的接受程度，但過度以量化來論述，對信眾的信仰認同有何

39　王志宇，〈從鸞堂到儒宗神教──論鸞堂在臺之發展與傳布〉，收錄於李豐楙、朱榮貴編，《儀式、廟會與社區──道教、民間信仰與民間文化》，頁 168-171。

40　D. K. Jordan 與 D. L. Overmyer 合著，周育民譯，宋光宇校正，《飛鸞──中國民間教派面面觀》（原書名：*The Flying Phoenix: Aspect of Chinese Sectarianism in Taiwan*，香港：中文大學出版社，2005）。

41　張家麟，〈宗教儀式變遷認同與宗教發展──以鸞堂扶鸞活動為焦點〉，收錄氏著《臺灣宗教儀式與社會變遷》（臺北：蘭臺出版社，2008），頁 1-60。

42　張家麟，〈宗教儀式變遷與當代社會──論臺灣扶鸞儀式的型態及其形成原因〉，收錄氏著《臺灣宗教融合與在地化──以民間宗教儀式為焦點》（臺北：蘭臺出版社，2010），頁 185-236。

種強烈聯結並未有實質論證；後文屬質化研究，以獅頭山勸化堂、宜蘭新民堂與玄門真宗作為儀式變遷的討論對象，分別從鸞文形式、儀式進行及法器作為論述重點，也針對菁英、普羅階層及女性參鸞等議題進行變遷討論。然而這兩篇論著過度闡述儀式的變遷，宣稱儀式變遷有助吸引他人加入，同時在信眾認同度上是偏高的；[43] 對年事偏高的鸞堂參與者則堅守儀式之傳統性，張氏認為是習慣問題。[44] 因時代需求而儀式有所變遷實可理解，但對儀式在「變」與「不變」的論述完整度仍有進一步討論之空間。

扶鸞儀式雖為跳脫世俗化的神聖性過程，實質上是為滿足教化功能，因此鸞書亦成為研究鸞堂重要議題之一。蔡懋棠將臺灣善書之類型分為「新型」與「舊型」兩者，前者指明清以降在臺灣民間重新刊印，後者係指在臺灣各宗教扶鸞而成的鸞書；[45] 宋光宇指稱「古典善書」與「現代善書」，兩人的基本概念是相同的。[46] 然善書的研究也僅止於區分其類型，於內容無太多的論述。陳兆南博士論文〈宣講及其唱本之研究〉，[47] 對清代的宣講做了詳盡的考察，有助本文從宣講的內容與形式，了解鸞堂的勸善行為。

有關高雄地區鸞堂研究，王見川首開先河，其文〈略論陳中和家族的信仰與勸善活動〉探討陳中和家族在鸞堂的勸善事業，但對陳中和及其家族人員是否為單純的鸞堂信仰者並有說明，文中引述《臺灣日日新報》之報導進行解釋：

> 安瀾宮是苓雅寮地區的信仰中心，陳中和繪在大正七年捐資壹佰陸拾圓，幫助該廟重建。因同善社宣講臺尚未興建，只好先暫借此地宣講。[48]

---

43 張家麟，〈宗教儀式變遷認同與宗教發展——以鸞堂扶鸞活動為焦點〉，頁 17-34。

44 張家麟，〈宗教儀式變遷與當代社會——論臺灣扶鸞儀式的型態及其形成原因〉，頁 233-234。

45 蔡懋棠，〈臺灣現行的善書（續）〉，《臺灣風物》，頁 101。

46 宋光宇，〈關於善書的研究及其展望〉，《新史學》5：4（1994 年 12 月），頁 167。

47 陳兆南，〈宣講及其唱本之研究〉（臺北：中國文化大學中國文學研究所博士論文，1991）。

48 王見川，〈略論陳中和家族的信仰與勸善活動〉，《臺北文獻直字》，頁 141-142。

使人好奇的是陳中和家族,是否僅利用「捐資」的關係,進行商借安瀾宮之空間進行宣講?陳中和是否也積極投身地方公廟或是地方事務,才得以商借此宣講處所?全文中只見身為仕紳階層的陳中和投身於鸞堂勸善之活動,卻未見投入更廣泛的民間信仰相關事務。

目前有關高雄鸞堂發展的研究中,大致被分為福佬鸞堂與客家鸞堂兩大類型進行討論。張有志〈日治時期高雄地區鸞堂之研究〉有別於前人個案型研究的學位論文,雖斷代於日治時期,仍對各區域具代表性的鸞堂有相當討論,文中以福佬及客家作為區隔,並論述高雄地區各鸞堂的發展情況,但範圍甚大,僅能初步指出各鸞堂系譜概況,鳳山地區在日治時期僅有兩座鸞堂(舉善堂與協善堂),而其重要性,文中並無深刻論述,僅說明鳳山地區鸞堂發展佔有一定地位,雖然如此,卻也是該地區鸞堂信仰源起重要的討論資料。此外,對啟明堂、修善堂、意誠堂、善化堂與警化堂等五個福佬鸞堂之間的交流有所探討。[49]李立涵在其碩論〈高雄無極明善天道院的起源與發展〉試圖說明鸞堂在發展過程中所遭遇之瓶頸,如何透過「聯造」善書解決困境,文中也從子母堂的關係,闡述意誠堂在早期明善天道院草創及其後發展過程中所扮演之角色,另外也點出鳳山地區的鸞堂與之互動關係。[50]張有志與李立涵均指出鸞堂間微妙的互動,與本文欲論述的問題意識不謀而合,但過度將此現象簡單化,張氏強調鸞堂互動係透過人員的交流抑或流動,而李氏「聯造」善書作為鸞務交流的一種機制,上述兩項重點皆是表現鸞堂互動的機制,但都僅止於外在的表現形式,對此也提供思考鸞堂之間的交流是否有著更深層問題所在。

對高雄地區扶鸞儀式有較完整研究為林原億之碩士論文〈高雄文化院的扶鸞儀式研究〉,[51]文中詳細記錄了文化院的扶鸞儀式,但基督神學的教育

49　張有志,〈日治時期高雄地區鸞堂之研究〉(臺南:臺南大學臺灣文化研究所碩士論文,2007),頁23。

50　李立涵,〈高雄無極明善天道院的起源與發展〉(臺中:逢甲大學歷史與文物研究所碩士論文,2009)。

51　林原億,〈高雄文化院的扶鸞儀式研究〉(臺北:輔仁大學宗教研究所碩士論文,2000)。

背景，造成分析及論述扶鸞儀式的功能意義時，多以基督教對宗教儀式之觀點作為邏輯思考的前提，實難準確進行信仰的詮釋。鸞堂相關科儀儀式研究，有林金德的碩論〈鳳山鎮南宮仙公廟呂仙祖誕成儀式音樂之研究〉[52]與賴薇如〈左營啟明堂神祇祭典儀式音樂及樂團之研究〉[53]，兩篇論文皆是探討鸞堂在神祇誕辰的儀式與音樂，對高雄地區盛行的「聖樂團」[54]亦有討論，雖然研究對象不同，但鸞堂信仰的本質並無太大之差異。從中檢視兩座鸞堂皆為「廟堂合一」的發展型態，但詳細觀察兩者實屬不同，兩篇研究之成果對科儀的闡述無太多差別，前者研究的鳳山仙公廟係由地方公廟發展中而設立鸞堂，後者則是由鸞堂逐步蛻變成為地方公廟，文中應該對此情況做一討論，可惜此部分的說明鮮少，顯然林氏與賴氏似乎並未發現此問題點，若是以此作為切入點，探討神祇誕辰儀式之架構，應可發現兩座鸞堂及其周邊社會網絡互動情形有無不同。

關於高雄地區福佬系善書及宣講方面之相關研究，目前僅有一篇學位論文。李淑芳碩論〈清代以來臺灣宣講活動發展研究——以高雄地區鸞堂為例〉[55]，以楠梓天后宮、旗山天后宮及鳳邑雙慈亭的「宣講牌」作為動機，從高雄地區眾多鸞堂中，選出各代表三種性質之鸞堂進行討論，可惜較無強烈的論述，基本上其討論仍依循陳兆南對於清代宣講的想法，且用較多的篇幅去探討清代以來的宣講制度與內容，顯現高雄地區鸞堂宣講活動仍有探討的空間。

---

52 林金德，〈鳳山鎮南宮仙公廟呂仙祖誕辰儀式音樂之研究〉（臺南：臺南藝術大學民族音樂學研究所碩士論文，2007）。

53 賴薇如，〈左營啟明堂神祇祭典儀式音樂及樂團之研究〉（臺南：國立臺南藝術大學民族音樂學研究所碩士論文，2009）。

54 參見賴錫中，〈臺灣第三音系「十三腔」微探〉，《高市文獻》17：4（2004 年 12月），頁 72-85；〈臺灣《十三腔》之研究〉（臺北：文化大學藝術研究所碩士論文，1989）。

55 李淑芳，〈清代以來臺灣宣講活動發展研究——以高雄地區鸞堂為例〉（高雄：高雄師範大學臺灣歷史研究所碩士論文，2010）。

　　總結以上前人研究成果，早期對鸞堂相關議題多為個案性、主題性研究，研究成果難將地方或人群做聯結，近十年來鸞堂研究多以在地為出發，探討地區性鸞堂，但似乎只為呈現強烈地方感，雖有王見川提及宣講空間的借用，提到以捐獻作為回報，張有志與李立涵也討論鸞堂之間的交流，似乎皆有討論鸞堂間之社會網絡的企圖，但此些現象並無被深究。藉由研究回顧思索鳳山地區鸞堂的特殊性為何？並非掛上「鳳山」就能呈現與他地鸞堂不同之處，大膽認為不應該只著重單獨的信仰群體，更需要關注並呈現鸞堂與周邊的相關互動，可對鳳山地區鸞堂社會網絡進行思考。

　　從以上前人對鸞堂的研究成果中，發現多數研究者仍以史料堆疊其論述基礎，再以田野中所得之資料做案例性的對話，這是目前鸞堂研究常用的方法，然而這種討論法則雖能以第一手資料豐碩立論，但不難發現此些研究皆存在以「圈外人（Outsiders）」角度在看「圈內人（Insiders）」，對於鸞堂諸多現象並無法有更深入的剖析。

　　筆者生長於鸞堂家庭，祖父與父親皆是誠心社明善堂正鸞生，從幼兒時期即接觸鸞堂，又因祖父與父親也都是地方公廟管理組織的一員，故而對地方公廟的管理運作也有一定程度的熟悉，除了父祖的傳承外，自己更深入參與，並非甘為圈外人，而是實際成為圈內人，2006 年開始「行堂」，2010 年宣誓入堂，奉師命派「訓練宣講」，2014 年又奉派錄鸞生。另外，又在臺南學習小法科儀，增添民間信仰的觀點，使自己不僅是一個參與者，更透過親身執行，讓自己更加了解自己所處的信仰場域。

　　藉由上述相關研究與參與經驗發現，鸞堂研究仍有許多議題尚未被深入討論，如鸞堂與聚落關係、鸞堂與「他者」的互動等；另外，鸞堂內部的運作，如組織、祀神、祭儀等也都有再被深層探討之處，為跳脫前人的論述模式架構，本書遂以「參與觀察」作為主要的討論結構，可以較精確了解鸞堂的行為態度，也得以將田野中所見、所聞之現象做有系統且深入的說明與討論，藉此也能對鸞堂社會網絡的形成與模式有清楚之分析。

本書雖主要欲以參與觀察作為討論架構，但為使更清楚呈現鳳山地區
鸞堂發展的歷史脈絡，擬以各鸞堂善書、方志、報章等史料文獻輔佐論
證。此外，由於該地區鸞堂尚無深入論著，就此為求更豐碩第一手資料，
亦擬對各鸞堂堂主、執事、信仰者及地方耆老進行深度訪談以做補闕。

為使本文的討論脈絡更加完整，如何設定主要分析的鸞堂，值得思
考。1962 年出版的善書《明道》，從書背內頁可見，當年共同參與聯著有
十一鸞堂：舉善堂、協善堂、啟成堂、靈善堂、明善堂、樂善堂、慈善
堂、養靈堂、啟善堂、喜善堂、挽善堂等，又見《鳳邑儒教聯堂概況、繳
書建醮各種疏文藍本》〈鳳邑儒教聯堂設立簡略〉一文：

> 創設聯堂起點民國五十年歲次辛丑五月十三日欣逢南天關太子聖
> 誕……指示邑內十堂之中若能半數以上參加者……幸有九堂贊成
> 合靈善堂共十堂參加後來逢明德社喜善堂請 旨……加入儒教聯
> 堂……。[56]

1970 年代起，除了原來的十一鸞堂外，亦有許多新設立的鸞堂加入鳳
邑聯堂，信仰範圍更加擴張，鸞堂信仰開始分香至鄰近鄉鎮，如大寮、鳥
松等，同書中亦有記載：

> ……民國六十七年翻印桃園明聖經壹仟貳佰本贈送現在參加本儒教
> 聯堂堂號列于左
>
> 靈善堂 養靈堂 啟善堂 喚善堂 毅善堂 樂善堂 挽善堂 忠孝堂 崇聖殿
> 龍鳳宮 協善堂 啟成堂 崇善堂 佈善堂 化善堂 喜善堂 振善堂 養生堂
> 養修堂 暘善堂 復醒堂 德善堂 至善堂 至光堂 至德堂 明善堂 慈善堂
> 以上[57]

56　不著撰人，《鳳邑儒教聯堂概況、繳書建醮各種疏文藍本》（高雄：鳳邑儒教聯
　　堂，1979），頁 4。

57　不著撰人，《鳳邑儒教聯堂概況、繳書建醮各種疏文藍本》，頁 6。

參加鳳邑儒教聯堂的鸞堂眾多，並非能詳細討論，幾經思考，為凸顯本書主軸，仍以「鳳邑儒教聯堂」為名，但聚焦於參與聯著《明道》善書之十一座鸞堂作為研究對象，無論是鸞堂信仰者或是學術上的代表性較無爭議，相信透過「鳳邑儒教聯堂」創始十一鸞堂的討論，亦可達到勾勒鳳山地區鸞堂信仰與其社會網絡的面貌。

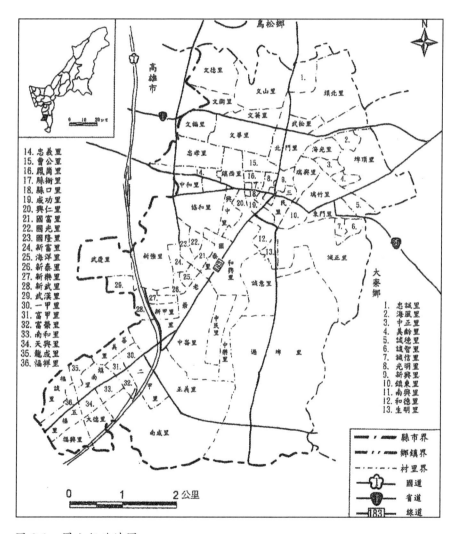

圖 0-1　鳳山行政地圖

資料來源：施添福總編纂，《臺灣地名辭書（卷五）：高雄縣第二冊》（南投：國史館臺灣文獻館，2000），頁 316。

第一章　桃筆鸞盤，震聾發聵：
鳳山地區鸞堂信仰緣起及其發展

「桃筆鸞盤」，意指扶鸞時所用器具；「震聾發聵」，形容使昏庸、不明事理之人，為之震驚，受到啟發，鸞堂的扶筆勸善也有此意。另一個深層的意涵，也希望藉由這個題引，揭開述說鸞堂信仰如何進入鳳山地區。本章欲從三個面向討論鳳山地區鸞堂信仰的發展情形。首先，討論鳳山地區的發展，由其歷史脈絡論述該地區的人文特色，以此了解鸞堂信仰為何能於鳳山萌芽。第二，探討鳳山地區鸞堂源起，確立此地區鸞堂信仰起源之時間點。第三，十一鸞堂發展脈絡，依設立的時間點論之，並探討各鸞堂組織之發展。第四，從「鳳邑儒教聯堂」來看戰後南部鸞堂運動的開展，從中說明十一鸞堂的活動能量。

第一節　鳳山地區的發展脈絡

鳳山，昔稱鳳山市，為原高雄縣之縣治所在，因縣市合併之故，現隸屬高雄市。鳳山從清代開始即是臺灣的縣治之一，發展歷史甚是悠久，雖指稱範圍歷有萎縮，但未有所更名，其地方社會的發展與鸞堂信仰有著怎樣的關聯？

一、鳳山地名的源起及其歷史發展

關於「鳳山」地名的緣起主要有兩種說法，一係因地形而命名，另一則是馬卡道族社名「放索社」的音譯。[1]而「鳳山」地一詞，最早使用於施琅克臺，清廷正式編入版圖之後（1664）。《臺灣全志》對全臺地名的源起有所詳述，其中分析了明鄭時期與清領時期在地名的使用有不同的特性，前者在地名使用上，反映了國家政權的與地方治理的期待，並且存在著「教化」的

1　施添福總編纂，《臺灣地名辭書（卷五）：高雄縣第二冊》（南投：國史館臺灣文獻館，2000），頁 317-318。

意涵；後者則是以在地的地形、地景或當地習慣指稱為主。[2]

在清代的方志中對鳳山均有深刻描述，該稱係指清代縣名，其範圍含括甚大，但在地方上，仍各有其習慣使用的地名，「鳳山」此稱多用於縣治之所在。以高拱乾的《臺灣府志》所載，可略微說明「鳳山」地名一詞的緣由，其一：

> 鳳山縣，旗、鼓天生（旗、鼓為二山名；在縣治之南）、龜、蛇地設（龜、蛇二山名；在縣治之南北），鳳（山名）鳴高崗……。[3]

該志書又言：

> ……隱伏二十餘里，經南赤山（在以諸峯之西南。其土色赤，故因以為名。此山去鳳山不遠）為鳳彈諸山（在赤山西南有十數小山，或高三四丈者、或高七八丈者不等。俱土山圓淨，在鳳山之後，形如卵，故俗呼為鳳卵）。至盡處巋然高大者，為鳳山（在鳳彈山西。距其巔視之，其形如鳳：旁有兩山如翅，又有一崙戴硬石如鳳冠，另有一崙向海至沆仔口如鼻，後有疊隅形如卵；故名鳳山），建縣治焉……。[4]

從上述的志書中，可以清楚發現，「鳳山」一詞緣由，在於地形，偌大的高雄平原上，鳳山丘陵顯得突出，有如鳳凰展翅，按清代里程與現今里程換算結果，此山大約在小港與林園交界。

據伊能嘉矩看法，鳳山係由馬卡道族「放索社」所音譯而成，在他的田調日記上，曾訪談該族的後裔，據此認為放索社原位於左營，後來因漢人的移墾，造成放索社一再遷徙，[5] 這樣的考據仍有些許問題，可能有馬卡道

2　許淑娟，《臺灣全志・土地志・地名篇》（南投：國史館臺灣文獻館，2010），頁152-155。

3　高拱乾，《臺灣府志》（臺北：臺灣銀行經濟研究室，1960），頁8。

4　高拱乾，《臺灣府志》，頁13。

5　伊能嘉矩著、楊南郡譯註，《臺灣踏查日記（下）》（臺北：遠流出版事業股份有限公司，2012），頁386。

族後裔受傳說影響，進而產生對於歷史的想像。藉此，我們可以對鳳山地名的緣由，能有不同的理解。

　　根據杜劍鋒研究，清廷克臺後，朝廷原本欲將縣治設於鳳山庄（小港區），認為鳳山庄地處高雄平原中樞，在行政效能上較為有利，而最終將鳳山縣治設於興隆庄（今左營舊聚落），主要是該地在明鄭時期已有屯墾，開發程度勝於鳳山庄。再者，也因鳳山庄過於接近原住民傳統領域，直至康熙 33 年（1694）才選定興隆庄為縣治所在。[6] 有關今鳳山的聚落形成，按《鳳山縣志》載，至康熙末年，鳳山縣境內已形成八個主要街市：「興隆庄街、下陂頭街、新園街、萬丹街、楠仔坑街、中衝街、阿公店街、半路竹街、大湖街、安平鎮街」，[7] 觀之八個街市以興隆庄街為中心南北聯結府城與屏東，其中下埤（陂）頭街的興起，是因應屏東平原的快速發展，其地理位置處於交通要衝，另依同書所述，下陂頭街屋百間，商賈輻輳，是所有街市中最大者。[8]

　　清廷在克臺之初，朝野上下原顧慮額外軍事支出，有棄臺遷民的政策考量，這樣的論調在施琅上摺《恭陳臺灣棄留疏》後，有所轉圜，最終決定留下臺灣，康熙 23 年（1684）5 月，臺灣納入福建管轄，設一府三縣，由於初期治理政策及態度相當消極，凡派任鳳山知縣者莫不以「遙領」處理政務。宋永清係首位回縣治理民的知縣，一肩扛起修建縣署等事宜，由於清廷時議，臺灣地震頻繁不宜築城，主要是康熙皇帝曾下令「臺地不得興築磚石城垣」，故而在城池的建造上變通，以刺竹圍城戍衛。因朱一貴事件的影響，縣治（左營舊城）在安全與軍事的考量下，決定堆土興築牆垣，成為臺灣首座土牆縣城。雍正 3 年（1725）至乾隆 51 年（1786）間，朝廷有限度的寬鬆「臺地不得興築磚石城垣」的禁令。

6　杜劍鋒，《舊城滄桑——鳳山縣舊城建城 180 年懷舊》（高雄：高雄市文獻會，2006），頁 38-41。

7　陳文達，《鳳山縣志》（臺北：臺灣銀行經濟研究室，1961），頁 26-27。

8　陳文達，《鳳山縣志》，頁 26。

下埤頭街市（今鳳山）的發展，主要與鳳彈汛的設立有關，民變迭起之際，衙門與營汛，代表著市街的安全，治安獲得保障下，才可能吸引仕紳、地主及各種商賈進駐。在乾隆朝上半葉，雖然下埤頭街已有四個以上的街市，其繁榮程度已有凌駕興隆庄之勢，但行政位階仍是不及興隆庄。

乾隆 51 年（1786）11 月，林爽文舉事大里杙（今臺中大里），同年 12 月，莊大田在南部響應，據《鳳山縣采訪冊》的描述，莊大田率眾千餘人圍攻鳳山縣治興隆庄，南路參將瑚圖里僅率官兵三百人出北門防禦，莊大田等人從龜山撲進，城陷，知縣湯大奎、典史史謙殉城死之。[9] 乾隆 53 年（1788）2 月，戰事弭平後，下埤頭街的行政位階，開始翻轉：

> 縣城南面在打狗山麓，北門即係龜山，地勢低窪，四面可俯瞰城內。從前鳳山陷時，賊匪即由北門龜山撲進。所有圍城刺竹及衙署民房，係被焚燬，為來往要路。已飭鳳山縣知縣，即暫在該處租賃民房辦事，並酌派兵丁前往駐箚。將來縣城或即移於埤（陂）頭地方，仍用刺竹圍插，或因舊址基址，在附近山頂設立磚石卡座，以資控制。[10]

福安康向朝廷上奏，認為原縣治所在，受限地形地勢，軍事上造成缺陷，也隱約道出，以刺竹建城的問題，希冀朝廷對於「不得興築磚石城垣」政策能有改變。此外，也責飭官員至下埤頭街辦事。

嘉慶朝又有蔡牽海盜的影響，下埤頭街亦受到波及，蔡牽黨羽吳淮泗攻打鳳山，因新治離海較遠，反應不及，縣城陷入吳淮泗手中，時任知縣吳兆麟遇害，又產生遷治的輿論，官紳一體希望遷回興隆庄。細究遷城主要目的是希冀以磚石築城，而後透過知府方傳穟向福建巡撫孫爾準呈報，鑑於軍事考量再上奏朝廷，朝廷基於縣城官民請願而奏准。[11] 然而，有關鳳山縣城的營造資金來源，據姚瑩《東槎紀略》載：「……令其匠計工，需番

9 　盧德嘉，《鳳山縣采訪冊》（臺北：臺灣銀行經濟研究室，1960），頁 393。

10　李光濤，《明清史料戊編（第三本）》（臺北：中央研究院歷史研究所，1957），頁 287-288。

11　楊玉姿，《高雄開發史》（高雄：高雄市文獻會，2005），頁 66-67。

銀十二萬有奇，願以官與民分任之……」，[12] 依此可見，鳳山縣城的營造資金乃由官民分擔籌措。道光 6 年（1826）縣治磚石城垣完工，但縣署卻遲遲不遷回興隆庄，閩浙總督劉韻珂巡臺時，鳳山縣民呈請不願遷回縣治的理由：

> 興隆庄現建石城，周圍八百六十餘丈，西南僅二里，城內一龜山，
> 計占全城之半，而城外打鼓、半屏二山，高與龜山相等，以致城內
> 地勢為釜，且無溝洫洩水，一遇天雨，山水下注，即成巨浸。通城
> 又只六井，內唯兩井係屬淡水，餘俱鹼澀。居民五百餘戶，均苦卑
> 溼，凡日用所需，悉皆取埠頭。[13]

鳳山縣城雖建造磚石城垣，但生活機能卻相當不便，城中有山崙，使得空間利用受限；再者，興隆庄地理位置處於熱帶季風區，屬多雨的氣候型態，又因地形關係，容易淹水。相關因素造成居住於此的縣民不多，總督劉韻珂依此再向朝廷奏議勿遷縣城，最終朝廷決議，道光 27 年（1847）位於下埠頭街的新治正式取代了興隆庄的舊治，至乙未割臺前一直為縣治所在。

　　光緒 20 年（1894）甲午戰爭，清廷戰敗，遂於翌年簽訂馬關條約，臺灣進入五十年的日治時期。1895 年 6 月 17 日，日本政府在臺北舉行了始政式，隨後在同年 6 月 28 日頒布「地方官假官制」，新設三縣一廳，鳳山縣改制支廳隸屬臺南縣，臺灣總督府為維持地方安危及掌握人口進行戶籍的調查，基本上依循了清末以來的行政區域，現今的鳳山地區在日治大正 9 年（1920）亦設為街役場，屬高雄州鳳山郡役所管轄。1945 年終戰後，根據「臺灣省各縣市行政區域劃分計畫綱要草案」，改鳳山街役所為鳳山鎮公所，係高雄縣治所在。[14] 民國 61 年（1972），內政部核准改制，因而改為「鳳山市」。民國 99 年（2010）因高雄縣市合併，高雄縣鳳山市自此改為高雄市鳳山區。

---

12 姚瑩，〈復建鳳山縣城〉，《東槎紀略》（臺北：臺灣銀行經濟研究室，1957），頁 6。

13 《軍機檔》，079328 號，道光 27 年 9 月 15 日奏。轉引自杜劍鋒，《舊城滄桑——鳳山縣舊城建城 180 年懷舊》，頁 82-83。

14 簡炯仁，《鳳山市志》（高雄：鳳山市公所，2004），頁 103、185-186。

二、鳳山地區的地理環境與人文特色

鳳山西南與三民、苓雅、前鎮、小港等區緊臨，北連鳥松區，東接大寮區。鳳山地區位於高雄平原，地理上屬於沖積平原，就地勢而言，呈現東、北高，西、南低的的情況，全境最高處位於北方，是海拔33公尺的赤山，屬澄清湖（俗稱大埤湖）山丘的一部分，該地區有鳳山溪流，由北向南貫穿，並向西流進入原高雄市境內。[15]

該地區處北迴歸線以南，屬熱帶季風氣候區，全境年雨量雖約1500公釐，但降雨並不平均，強烈影響該地農業活動，鳳山及鄰近地區為保留水資源，大興埤塘，澄清湖即是如此情況產生。但此類水利設施多為民間自行募捐，僅是興利聚落之舉，大型的水利設施直至清道光年間才出現，也就是今人所稱的「曹公圳」，這項眾人讚頌的「德政」，也因傳統漢人的風水觀念，而有反彈聲浪，如鳳山境內的赤山庄，至目前為止仍流傳的「千人挖、萬人屯」的民間傳說，[16]主要赤山庄民認為開鑿水圳，破壞了當地的龍脈，然

---

15 吳育臻，《臺灣全志‧土地志‧聚落篇》》（南投：國史館臺灣文獻館，2010），頁277。

16 根據耆老曾順得於2006年10月7日口述，內容大致如下：傳說現今鳳山區、鳥松區、仁武居交界處是一龍脈，而龍頭正位於赤山庄「頂頭」，文山高中附近屬於龍喉，龍身部分則是向山仔腳（鳥松區大華里）而去，龍尾座落在大灣（仁武區大灣里）。道光16年，鳳山縣發生大旱，翌年知縣曹謹著手開鑿水圳，後人為感念曹知縣的恩澤而命為「曹公圳」，此圳源於九曲堂，灌溉範圍為現今的高雄地區。當時開鑿曹公圳的工程十分順利，但挖到了赤山地區，卻遇上了麻煩，工匠計劃將水導入大埤湖（澄清湖），再從小埤湖鑿出水口，灌溉赤山農田，因此處為龍脈之喉部，故稱「龍喉穴」。在動工開挖初期，頻頻發生令人不可思議的事，工人第一天挖了好幾千擔的土，第二天開挖的地方照理講應該會有個大窟窿，但離奇的是此處卻被填平，一連好幾天都是如此，因而赤山廣為流傳一句話「千人挖，萬人屯」，工程也受到了耽擱，連水利工匠也沒有法子，只好稟報曹知縣。曹謹深感奇怪，於是花錢僱用一名乞丐至工地守夜，觀察有無動靜，第二天再回報於知縣，於是乞丐前往工地執行其任務，到了半夜聽到了有人交談的聲音，原來是龍穴內的龍母家族在交談，龍子向龍母哀嚎：「若是再挖下去，我們該怎麼辦？」龍母安撫龍子：「不用怕，他們日挖千擔，我就在夜裡回填萬擔。」龍子又問：「萬一他們找到應對方法呢？」龍母答道：「除非挖土後埋入黑狗血及銅針，否則難以破解。」隔天乞丐就將所聽所聞報告於曹知縣，於是曹謹立即命人在收工前，照乞丐的話去執行，翌日發現地上有血水，而在龍脈的兩顆眼睛處有泉水湧出，但隨即不久赤山發生了一場瘟疫，因此往南遷庄至現今的赤山庄一帶。

傳說起源於何時並不可考，此類的傳說是否反映曹公圳的建造並無嘉惠鳳山地區。

　　明清兩代在設治上，首重築城防衛，另外也著重「文廟」的建立，這凸顯了官方對教育的重視。鳳山縣建學的時間相當得早，知縣宋永清回縣理民後即著手重建學宮。[17] 學宮的設立，可視為官方將大興文教，不過應注意，這是否符合民眾的需求，另一方面來看，宋永清除重修官學外，亦有書院、義塾的設立，在在顯示鳳山著重文教的態度，但民變叢生與經濟發展的關係，學宮設立初期成效似乎不大，各次民變影響，多數縣民移居埤頭街。嘉慶 19 年（1814），知縣吳性誠發起在下埤頭街建立鳳儀書院，獲得鄉紳支持，書院隨後也成為縣學所在地。位於興隆庄的學宮，受限鳳山縣遷治的因素與民眾對生活條件的追求，而有頹傾之勢。

　　下埤頭街（今鳳山）於道光 27 年（1847）正式底定為縣治後，更是全縣行政、經濟、文教的中心，想當然亦是地方菁英的匯流之地。日治時期因應日本「工業日本，農業臺灣」的基本政策，臺灣農業有更進一步的發展。為配合政策，臺灣農業主要以米、糖為主，尤以糖業在日治時期有劃時代發展，製糖會社成為日臺資本家投資首選，卻造成勞動剝削，俗語道：「第一憨，種甘蔗會社磅」，說明當時蔗農的窘境，1920 年代中期，臺灣各地發生許多有關佃農為自身權益向地主或會社抗爭的事件，如二林事件、竹山事件等。大正 14 年（1925）1 月 20 日，高雄新興製糖株式會社對旗下鳳山郡大寮庄的小作人（耕作者）通知收回耕地，同一資本體系的陳中和物產株式會社欲將鳳山郡灣仔內與鳳山街赤山的土地讓給新興會社作為自營農場，並在同年 5 月 1 日發出索還公告，對小作人造成生活的威脅，進而抗爭。帶領小作人抗爭者為黃石順等人，黃氏受過文化協會的啟蒙，與資本家交涉有所成果，促使資本家不得不讓步，小作人對黃石順等地方菁英產生了高度信賴，遂而組織團體，黃石順與簡吉籌備事宜。同年 11 月 15

17　陳昭瑛，〈清代臺灣鳳山縣的儒學教育〉，《高雄歷史與文化論文集（四）》（高雄：財團法人陳中和翁慈善基金會，1997），頁 3。

日，假鳳山街赤山劉萬福家中，創立「鳳山農民組合」，該組合日後於各地農民組合併立「臺灣農民組合」。

清末打狗港開港與日治時期日人的刻意經營下，拓建打狗港成為臺灣首屈一指的「高雄港」，修築鐵路，引進大資本，使鹽埕、鼓山等區獲得空前發展，大正9年（1920）地方制度大改變，新興高雄崛起，鳳山成了其轄下的「郡」，所幸在新式糖業與鳳梨罐頭等產業發展下，鳳山仍維持一定的經濟實力。[18] 日治中晚期，日本軍國主義影響下，臺灣成為南進最重要的跳板，高雄港成為了日本重要的軍事要塞，拓展軍力下，連帶影響鳳山地區，縣城附近大量土地被日方徵收為軍事用地，形成為數不少的軍事設施，戰後，這些設施也成為國民政府在軍事上重要的據點。民國50、60年代，隨著高雄港再次擴建，加工出口區、工業區的成立，就業機會大增，大量人口移入鄰近的鳳山，對鳳山地區造成了重要的影響。

清代的政治與經濟發展之下，鳳山地區擁有臺灣歷史上特殊人文樣貌，由於重要地理位置，造就政治與經濟上的發展，在教育方面，基於政治與經濟相對穩定，設立鳳儀書院，形成鄉紳（地方菁英）聚集於此的要因。日人治臺，雖然著重高雄港區發展，但身為港區衛星城鎮的鳳山，亦受到深切影響。戰後，國民政府遷臺，鳳山亦延續自清代、日治時期政經地位，成為高雄縣治所在。

鳳山地區在歷史洪流下，孕育了屬於在地的文化景觀，鸞堂信仰是否與這樣的發展所關聯，全臺鸞堂就筆者了解不在少數，而歷史上的古城區，如：臺南的府城地區、嘉義的諸羅縣城、彰化等地，卻看不到如鳳山地區如此高密度的鸞堂聚集。從本節的說明，已獲得些許對鳳山地區歷史發展的了解，從這樣的歷史舞臺觀之，能讓鳳山地區鸞堂信仰形成的因素，有進一步的脈絡可循。

---

18 施添福總編纂，《臺灣地名辭書卷五：高雄縣第二冊》，頁322-324。

第二節　鳳山地區鸞堂信仰之源起

臺灣自清代已有鸞堂傳入，多數史料所顯示傳入的時間點，約莫為清代晚期，且不論澎湖一新社系統、宜蘭系統、或新竹地區等系譜，倡設肇因與功能多圍繞於「戒煙」，究其原因與清末吸食鴉片的社會現象有直接關聯。有關鳳山地區鸞堂的起源，目前並無專論，希冀透過討論，了解其從何而來？

一、鳳山鸞堂肇於何時？

審視《鳳山縣志》、《重修鳳山縣志》、《鳳山采訪冊》等清代志書，不見今鳳山地區有鸞堂蹤跡。據張有志考察高雄在日治時期設立之鸞堂，鳳山地區也僅有協善堂與舉善堂，[19] 按相關文獻，日治時期的鳳山也無其他鸞堂設立。就相關資料來看，協善堂早於舉善堂設立，然據參與聯著《明道》鸞堂中，認為舉善堂為鳳山地區第一座鸞堂竟高達 8 座，顯然這樣的答案係存在觀念上的問題，其因在於舉善堂在地區的分衍及影響高過協善堂。

鳳山地區鸞堂最早設立者，應是大正 6 年（1917）的「五甲協善堂」，根據協善堂於民國 60 年（1917）發行《醮刊》一書所載，該堂的設立在大正 6 年（1917）農曆 8 月，於左營啟明堂恭竭香火，同月初八日在五甲民庄民陳有良宅後堂請旨設鸞，大正 9 年（1920）遷堂所至庄民的信仰中心（五甲龍成宮，時為草壇），大正 11 年（1922）擇現地興建獨立堂所。[20]

然而，該地鸞堂系統並非單一，同樣設鸞於日治時期的靜心社舉善堂，雖略晚設立，但影響程度勝於協善堂。靜心社舉善堂的緣起乃在昭和 2 年（1927），由旗后（高雄市旗津區）人士馬連耀，原為明心社修善堂正鸞，因任職電力公司調職鳳山服務，結識當地仕紳，廣傳扶鸞並借吳見文宅推行鸞

19　參見張有志，〈日治時期高雄地區鸞堂之研究〉（臺南：臺南大學臺灣文化研究所碩士論文，2007）。

20　林六善，〈財團法人鳳山五甲協善心德堂沿革〉，《醮刊》（高雄：協善心德堂，1971），頁 16-17。

務。同年農曆 6 月見鸞務略有所成，馬連耀則引領眾人回修善堂焚牒，希冀上蒼降旨設鸞，同月 19 日，於鳳山開漳聖王廟恭接玉詔，賜堂號：「鳳邑靜心社舉善堂」。[21]

有關協善、舉善二堂，在日治時期所存留的資料不多（如善書、鸞章等），故無法明確觀察此二堂在該時期的活動能量高低，藉由田野訪談僅初步確定此二堂在日治時期的管理型態有異。協善堂的堂生來源係五甲庄民，主要以鄭、陳兩家族，[22] 且堂所獨立，在面對日治時期的鸞堂取締及皇化運動，雖然亦是轉入非公開性的活動，但因家族性經營，也讓協善堂的信仰能量較為單純，並無強烈外擴的情況；反倒是舉善堂設鸞之初，家族性的參與較不明顯，且無獨立堂所，乃寄祀地方公廟中，面對皇民化運動的宗教取締，則採取各堂生輪流提供處所方便扶鸞，直接影響到戰後初期（1950 年代）鳳山地區鸞堂在時間上密集性的設立。

二、鳳山鸞堂信仰源頭的追溯

經以上敘述，可知鸞堂信仰在日治中晚期即進入鳳山，有兩個不同的源頭，分別從左營及旗后而來，以下來對這兩個源頭鸞堂稍做說明。

左營啟明堂

啟明堂位於今高雄市左營區蓮池潭畔，廟體為

圖 1-1　左營啟明堂。（莊仁誠攝）

21　不著撰人，〈鳳邑靜心社舉善堂 60 周年沿革紀念碑〉（立於 1987 年，現存於堂前空地）；不著撰人，《覺世古譚》（高雄：鳳邑靜心社舉善堂，1987），頁 1-7。

22　五甲庄鄭家為鄭頭、鄭榮生家族；陳家為陳有良、陳規直家族，今協善堂的管理組織，仍以此二姓為重。

四層樓的宮殿式建築，廟外牌樓所立之匾額書寫「左營東南帝闕樂善社啟明堂」，此一建築乃將兩階段之重建與增建，據民國 65 年（1976）所立之〈東南帝闕重建落成記念碑〉記載：

> 本堂創始於民國前十三年，即光緒二十五年己亥年間，據今已閱八十年矣，初命名曰：「明德堂」係草茸單建，主神乃五公菩薩。時至光緒十九年癸卯年間，改堂號曰：「啟明堂」，主神易祀武聖關夫子。

> 幾歷滄桑後，由創堂堂主謝知翁等先賢，集資籌建為老咕土葛平屋本殿……，民國六十二年癸丑，將本堂原有平屋建築全部拆除，歷時三載，於民國六十五年丙辰年間建竣落成……。主神為文聖孔夫子及武聖關夫子，副神民族英雄精忠岳武穆王，及開臺延平郡王鄭公等……。[23]

啟明堂原名「明德堂」，主祀五公菩薩，最初應屬齋堂的信仰系統，但此碑文對啟明堂所創設的因果關係，以及有關鸞堂運作的事務並不算完整。

在啟明堂另外製作的簡介書冊《左營東南帝闕樂善社啟明堂沿革》中，對其沿革部分有較完整的敘述：

> 時乃日本據臺初期，正值東瀛異俗風息漸靡臺島，文化、民俗、教育、宗教等，均受箝制，因而聖教衰微弗興，使識者憂心忡忡，處以異族統治之時，為有徒嘆奈何，斯時本堂開基先賢謝知翁、陳旺翁等，諸志士目睹局勢若是，愁思莫解，同至神前擲笅求示，果蒙神真指示：設至鸞堂，……著書立說，……因而光緒二十五年（一八九九），創立「明德堂」於陳重三之私宅，並奉祀「五公菩薩」為主神，開始訓練鸞乩，飛筆扶鸞，……光緒二十九年（一九〇三），……孚佑帝君（呂洞賓仙翁）降鸞，攜帶　玉旨宣示：敕賜更

23　不著撰人，〈東南帝闕重建落成紀念碑〉，1976 年立。

改「明德堂」為「啟明堂」。[24]

這份資料雖屬導覽性文章，卻也明確指出扶鸞活動，在明德堂設立時就已存在，後來明治36年（1903），因孚佑帝君帶詔降鸞，方才改名為「啟明堂」。以碑文與此份簡介的相互對照下，啟明堂的鸞務完備，應為明治36年（1903）更名後之事。

啟明堂從創立、更名乃至今日，其信仰發展相當蓬勃，與高雄地區的其他鸞堂之交流亦算頻繁，依啟明堂之發展情況，其鸞務依然鼎盛，仍按鸞期扶鸞，堂所建築宏偉，不但為鸞堂，更是廟堂合一的型態，亦是左營地區信仰中心之一。

旗后明心社修善堂

在旗后地區，修善堂有兩座，但寺廟登記名稱不同，分別為「明心社修善堂」以及「文武聖廟」。在探訪過程中發現，文武聖廟雖為寺廟登記的名稱，但其廟堂上，卻高懸「開基明心社修善堂」的匾額。依照舉善堂沿革記載，確實係旗后修善堂分衍，那麼兩座修善堂之間關係為何？何座修善堂才是舉善堂系譜鸞堂認定的信仰源頭？

圖 1-2　旗后明心社修善堂。（莊仁誠攝）

按明心社修善堂沿革云：

> 庚子年三月，境內突發「瘟疫猖獗」，無法能治。社里耆老為求早日平安，經商議後推吳拋大先生為代表，上往嘉義縣東石郡朴子腳，

24　柯壽福，〈左營東南帝闕樂善社啟明堂沿革〉；轉引自張有志，〈日治時期高雄地區鸞堂之研究〉，頁19。

恭請南天文衡聖帝黑令引駕回梓里奉祀，祈求消瘟救民，信賴神威護佑，未久社里恢復平安。以後有耆老大德薛應主、魏興財、李東漢、傅傳安、許石龍、許石定、孫可、董順其、董順然、吳天發、呂老看、鍾東煌、洪順良、洪順德、黃讀等十五名，為答謝神恩，經商議暫時奉祀在旗后天后宮內，並命名修善堂。光緒壬寅年（民國前十年），恩主再度顯化，施下甘露，勸化世人「戒除煙毒」，並處處開壇揮鸞。雖受日政時代嚴禁，但眾鸞生仍不辭辛勞，矢志矢勤，奔走郊外各處揮鸞濟世利人。光緒甲辰年（民國前八年），恩主欽賜堂號曰「明心社修善堂」……。[25]

另據開基明心社修善堂的創堂沿革記：

本堂的誕生，早在清朝光緒癸卯年陽月初一，當時本區的地方人士受聖神的指示，遠赴東石郡朴子鎮（現今嘉義縣朴子鎮），迎請文衡聖帝令牌供奉。為宣揚聖帝教義，醒化民眾，於是本區幾位慈善人士相繼發起，決定以行善佈施、施方濟世的方式來挽救日漸沉淪的社會風氣。無奈日據時代嚴禁聚會、取締宗教，於是有潘金水、李有誥、蔡權、黃讀、蔡文可及黃天德等諸位大德，開會決議，決定渡紅毛港到鳳山五塊厝文衡聖帝廟請示，在文衡聖帝的首肯下，暫借此廟設壇，由文衡聖帝扶鸞開示藥方，以救世人。

後來陸續有李風、吳拋大、吳毛、吳高齊、吳榮發、林烏炮、許傾與歐興發等七位大德，投入佈施醒化工作……。隔年光緒甲辰年桐月望日，再度受聖帝及保生大帝指示，因

圖1-3　旗后開基明心社修善堂。（莊仁誠攝）

25　不著撰人，〈明心社修善堂沿革〉，1979年立。

設壇扶鸞濟世已所有成，於同年梅月承上天賜社名為「明心」，堂號為「修善」。又於同年桂月，開始遷回旗后（旗津），並以天后宮為堂址……。[26]

圖 1-4　旗后天后宮內「修善堂」之匾額。（邱延洲攝）

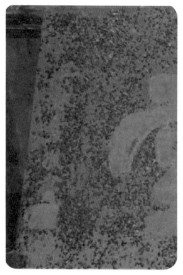

圖 1-5　「修善堂」匾額，該匾　　圖 1-6　「修善堂」匾額，該匾
　　　　右落款梁楸青敬書。　　　　　　　　左書庚寅孟春之月。
　　　　（邱延洲攝）　　　　　　　　　　（邱延洲攝）

26　不著撰人，〈開基明心社修善堂沿革〉，收錄於該堂 2003 年建醮簡介的書冊之中；
　　轉引自張有志，〈日治時期高雄地區鸞堂之研究〉，頁 30。

從以上兩堂沿革觀之，各自對創堂肇因有著不同描述，但兩堂都在甲辰年受賜堂號，且都有在旗后天后宮扶鸞闡教的情事，故以兩堂沿革敘述來看，最初應是同一鸞堂。

旗后天后宮左廂應是修善堂原先的祭祀空間，其門楹上書有「明心社」，字跡雖斑駁，卻也可見，內部的神龕上懸掛「修善堂」匾額，其落款年代為歲次庚寅年，於此，可以初步推論落款的庚寅年，應是民國39年（1950），據此可知，修善堂在此年以前應該都在旗后天后宮內進行扶鸞。

旗津地區會出現兩座名稱相同的鸞堂，應該是人員分裂的結果。據踏訪了解，兩座修善堂的說法極盡保留，「開基明心社修善堂」副鸞生夏秋冬表示，乃因當時堂生眾多難免有些事情而產生摩擦，導致分裂，[27] 而「明心社修善堂」堂主李財團對分裂的原因有所保留。兩堂的說法直指兩座修善堂原是同一座鸞堂，再據旗后天后宮「修善堂」匾額落款時間「民國39年（1950）」來看，昭和2年（1927）舉善堂回母堂懇賜堂號時，修善堂的扶鸞地點應在旗后天后宮內。然而，修善堂的分裂也對舉善堂抉擇母堂為何，產生影響。在開基修善堂（文武聖廟）內，保存著許多舉善堂分衍鸞堂的贈匾，反觀明心社修善堂並無舉善堂及其子堂的贈匾，可知舉善堂及其分衍鸞堂，皆以開基明心社修善堂（文武聖廟）為其鸞堂信仰的源頭。

第三節　鳳邑十一鸞堂之脈絡及發展現況

鸞堂信仰雖在日治時期進入鳳山，但在戰後纔展現出豐富的活動力，1945年起至1960年止，設立鸞堂蔚為一種信仰風潮。除日治期間設鸞的協善堂與舉善堂外，計有靈善、啟成、慈善、樂善、明善、啟善、養靈、挽善以及喜善等堂。在此，先對「鳳邑儒教聯堂」的創始十一鸞堂史略做說明，進而談談鳳山鸞堂信仰的發展情況。

27　開基明心社修善堂副鸞生夏秋冬先生口述，於2012年5月4日進行訪談。

一、十一鸞堂史略

五甲協善堂

五甲協善堂之始，乃於大正6年（1917）農曆8月8日，信眾鄭頭、陳有雲、陳媽栓等人至左營啟明堂，參與其活動，神聖降鸞指示等人有關籌備扶鸞事宜。不久，選定良辰吉日，於陳有雲家中焚疏請旨開壇濟世，厥後鸞務漸興，為有利宣揚聖道，大正10年（1921）農曆10月23日遷居庄人所建的草壇，此壇主祀天上聖母，即是現今鳳山五甲地區庄廟「龍成宮」。

大正11年（1922）農曆2月20日，因信眾日益增加，南天關恩主指示擇今協善堂之地興建。大正12年（1923），農曆3月成立宣講「省身社」。大正13年（1924），增建心德堂，主祀觀世音菩薩，並加入齋堂系統的先天派。昭和10年（1935）成立外經科儀部，名為「悟賢社」，聘請許犎先生為該社指導。翌年成立聖樂部，名曰「善和社」，敦聘陳景先生指導。

圖1-7　協善堂外觀。（邱延洲攝）

協善堂首部金篇《苦海南針》於民國36年（1947）開著，隨後約莫一年一著，共有《明道大法真經》、《育生金鑑》、《玉律金篇》等。民國41年（1952）協善堂倡議聯袂友堂、友宮共六堂於五甲庄廟「龍成宮」聯著《心中寶》一部。民國50年（1961）參

圖1-8　五甲協善堂內部。（邱延洲攝）

與由修心社靈善堂發起的十一聯著，共同完成《明道》善書。同年 2 月，協善堂向政府提出申請，成立財團法人。至目前協善堂依然維持先前每月 3、6、9 的扶鸞，但已不再請旨開著金篇。[28]

靜心社舉善堂

　　靜心社舉善堂，初無堂號，昭和 2 年（1927），因旗津區明心社修善堂馬連耀先生公務所需調至鳳山任職，結識鳳山地區人士約莫六、七名，以朋友、人際之關係，鼓勵眾人參與鸞堂信仰，起初於吳見文家中學習扶鸞，奠定舉善堂之基礎，扶鸞初始僅有馬連耀、吳見文、楊復元、林金生、蘇黎水、蔡清水等人，因參與者日漸眾多，場地不敷使用，乃將扶鸞遷至鳳邑開漳聖王廟側室進行。同年農曆 6 月，普練日漸成就，眾人返回旗津修善堂，於神虔呈疏焚文，懇請上蒼設堂。同月 19 日，在鳳山開漳聖王廟恭接玉詔，賜堂號「靜心社舉善堂」，並准許正式開乩普練，首任堂主為楊復元先生。

　　昭和 5 年（1930）頒行《覺世金章》善書，昭和 11 年（1936）由繼任堂主顏檔主掌《三教妙法真經》頒行。二次大戰爆發，日政府實施皇民化運動取締宗教，經眾堂生協議，扶鸞改以流動於各堂生家中之方式秘密進行，1945 年大戰結束，宗教活動解禁，眾人決議將鸞堂再次易地，選定位於市中心的鳳邑雙慈亭內繼續代天宣化，舉善堂寄祀雙慈亭期間，共完成《挽

圖 1-9　靜心社舉善堂外觀。（邱延洲攝）　圖 1-10　靜心社舉善堂內部。（邱延洲攝）

28　林六善，〈財團法人鳳山五甲協善心德堂沿革〉，《醮刊》，頁 16-17。

世還元》、《指歸道岸》兩部善書，後又因堂生多達二百餘人，雙慈亭空間不足而擇現址興建堂所，堂所竣工後隨即請旨開著新科金篇《醒世覺迷》，並於民國 50 年（1961）頒行。民國 72 年（1983）請著《舉教寶箋》，翌年繳書慶成。民國 75 年（1986）舉善堂為籌備建堂 60 周年堂慶請旨開著《覺世古譚》，民國 86 年（1997）完竣頒行第八科金篇《諄詁纂述》，民國 98 年（2009）完繳第九科金篇《諄詁纂述續篇》。[29]

五甲啟成堂

啟成堂的設立，乃龍成宮主神天上聖母指示欲教化眾生，要在宮內設立鸞堂。據《心中寶》載，啟成堂設立年代應是戰後，約莫於 1945 年間，[30]鸞法為協善堂所傳，其所在地點為五甲庄廟龍成宮內，啟成堂於龍成宮重建之時（1983）遷出，就不再遷回，無固定場所進行扶鸞。雖然龍成宮重建竣工後，啟成堂無法遷回繼續闡教宣化且停止扶鸞，但對「鳳邑儒教聯堂」乃至「中國儒教會」等組織的參與卻也不遺餘力。[31]

修心社靈善堂

修心社靈善堂原設於民宅，因日治晚期的皇民化運動，政府對漢人信仰箝制，取締原扶鸞於開漳聖王廟內的舉善堂，而有曾春生協議部分民眾在曾宅內繼續扶鸞，此期間塑立王天君神像恭奉，民國 35 年（1946），因曾先生逝世，將扶鸞場所移至楊福賜先生家中，民國 37 年（1948）遷移於曾木生所提供的場所。

圖 1-11　修心社靈善堂外觀。（邱延洲攝）

29　不著撰人，〈鳳邑靜心社舉善堂 60 周年沿革紀念碑〉（立於 1987 年，現存於堂前空地）；不著撰人，《覺世古譚》（高雄：鳳邑靜心社舉善堂，1987），頁 1-7。

30　不著撰人，〈天廷翰林院教授陳‧本里畧歷〉，《心中寶》（高雄：龍成宮、協善堂、心德堂、啟成堂、心吉堂、至誠堂，1955），頁 32-34。

31　中國儒教會編著，《中國儒教會會志》（屏東：睿煜出版社，2008），頁 260。

圖 1-12　修心社靈善堂內部。（邱延洲攝）

靈善堂在 1949 年前雖信仰者眾多，但並無堂號，民國 38 年（1949）農曆 2 月 15 日降玉旨賜名「修心社靈善堂」，並派曾木生為首任堂主，後因堂生日多，曾堂主之夫人阮換女士捐堂地 170 坪，以供建堂所用。前鳳山鎮長黃鐘靈繼丁添先生之後為第三任堂主，其主掌堂務期間共完成《鐘聲》、《靈泉》等善書，另與其他 10 座鸞堂合著《明道》，又成立慈善會，楊相先生繼黃鎮長北上經商後，奉派為第四任堂主，期間與友堂合著醫書《天醫錄》。

靈善堂於民國 69 年（1980）因堂生及信徒日眾，召開信徒大會並選舉委員，成立管理委員會。翌年再次召開信徒大會，決議將原座西朝東之老舊堂所改向重建。民國 72 年底（1983）竣工，並同年開著《愆道》（愆音ㄒㄧ）善書，民國 75 年（1986）頒行《法輪》、民國 82 年（1993）頒行《人道》，至目前未再著造新書。[32]

學心社慈善堂

學心社慈善堂其確切設鸞的時間點，就相關資料不足，無法詳細考證，經田調訪談得知，應於民國 40 年（1951）之前就有鸞堂的雛型，與修心社靈善堂設立的時間相差不遠。

早先有吳金星等人為靜心社舉善堂的堂生，後請稟恩師冀望另外請旨設鸞，遂以吳金星宅第為扶鸞場所，然堂生日漸眾多，空間不敷使用，眾人有鑑於此，集資購買現今堂所之地（鳳山城隍廟左側），民國 41 年（1952）堂所竣工，於同年農曆 10 月 10 日安座，經決議後，以此日為「開堂紀念日」（堂慶）。

32　不著撰人，〈鳳邑修心社靈善堂重建記〉（1983 年立於靈善堂一樓）。

圖 1-13　學心社慈善堂外觀。(邱延洲攝)　圖 1-14　學心社慈善堂內部。(邱延洲攝)

　　該堂歷經五任堂主顏金星、陳清文(曾任高雄縣議長)、鄭啟禎、王高貴、蘇清江等人領導，堂務與鸞務仍為健全，堂中有經部、樂部等組織，主司堂中所有的祭聖儀軌。從設鸞到民國 78 年以前，共著造幾科善書已無人知悉。1989 年後善書的著造有詳細紀錄，共有《天醮》、《法輪》、《明宰》、《日流》、《天原》、《皇民》、《聖憲》、《龍朝》、《元皇》、《明朝復國》、《天圖秘道》、《儒霑水陸》等，至 1999 年止，往後即不再著造金篇，但農曆每月 8、18、28 仍然進行扶鸞。[33]

啟明社樂善堂

　　樂善堂最早乃由謝明賢等人在民國 41 年(1952)初，往學心社慈善堂學習聖人之道，同年秋季蒙上蒼准賜回文山里(文衡里)西巷自宅設堂曰：「啟展社樂善堂」，謝明賢奉派為首任堂主。民國 42 年(1953)奉旨著造首科金篇《學膽經》；民國 44 年(1955)奉旨著造第二科金篇《順水推舟》，第三科金篇由正副堂主謝明賢、吳天杞同眾堂生焚牒請著；民國 47 年(1958)賜旨開著《金誠化緣》，並增派謝固世為副堂主；民國 49 年(1960)又奉旨著造第四科金篇《普濟醫宗》。

　　樂善堂於第四科金篇後，遭遇種種因素，堂務稍有停滯之勢，但此期間由堂主洪秋祥領導兩度再版《普濟醫宗》，民國 55 年(1966)樂善堂移至

33　學心社慈善堂堂生陳進壽先生口述，於 2012 年 11 月 30 日訪談。

鳳邑三子亭繼續扶鸞闡教，代天宣化，約莫十年之餘。民國56年（1967）又有臺南新營人士慷慨解囊資助第三次再版《普濟醫宗》一萬部，再增派副堂主周金輝。民國60年（1971）奉旨開著《處世南鍼》。樂善堂鸞務日漸興盛，正主席張天師原有指示望堂生早日尋覓土地興建堂所，堂主王春秋感念於此，有賴四方善款，於民國65年（1976）農曆3月21日動土，同年農曆11月18日新堂落成。

圖 1-15　啟明社樂善堂外觀。（邱延洲攝）

有鑑於樂善堂鸞務雖算蓬勃，但波折不斷，新堂竣工有如龍目復明，因而正主席張天師賜改「啟展社樂善堂」為「啟明社樂善堂」，[34] 遂後又著有《參同悟道》、《樂道明忱》、《啟瞶悟愚》等金篇。

圖 1-16　啟明社樂善堂內部。（邱延洲攝）

誠心社明善堂

　　民國42年（1953）有陳文波者原於靜心社舉善堂學經問禮，習聖人之道，因緣際會下引進同為赤山文衡殿義務廟祝之鄭文鳳入堂，後又邀集同庄（赤山）人士阮順意、王自來、尤南興、阮萬生、林聰明、陳秋藤、許飛龍、林茂生、林見清、林添、邱松正等人同入聖門，經一年餘，民國43年（1954）初，拜請賜旨准許由舉善堂引令回赤山庄廟「文衡殿」西廂安座，

34　不著撰人，〈啟明社樂善堂沿革紀實〉（1977年立於樂善堂側室）。

同年農曆 3 月 19 日賜堂號「誠心社明善堂」，首任堂主由靜心社舉善堂主徐端雲兼任，於同年末正式改派郭寶瓊先生擔任堂主。

民國 43 年（1954）農曆 7 月由邱松正先生主導成立演經團，翌年由郭寶瓊先生主導，楊安心協辦成立聖樂團，同年成立宣講社。民國 45 年（1956）農曆

圖 1-17　誠心社明善堂內部。（邱延洲攝）

12 月 24 日奉旨開著首科金篇《正風》，於翌年農曆 3 月完繳，同年並參與由養靈堂發起之鳳山地區宣講聯誼會（共有養靈、舉善、靈善、明善、啟善、樂善等堂），按期前往各堂或廟宇宣講聖諭。民國 50 年（1961）奉旨參加儒教聯堂聯著《明道》；民國 56 年（1967）農曆 9 月由第二任堂主鄭文鳳領導完成著作二科金篇《衛道》；民國 64 年（1975）農曆 3 月由第三任堂主沈義領導完成第三科金篇《正道》；民國 72 年（1983）農曆 5 月由第四任堂主丁如龍領導完成第四科金篇《弘道》。

民國 77 年（1988）農曆正月 24 日，因文衡殿動土重建，明善堂奉示暫移鳳邑文農宮繼續宣化。民國 83 年（1994）文衡殿新廟竣工，再奉示於同年農曆 9 月 19 日遷回文衡殿西廂。民國 85 年（1996）奉旨開著第五科金篇《忠恕之道》，並於民國 87 年（1998）11 月完繳頒行。民國 93 年（2004）農曆 4 月又再奉旨開著第六科《浮生映道》，此期間堂主鄭水池先生逝世，副堂主林見清、王國柱、林義雄等人與眾堂生協力，該書於民國 95 年（2006）農曆 2 月繳旨頒行。民國 100 年（2011）農曆 6 月 15 日，由第七任堂主王國柱率領堂生恭接玉詔，奉旨開著第七科《誠一之道》，該書於民國 103 年（2014）農曆 3 月繳旨。[35]

35　不著撰人，〈誠心社明善堂沿革〉（立於堂內左側）。

養心社啟善堂

圖 1-18　養心社啟善堂外觀。（邱延洲攝）

圖 1-19　養心社啟善堂內部。（邱延洲攝）

原有鸞堂信徒胡老實先生鼓勵周遭友人陳紹清、胡錦鎮、吳滿堂、陳先智、李朝聘、黃捷、蔡金龍等人，於民國43年（1954）農曆正月15日進入修心社靈善堂參鸞，後又有陳添丁、盧仙枝、柯焜煌相繼加入，前一批參與者於農曆2月28日宣誓入堂，後一批者乃於農曆3月25日宣誓。

同年農曆6月，正主席恩師王天君鑑於10位徒眾鸞務可行，便指示10人「回境宏化」，並暫借竹仔腳庄廟「北極殿」普練，自農曆6月14日起至7月11日止，由母堂之堂生協助，於廟前設案誦經，辛勤無歇，蒙上蒼憐憫賜堂號「養心社啟善堂」，並旨派王天君為啟善堂正主席，陳紹清為首任堂主。啟善堂設堂一年，堂生日漸增加，北極殿空間不敷使用，陳堂主獻出其自家位於過溝仔的豆腐店後方之地為堂址，於民國45年（1956）農曆5月動土奠基，同年農曆8月15日舉行堂宇落成。

民國48年（1959），眾堂生決議請旨上疏，著書勸化，首科金篇《鐸韻》於同年農曆8月16日開著，隔年2月頒行。民國55年（1966），啟善堂與子堂鳳邑悟心社佈善堂聯袂請旨開著《啟源》，於翌年繳書頒行。民國57年（1968），盧有謀為第二任堂主，奉關恩主諭示購買今啟善堂之地，於民國58年（1969）鳩工興建，並且於翌年開著第三科金篇《宗風普澤》，

民國 60 年（1971）於新址舉行頒書暨落成大典。啟善堂遷往現今堂所後共著有《聖史流芳》、《啟醒塵心》、《聞道金篇》、《儒門甘露》、《養心明律》、《啟教興儒》、《啟竅心聰》等書。[36]

明新社養靈堂

明新社養靈堂現今名為「鳳邑白龍庵」，原稱「清德堂」，為少數鳳山地區廟堂合一之鸞堂，主祀五福大帝，亦稱五靈公，其源據傳為臺南市「全臺白龍庵」之脈，早先無固定祭祀場所，初設信眾陳力家中，因場所過於狹小，約莫民國 34 年（1945）信徒王雲額擔任爐主，經五靈公指示乃恭奉於王家廳堂，堂號「開基如意清德堂」，該堂早先透過乩身施方濟世。

民國 43 年（1954）間，受當時鳳山地區鸞堂信仰日漸興盛之環境影響，又有鄰近之靈善堂等友人鼓吹，清德堂信眾商議，由信眾歐陽維謀、王雲額、康先福、李金定等人於清德堂修牒跪請設立鸞堂，民國 44 年（1955）農曆 3 月玉旨頒下，賜堂號「明新社養靈堂」，後因眾人有感堂所簡陋，東茂木材行之王雲額、王雲春、王文鴻等人與族人協議，捐獻土地180 坪，另籌募善款興建堂所，至民國 78 年（1989）政府欲闢道路而徵收土地，原堂所拜亭因此拆除，眾人深恐場地狹小，不敷使用，然堂生許坤銘、李金定發起重建，信徒決議重建事項交由委員會策畫。現今養靈堂為

圖 1-20　明新社養靈堂內部。（邱延洲攝）

圖 1-21　明新社養靈堂外觀。（邱延洲攝）

36　不著撰人，《啟教興儒》（高雄：鳳邑養心社啟善堂，2011），頁 1-12。

三層樓之廟宇建築，三樓為清德堂主祀五福大帝，二樓為養靈堂扶鸞闡教之空間，一樓則為劉部宣靈公刑堂，統稱「白龍庵」。

養靈堂第一科金篇《閱目省身》於民國 44 年（1955）農曆 11 月開著，民國 50 年（1961）與各友堂在靈善堂參與聯著《明道》，養靈堂第二科善書與子堂養生堂、養修堂三堂聯著《霧海明燈》於民國 54 年（1965）請旨開著，民國 58 年（1969）完竣頒行。爾後養靈堂在著造善書方面多與子堂共同聯著。[37]

明德社喜善堂

民國 46 年（1957）農曆 6 月間，鳥松村民林古木知悉鄰村鳳山市文山里（今文衡里）有一鸞堂「啟展社樂善堂」，夜間按期扶鸞勸化，即聯絡其兄弟林德旺與林古來與村友蔡黃元三人前往樂善堂參觀，數次後，相互商議欲於鳥松創設新堂，再邀集數友於樂善堂，由林德旺焚香稟文，候至農曆 11 月 15 日上蒼准許於民國 48 年（1959）農曆 2 月開乩普練，待成就再賜堂號。同年農曆 8 月 15 日於鳥松村「虬龍居」（今鳥松福龍宮）恭接玉詔，蒙上蒼賜堂號曰「鳳邑明德社喜善堂」，並命派林德旺為首任堂主。

圖 1-22　明德社喜善堂外觀。（邱延洲攝）

圖 1-23　明德社喜善堂內部。（邱延洲攝）

37 不著撰人，〈三堂自序〉，《霧海明燈（卷一卷二合訂本）》（高雄：養靈堂、養修堂、養生堂，1969），頁 16-19；不著撰人，《鳳山白龍庵碑記》（1991 年立於廟內一樓左側）；明新社養靈堂主王文鴻口述，於 2012 年 12 月 27 日進行訪談。

　　民國 50 年（1961）參與靈善堂發起十一聯著《明道》善書盛舉。民國
52 年（1963）奉旨開著首科金篇《明燈引本》，並於同年頒行。民國 55 年
（1966）開著《救世醫鑑》醫書，同年完竣繳書。除上述頒世之善書外，迄
今共有《正道歸宗》、《儒宗正俗》、《六書傳世》、《明見萬里》、《儒宗闡
道》、《追古究今》、《儒光點燭》、《儒光線珠》、《儒宗面淳》、《儒宗明燈》
等金篇頒世。[38]

宣講社挽善堂

　　宣講社挽善堂位於鳳邑
雙慈亭內，其後殿之左廂，
為原靜心社舉善堂處所，其
設立原因，乃在舉善堂覓得
新堂址（今舉善堂之址，所
在地區俗稱下菜園），部分
堂生認為地處遙遠，故在民
國 48 年（1959）農曆 8 月初
一，由堂生林添成發起在原
處所（鳳邑雙慈亭）焚書稟
告，望上蒼准許設立新堂，
至民國 49 年（1960）年農曆
3 月恭接玉詔，蒙上蒼賜堂
號「宣講社挽善堂」，民國
50 年（1961）農曆 9 月參與
由靈善堂發起的鳳邑十一鸞
堂聯著《明道》善書，首科
金篇《明心復古》於民國 52
年（1963）農曆 5 月開著，

圖 1-24　宣講社挽善堂外觀。（邱延洲攝）

圖 1-25　宣講社挽善堂內部。（邱延洲攝）

38　不著撰人，《儒光面淳》（高雄：鳳邑明德社喜善堂，2009），頁 1-15；明德社喜
　　善堂堂主鄭客仁先生口述，於 2012 年 11 月 17 日進行訪談。

翌年農曆 11 月完竣繳書。[39] 現今挽善堂的處所被保留下來，但堂生迭佚，也不再從事扶鸞、宣講等活動，其空間也被雙慈亭納為「文昌殿」。

二、十一鸞堂的系譜與發展

經過田野踏訪與相關資料的收集後，可以更加確定鳳山地區的鸞堂信仰始於日治中晚期，起初為兩條脈絡，舉善堂與協善堂，細究十一鸞堂，以舉善堂的分衍最多，就母子堂關係，靈善堂、慈善堂、明善堂、挽善堂等為舉善堂的子堂，啟善堂則為靈善堂的子堂，樂善堂是慈善堂的子堂；協善堂方面，因協助啟成堂設鸞，可視為啟成堂之母堂；養靈堂屬戰後各自焚碟跪請設鸞的鸞堂，並無確切的源頭。

鳳山地區鸞堂的設立與分衍大致上有幾項的特色與模式，第一，原鸞堂信仰者以人際關係推波助瀾使鸞堂成立，如旗津修善堂的鸞生馬連耀透過公務結識鳳山地區的地方菁英，促成舉善堂的設立；另外養靈堂的成立，係透過靈善堂內的堂生的遊說，再結合澎湖人士歐陽維謀本身曾參與鸞堂的經驗，使得該堂成立。第二，透過某一個已參與鸞堂之人，再結合其他有興趣者，另外設鸞，並且在設鸞前於原來的鸞堂學習各項扶鸞的儀軌，略有所成後再於欲設鸞的場所恭接玉詔。第三，因鸞堂的遷移使得部分參與者希冀留於原處，而焚碟再設鸞堂。

目前十一鸞堂的各自發展，可發現參與者年紀偏高的情事，亦有鸞堂已不再扶鸞，如寄祀在鳳邑雙慈亭內的挽善堂、有獨立堂所的養靈堂，皆因無法順利「普練」新的正鸞生，以致鸞務停滯，導致鸞堂信仰本質改變。挽善堂就地被雙慈亭接收，雖堂名高懸，實質上已成為雙慈亭內的「文昌殿」。細究其因，與人員大量流失有所關聯，堂內組織潰散或不全，而有「就地接收」的態勢。人員的青黃不接，是鸞堂發展當前所遭受之瓶頸。而啟成堂則是被多數鸞堂遺忘，在田野訪查下，只知該堂原本寄祀於五甲龍成宮內，今已無堂生，扶鸞場域也不復存在。

39　不著撰人，〈鳳邑挽善堂沿革碑記〉（1977 年立於雙慈亭內，挽善堂舊址左側）。

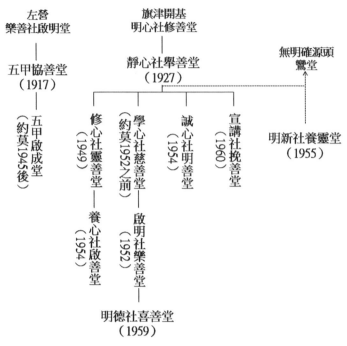

圖 1-26　十一鸞堂系譜圖

資料來源：筆者於 2010 年 10 月 20 日至 2010 年 12 月 7 日實地調查所得。

　　目前仍有持續扶鸞的鸞堂，也因堂生流逝、時代進步、娛樂增多、產業轉變，以及堂生職業等因素，無法像早先能期期到堂，面臨堂生逐漸變少或是參與降低等問題，導致有縮減鸞期的情況。一般而言，無論是 1、4、7 期，2、5、8 期抑或是 3、6、9 期，再加上初一與 15 等扶鸞日，一座鸞堂的鸞期一個月為 10 至 11 天，目前一個月鸞期仍保持如此者有協善堂、明善堂、樂善堂、喜善堂。其他鸞堂，如慈善堂目前只有 8、18、28 三天扶鸞，靈善堂則為扶鸞宣講交替，也非每期扶鸞。

　　鸞堂發展興盛與否首重鸞務，鸞務展現於扶鸞，但持續扶鸞卻不能反映在著造鸞書上，鸞書的開著與頒行，各鸞堂有其週期性，目前十一鸞堂的善書頒行最頻繁者當屬喜善堂，該堂從民國 48 年（1959）設鸞至今已完成了十三科的金篇。另外亦有鸞堂透過其他方式尋求進一步的發展，如協善堂則是透過定期對外宣講聖諭以及舉辦多種講座來拓展信仰。

表 1-1　鳳邑十一鸞堂簡表

堂　名	所在庄里	寄祀或獨立	設鸞時間	宗教登記	備　註
五甲協善堂	五甲	獨立	1917	佛	
靜心社舉善堂	下菜園	獨立	1927	道	
五甲啟成堂	五甲	寄祀於五甲龍成宮	約莫 1945	無	堂生四散，已不再扶鸞；因原寄祀於五甲龍成宮內，故當時並未進行登記
修心社靈善堂	蓮霧堤仔	獨立	1949	道	
學心社慈善堂	縣衙	獨立	1952 前	道	
啟展社樂善堂	竹巷	獨立	1952	道	
誠心社明善堂	赤山	寄祀於赤山文衡殿	1954	無	
養心社啟善堂	竹仔腳	獨立	1954	道	
明新社養靈堂	南門	獨立	1955	道	鸞務停滯，目前為有定期宣講；因寄祀於赤山文衡殿內，故無進行登記。
明德社喜善堂	鳥松	獨立	1959	道	
宣講社挽善堂	家具街	寄祀於鳳邑雙慈亭	1960	無	堂生四散，已不再扶鸞；因原寄祀於鳳邑雙慈亭內，故無進行登記。

資料來源：

1. 周益民、林美容、王見川，《高雄縣教派宗教》（高雄：高雄縣政府，1997），頁 37-38。

2. 彭三光主編，《鳳山市志》（高雄：鳳山市公所，1988），頁 189-190。

3. 簡炯仁主編，《鳳山市志》（高雄：鳳山市公所，2004），頁 512-517。

4. 筆者於 2010 年 10 月 20 日至 2010 年 12 月 7 日實地調查所得。

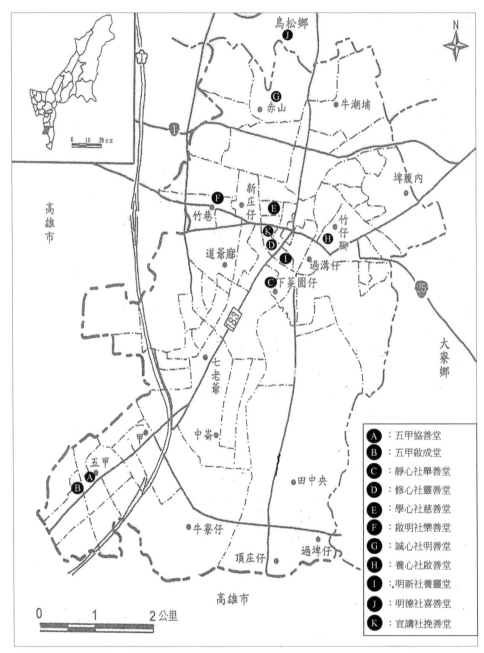

圖 1-27　十一鸞堂分布圖

資料來源：本圖根據施添福總編纂，《臺灣地名辭書（卷五）：高雄縣第二冊》，頁
　　　　327，圖 17-4「鳳山城外地名分布」為基底，繪製而成。

第四節　「鳳邑儒教聯堂」與戰後南部鸞堂運動

中國儒教會的前身「鳳邑儒教聯堂」，是臺灣南部地區相當重要的鸞堂組織，王志宇及李世偉對鳳邑儒教聯堂（以下簡稱聯堂）均有討論，說明其政治性整合的發展情況，但對聯堂初始設立的因素並未談及。[40] 聯堂發展至儒教會的進程，往往朝向鸞堂界對成立教團，定須採取政治性的方式論述，然而聯堂如何成形的討論幾近空白，由於中國儒教會是鸞堂運動的成果結晶，但無視聯堂設立的因素，實無法掌握整個臺灣南部鸞堂運動開展的歷史脈動，也不能詳知十一鸞堂如何在聯堂展現強烈的活動能量。

一、戰後宗教政策對鸞堂發展的限制

日治初期，臺灣總督府為求治理臺地順利，以尊重臺民舊有慣習信仰為原則，並於明治 32 年（1899）1 月 18 日總督府出示諭告，[41] 然而正式具效力的第 59 號府令〈依舊慣の社寺廟宇建立廢合辦法〉，[42] 則至同年 7 月才頒布。1912 年以降，多起與宗教牽扯的反抗事件（如林杞埔、西來庵、土庫、六甲等事件），使總督府不得不改變態度，日漸緊縮宗教信仰，尤以西來庵事件所造成影響更大，鸞堂信仰被迫轉入檯面下秘密運作。

戰後國民政府接收臺灣，在宗教政策上，多沿用大陸時頒布的法令，並陸續修法，民國 34 年至 39 年（1945-1949）國民政府撥遷之故，大量軍民移入臺灣，「住」的問題立即浮出檯面，常有軍隊暫用寺廟或政府沒收廟

40　王志宇，《臺灣的恩主公信仰──儒宗神教與飛鸞勸化》，頁 64；李世偉，〈儒教會緣起〉，收錄於中國儒教會編著，《中國儒教會會志》，頁 6-8。

41　李嘉嵩，〈日本治臺──宗教政策考（一）〉，《瀛光》128（1963 年 10 月），頁 7。

42　1899 年 7 月 11 日，臺灣總督府令第 59 號〈依舊慣の社寺廟宇建立廢合辦法〉；引自溫國良，〈淺談日治時期臺灣建立社寺等之法源〉，《臺灣文獻館電子報》64（2010 年 10 月），下載日期：2014 年 7 月 8 日，檢索網址：http://www.th.gov.tw/epaper/view2.php?ID=64& AID=861。

產的情況,政府雖然同時公布了〈保護寺僧財產〉的政令,[43] 但其作為卻與言論大相逕庭,繼續占用寺廟作為政府的辦公處或安置所。民國 40 年代(1950),政府開始注意到處理廟產以外的其他問題,「改善民俗」的觀念開始不斷的被宣導,主因係臺灣民眾在從事祭祀活動的花費龐大,政府希望改善此種風氣,進而發布相關的政令宣導。[44] 基本上,臺灣在宗教的政策與法令仍沿襲昭和 4 年(1929)所頒布的〈監督寺廟條例〉,然而因時、因地的不同,民間對寺廟管理組織仍依循日治時期舊有的習慣,造成法令在執行層面上出現了諸多問題。[45] 民國 43 年(1954)省政府頒訂了〈臺灣省修建寺廟庵觀應行注意事項〉,可謂臺灣在戰後以來首次頒訂的相關政令,其內容主要是為了「社會改造」、「改善不良風俗」。針對於此,鳳山地區鸞堂設立之初多在地方庄廟內,少數建立獨立堂所者,其建築仍較簡約,並非如同廟宇有燕脊,剪黏之貌,而是一般的公厝形式,從鸞堂的建築外觀來看,雖是為區別鸞堂與地方廟宇的不同,也可看出是當時的政令影響。

以上的相關法令的規範對象似乎僅止佛、道二教,故鸞堂屬性仍是尷尬,在尋求資源以及應對相關規範時,亦有矛盾之處。其中,〈臺灣省修建寺廟庵觀應行注意事項〉第 6 條規定中指出:「軍公教人員與民意代表應以身作則,倡導改善不良風俗,不得作建修發起人或主持人」,[46] 這樣的規定最後因為受到強烈的反彈而有轉圜,臺灣省民政廳對此事項再提出補充說明,而改不得作為「淫神邪祀」之發起人或主持人,這項規定最後仍是無疾

---

43 《臺灣省政府公報》(1946 年 8 月 14 日),頁 634;其內容明確欲規範不得侵害寺廟財產權力的政令:「人民有信仰宗教之自由,其財產非依法律,不得查封,業經約法明文規定,並迭經通令保護有案,茲查各地機關及各部隊,乃有非法拆奪逐僧情事,殊屬非是,茲特重申前令,嗣後無論機關部隊,均不得違法侵害寺廟權利」。

44 陳秀蓉,〈戰後臺灣寺廟管理政策之變遷(1945-1995)〉(臺北:臺灣師範大學歷史研究所碩士論文,1998),頁 61;另可見劉佑成,〈戰後臺灣「改善民俗運動」之探討(1945-1990)〉(臺中:逢甲大學歷史與文物所碩士論文,2010),頁 69-77。

45 陳秀蓉,〈戰後臺灣寺廟管理政策之變遷(1945-1995)〉,頁 50-69。

46 《臺灣省政府公報》秋季第 34 期(1954 年 8 月),頁 444-445。

而終。[47] 但鸞堂的定位仍是未確定，還是有「淫神邪祀」之虞。

　　從表 1-1 來看，多數鸞堂在宗教登記是道教，明善堂、挽善堂與啟成堂因為寄祀地方公廟內則無登記的問題，協善堂與屬先天派的齋堂「心德堂」合併，改稱「協善心德堂」，宗教登記則為佛教。這跟各鸞堂主祀神明有確切關係，鸞堂崇祀恩主，恩主之首為文衡聖帝，多數人對其認知應屬道教，亦有認為正主席為王天君或張天師者屬道教之神，而做此選擇，為各自之鸞堂謀求正當生存空間。

　　另外，民國 33 年（1944）6 月 9 日政府所公告的〈查禁民間不良風俗辦法〉第 1 項第 4 款載明：「設立社壇降鸞扶乩者：應斟酌情形予以解散或沒收，移送法院審判」，[48] 此辦法為國民政府撥遷來臺前所訂定，沿用於戰後，鳳山地區的鸞堂似乎並無受到此辦法的影響，反而鸞堂林立。據《鳳邑儒教聯堂概況、繳書建醮各種疏文藍本》內文明確的紀錄，至民國 68 年（1979）止，鳳山、鳥松、大寮及鄰近地區共有舉善堂、協善堂、啟成堂、靈善堂、明善堂、樂善堂、慈善堂、養靈堂、啟善堂、挽善堂、喜善堂、喚善堂、毅善堂、忠孝堂、崇聖殿、龍鳳宮、崇善堂、佈善堂、化善堂、振善堂、養生堂、養修堂、暘善堂、復醒堂、德善堂、至善堂、至光堂、至德堂等 27 座鸞堂的存在。[49] 可以確定鳳山及其鄰近地區的鸞堂信仰不衰反盛。

　　日治乃至戰後國民政府來臺，在宗教政策及法令上而言，對以「扶乩」為活動的鸞堂信仰，係相當不友善的，亦可說以法令限制了鸞堂在正向發展，從鳳山地區鸞堂所採取因應措施，雖說是消極且規避直接與政府有正面上的衝突，但由於信仰的盛行，政府也在法令上的解釋有讓步之情，這也應該是為何戰後並無強烈取締鸞堂信仰的行為。

47　陳秀蓉，〈戰後臺灣寺廟管理政策之變遷（1945-1995）〉，頁 63。
48　《臺灣省行政長官公署公報》春季第 3 期（1947 年），頁 35-36。
49　不著撰人，《鳳邑儒教聯堂概況繳書建醮各種疏文藍本》（高雄：鳳邑儒教聯堂，1979），頁 6。

二、《明道》的聯著契因及在法令的突破

圖1-28 《明道》智、仁、勇三冊。(邱延洲攝。)

王志宇曾指出區域性的鸞堂整合運動，主要以地方上設堂較久且活動力旺盛所發起，以其所分衍的子堂為基礎，再加以組織而成。[50]單就聯著《明道》這個活動，能否算是區域性的鸞堂整合？是值得省思的。若按王志宇所述情況，《明道》聯著工作的發起鸞堂，並非協善與舉善二堂，為何如此，須了解其中細故？

據《明道》〈南天文衡聖帝諭示〉載：

> 夫善書之著造也，欲何為哉，乃上為天立心，下為萬民立命，啟化人心 挽回世弊，同臻懿德是也，所以昔者昌黎伯韓文正公曰，一時勸人藉以口，百世勸人當以書，此言深可信矣哉。

> 今幸爾鳳邑各鸞堂鸞生等樂善不倦，際此世亂紛紛，民情日壞之時，均有一片堅誠善志，乃懷匪風下泉之思，作砥柱中流之計，糾諸善士，齊集靈善堂聯繫焚牒，稟請聯著新書，懇余協奏　請

> 旨　開期著造等情，余閱牒，情雅欣欣，觀看諸生均有好善之誠，能倡立此舉，實乃漫然之幸，豈不玉成，乃懇奏　上蒼幸荷許准賜，其顏曰　明道，書分三冊智仁勇，望世人各各能知大學首章之句……。[51]

由「民情日壞之時，均有一片堅誠善志」，可以清楚看到「改善民俗」的社會氛圍有關，1950年代，國民政府察覺臺民在祭祀活動上過度鋪張，遂

50　王志宇，《臺灣的恩主公信仰——儒宗神教與飛鸞勸化》，頁64。
51　不著撰人，《明道（卷一智部）》（高雄：鳳邑儒教聯堂，1962），頁8。

加強宣導「社會改善」、「改善不良風俗」，[52] 由此可見《明道》的聯著是對社會之回應。另者，「糾諸善士，齊集靈善堂聯繫焚牒，稟請聯著新書」，說明了當時請旨的地點是在靈善堂，這與當時靈善堂對聯著的發起有關，也是促成十一聯著的關鍵鸞堂。

據〈臺灣省修建寺廟庵觀應行注意事項〉第 6 條規定中指出：「軍公教人員與民意代表應以身作則，倡導改善不良風俗，不得作建修發起人或主持人」，雖最後解釋為不得作為「淫神邪祀」之發起人或主持人，又按〈查禁民間不良風俗辦法〉第 1 項第 4 款載明：「設立社壇降鸞扶乩者：應斟酌情形予以解散或沒收，移送法院審判」。[53] 以上法令，對鸞堂活動上有一定的限制，而《明道》聯著的關鍵人黃鐘靈的鎮長身分相當敏感，[54] 雖然通過鎮長角色的號召功能，然政府的態度如何，又是另一種厥然不同的情況，透過《明道》內容進行審視，不難發現勸善之目的，誠如該善書〈南天文衡聖帝諭示〉之內容，亦符合蔣介石政權所高喊「文化道統」的基本精神。故而檢視黃鐘靈的鎮長任期中，也並無被解職、或壓迫等情。[55] 再者，鳳山地區鸞堂在經歷聯著《明道》後，也未聞被取締、解散等情事，由此可見，《明道》這種大型的聯著活動也存有突破當時法令的情況。

三、戒嚴時期鳳山各鸞堂的宗教屬性與網絡拓展

民國 38 年（1949）臺灣省政府主席陳誠頒布〈臺灣省警備總司令部布告戒字第壹號〉，即是今人所稱之戒嚴令，直至民國 76 年（1987）7 月才解除，歷時 38 年又 56 天，此期間被稱之「戒嚴時期」。戒嚴令的頒布影響所及甚廣，其中宗教活動中以民間教派所受之箝制最多，本文在前面已有闡述相關法令，然鸞堂透過何種模式達成正常活動仍須說明。

52　陳秀蓉，〈戰後臺灣寺廟管理政策之變遷（1945-1995）〉，頁 61；另可參見劉佑成，〈戰後臺灣「改善民俗運動」之探討（1945-1990）〉，頁 69-77。

53　《臺灣省行政長官公署公報》春季第 3 期（1947 年），頁 35-36。

54　黃鐘靈，鸞堂賜號「黃鐘卿」，任職鳳山鎮長期間，亦擔任鳳邑修心社靈善堂主。

55　彭三光主編，《鳳山市志》，頁 103-160、505、536-575。

　　王見川在〈王翼漢與戰後臺灣的道教、軒轅教〉，提到王翼漢的宗教角色，可知王翼漢原身為鸞堂信仰者，卻積極地參與道教會（中華民國道教會）的活動，而道教會也希冀利用王翼漢與聖賢堂的地位，吸收鸞堂成員，擴充道教會的能量。此外王翼漢亦有接觸軒轅教，因結識時任立委之王寒生，可見王翼漢亦著重宗教之間的互動，這樣的互動似乎也為鸞堂在活動上達到合乎法令之需要。[56]

　　又按王見川《張天師之研究：以龍虎山一系為考察中心》一書中，亦提及戰後道教會與民間教派的合作，據其論述不難發現道教會與民間教派均有為了各自組織需求而結盟的情事。[57] 依據 Paul R. Katz（康豹）研究埔里地區鸞堂指出，埔里醒靈寺原有「龍華科儀」的傳統，其因在該鸞堂的緣起與齋堂關係密切，但在 1962 年透過邀請第 63 代張天師主持太上老君誕辰而開始廣泛參與道教活動，並於 1983 至 1985 年間邀請著名道士蔡茂雄教授道教科儀。[58] 再者李麗涼更透過報章等文獻，討論第 63 代天師張恩溥參與全臺寺廟活動的情況，[59] 依筆者見，如天師二次抵臺暫居的大龍峒覺修宮、以及主持臺北行忠堂、鳳山鎮南宮等禮斗、齋醮等，這些廟均有鸞堂背景，可見鸞堂在戒嚴時期多少均有與道教組織來往，甚有加入道教會的情況。

　　觀察鳳山地區鸞堂是否有加入道教會的情事，相關文獻並無直指，但在多數鸞堂將宗教登記為「道教」，不難發現此些鸞堂透過這樣的方式尋求政治上的合法性。從民國 43 年（1953）頒行的善書《心中寶》觀察，著書型態為「聯著」，乃由鳳山五甲庄廟「龍成宮」發起，其餘三座鸞堂與兩座齋堂參與，再者又有協善堂，在民國 54 年（1965）發起六堂聯著《普渡金篇》，龍成宮亦參與其中，可見戒嚴初期鳳山地區有部分鸞堂在著書活動上，是積極與地方公廟進行互動合作。

56　王見川，〈王翼漢與戰後臺灣的道教、軒轅教〉，收錄王見川、李世偉等編，《臺灣的宗教與文化》（臺北：博揚文化事業有限公司，1999），頁 337-354。

57　王見川，《張天師之研究：以龍虎山一系為考察中心》（新北：博揚文化事業有限公司，2015），頁 178-181。

58　Paul R. Katz，〈埔里的個案研究：鸞堂與近代臺灣的地方社群〉，收錄黎志添主編，《十九世紀以來中國地方道教變遷》（香港：三聯書店，2013），頁 1-70。

59　參見李麗涼，《弍代天師：張恩溥與臺灣道教》（臺北：國史館，2012）。

鸞堂屬民間教派之一，為求合法，其途徑不僅尋求與政府認可的組織合作，其中也積極與政治菁英有所互動，在鳳山地區更有政治菁英參與鸞堂，並擔任堂中要角，[60] 細究這些政治菁英分布各鸞堂，最高職務者為高雄縣議長陳清文（慈善堂），有鎮長丁添（靈善堂）、黃鐘靈（靈善堂），多數政治菁英任職縣議員、鎮市民代表及里長，共計 18 位。說明鸞堂在發展過程中需要政治菁英的幫助，對應鳳山地區由於鸞堂信仰蓬勃發展，使得政治菁英不僅參與以聚落居民信仰為主的地方公廟，甚至進入鸞堂成為堂生，也是參與地方事務的一種表現。

戰後臺灣南部鸞堂運的開展，除了鸞堂的蓬勃設立可做觀察外，另須以有無組織、經典等作為確立指標，如同楊明機扶筆《儒門科範》，並籌組「儒宗神教」，抑或王翼漢在會中提出組織鸞堂聯誼會的構想，欲藉此機會進行整合，後來正名「武聖聖德實踐委員會」等實質籌設組織之行為。雖然在 1960 年代前臺灣南部已是鸞堂林立，但由於各自獨立，但且無明確的組織整合行為，即使係龍成宮發起的六堂聯著《心中寶》（1954），可謂已有經典，卻在組織上並無籌組以及長期性的運作，職是，無法視為南部鸞堂運動的開展，相較「鳳邑儒教聯堂」而言，聯堂明確符合組織之型態，亦有經典《明道》作為依據。

四、「鳳邑儒教聯堂」組織初始性質

「鳳邑儒教聯堂」在臺灣鸞堂整合運動中，有著重要的地位，就王志宇及李世偉也進行相關的討論，然而聯堂以「正名」、「要求政府承認」的整合性運動，並非一開始就被強調，且從相關文獻上，也並未觀察出其組織的初始階段有任何積極整合的行動。

針對鳳邑儒教聯堂的組織工作為何？靈善堂堂生陳振芳在《鳳邑儒教聯堂概況、繳書建醮各種疏文藍本》〈敬書序文〉中有明確記錄：

　　……旋于民國 53 年，歲次甲辰年，東山鄉崁頭山孚佑宮重建，受南天關恩主諭示；指派本聯堂協善堂鄭榮生、靈善堂陳振芳、樂善

60　參見本書附錄 1「鳳山地區各鸞堂政治菁英一覽表」。

堂洪秋祥、喜善堂吳萬吉等四人，為孚佑宮顧問之職，協助募捐，至民國54年，歲次己巳年桐月16日入火安座，並聘本聯堂男女經生，協助參加盛典，是故受各方面諸大德讚羨，即本聯堂組立後，處處宣講代天宣化，巡迴勸誘引人向善，又協助各善堂繳書，如南府省躬社聖化堂、麻豆鎮晶善堂、旗津區修善堂之繳書，及屏邑東津靈善堂連繳三科書之建醮，因此受各方面之稱讚，現在數有二十餘堂參加，本聯堂定例年，文武二聖恭祝聖誕……。[61]

引文中，清楚發現聯堂在著造《明道》後，其組織運作的型態轉為支援各鸞堂繳書建醮等科儀以及巡迴各廟宇的宣講，這樣的工作內容並無整合鸞堂的行為，然許多學者將「鳳邑儒教聯堂」的成立視為高雄地區的鸞堂整合運動的開端，[62] 這是一種以結果來觀之。事實上，儒教聯堂最初的性質係透過聯著工作再拓展成聯誼會性質，至於何時開始有明確整合業務性質，應與政府當局對中國的文化大革命之後的相關舉動有關，此時期全臺各地皆如火如荼的進行鸞堂整合。

1966年，共產黨在中國實行「文化大革命」，對階級、政治、權力進行鬥爭，並且將傳統的中國文化一掃殆盡，國民黨政府乘勢謀求政治上與文化上的正統，在民國55年（1966）11月12日提出了「中華文化復興運動」，隔年的7月28日成立「中華文化復興委員會」，簡稱「文復會」，推行文化復興運動，從中央到地方鄉鎮皆如火如荼的成立組織，透過各級政府、學校配合一系列的「國民禮儀規範」、「國民生活須知」、「改善民間祭典簡約辦法」等進行推展，將儒家道統教條形塑成標準文化。政治上，更透過國家力量的介入，企圖聯合以儒

圖 1-29　鳳邑儒教聯堂繡彩。（邱延洲翻攝）

61　不著撰人，《鳳邑儒教聯堂概況繳書建醮各種疏文藍本》，頁2。

62　王志宇，《臺灣的恩主公信仰——儒宗神教與飛鸞勸化》，頁64；李世偉，〈儒教會緣起〉，頁6-8。

家教化為信仰核心的鸞堂，達到文化復興的效果，如邱創煥於臺北中山堂召集全省鸞堂的負責人開會，擬對中國文革提出對應的方法，王翼漢在會中提出組織鸞堂聯誼會的構想，欲藉此機會進行整合，後來正名「武聖聖德實踐委員會」。

鳳邑儒教聯堂的組織運作以民國 68 年（1979）作為分界，之前的主要係以聯誼為性質，而民國 68 年（1979）後，似乎有著欲積極整合的意向：

> ……春季農曆正月 13 日恭祝南天關恩主聖誕，秋季國曆 9 月 28 日恭祝文聖至聖先師聖誕，並召開座談會，推選役員等，如民國 66 年，歲次丁巳聘請鳳山市長陳景星為本聯堂顧問，是年十月初次 編集各堂繳書用，各種疏文藍本發行，民國 67 年，歲次戊午陽月，翻印桃園明聖經壹千餘本，迨至本 68 年，歲次巳未年正月 13 日，恭祝武聖關恩主聖誕，并召開座談會推薦增聘總幹事乙名，時各堂代表推選考潭晹善堂堂主吳兆麟為總幹事，共協本聯堂事項，最近聞有部分不明瞭本聯堂內容，故特刊發本宗旨互相團結以復興我國固有文化，兼增加祭聖誕疏再編此冊供為世人共鑑，若有厥失或不全之處，多蒙賜教伏希共籌聯堂千秋之譽幸甚之至。[63]

中國儒教會故理事長吳兆麟先生在民國 68 年（1979）進入了聯堂的核心運作，並欲從編集各堂繳書用各種疏文藍本，對各鸞堂的儀軌進行整合，這樣的整合行為有無顯著效果，筆者認為成效不大，觀看各鸞堂所用之疏文，依然有著各鸞堂習慣之格式。且提到「有部分不明瞭本聯堂內容故特頒發……」，顯然聯堂在整合的工作似乎遇到阻礙，從《鳳邑儒教聯堂概況、繳書建醮各種疏文藍本》發行刊印贊助鸞堂有些微異樣的情形，該書贊助刊印的鸞堂有協善堂、養靈堂、啟成堂、樂善堂、挽善堂、崇善堂、龍鳳宮、通天宮、明善堂、玉勑崇聖殿、忠孝堂等，這樣的贊助名單中，十一鸞堂只有一半參加，當初發起鸞堂靈善堂卻不見蹤跡，顯然聯堂在運作上遭遇問題，這樣的阻礙亦非僅有聯堂面臨，全臺各地皆有此情

63　不著撰人，《鳳邑儒教聯堂慨況繳書建醮各種疏文藍本》，頁 2-3。

況，王志宇對此認為其因在於各鸞堂的獨立性強烈所致。[64] 對此，儒教會志中亦有篇鸞文針對整合困難的問題有所敘述：

> 鳳邑儒教聯堂創始主神 靈善堂王天君降
>
> 歲次壬申（70/6/6 夜）
>
> ……今一般宮堂執事人員，即不能推展道務。亦無法和睦相處，其因無非是自滿稱大。人一旦驕矜自視。則不能有容人之雅量……。[65]

在欲籌備成立儒教會前的儒教聯堂，原十一堂中僅有靈善堂、協善堂、啟成堂、啟善堂、養靈堂、喜善堂留在其中，[66] 可了解儒教聯堂的整合工作不算順利，其中有各堂自持己見，雖然此文為神祇降鸞所撰，但過於偏頗，不參與整合即是驕傲自大，換種角度觀之，不參與整合的鸞堂應是有自身的考量，主要是為保持自身鸞堂的獨立性。

明善堂沿革中提及，民國 47 年（1958）由養靈堂領導，舉善、靈善、樂善、明善、啟善等堂組織了鳳山地區第一個與鸞堂直接相關的宣講團體「鳳山地區宣講聯誼會」，並定期前往各鸞堂或地方公廟進行宣講。可見在《明道》尚未聯著前，鳳山地區已有鸞堂組織聯誼會，主以「宣講」為核心工作，上述參與宣講聯誼會的鸞堂皆有參與聯著，在民國 50 年（1961），聯著開始進行後，宣講聯誼會即名存實亡，迨《明道》正式開著後，即被聯堂收編。

鳳邑儒教聯堂一開始的組成，本是為因應聯著《明道》，在聯著工作結束後，立即轉為「聯誼」性質的組織工作，其中以「宣講」、「經懺科儀」作為聯誼上的援助。民國 68 年（1979）纔逐漸轉為積極性的整合，故而在此之前的聯堂，實質上聯誼大於整合，聯堂在此間扮演著調配者的角色。職是之故，鳳邑儒教聯堂的初始性質乃在聯誼。

64　王志宇，《臺灣的恩主公信仰——儒宗神教與飛鸞勸化》，頁 69。

65　中國儒教會編著，《中國儒教會會志》，頁 13。

66　參見中國儒教會編著，《中國儒教會會志》，頁 12、105-107。

第二章　飛鸞勸化，鐘聲鐸韻：
鳳山地區鸞堂組織與其祭儀

「飛鸞勸化」係鸞堂強調勸善功能的指稱，也是一種形容扶鸞儀式的宗教性用語；「鐘聲鐸韻」，表現鐘與有柄有舌的大鈴所發出之聲響，古代常用來宣布政教法令或示警，也可用於比擬科儀進行時的聲樂。希望藉由這個題引，揭開述說鸞堂祭儀。扶鸞對鸞堂而言，係其信仰的根基，也影響著鸞堂信仰本質之存廢，本章從鳳山地區鸞堂主要的組織談起，說明組織與扶鸞有著什麼樣的密切關聯。第二，來看一部善書如何形成，透過怎樣的祭儀展現鸞堂對善書的重視，從中探討存在何種態度思維。最後，從祭祀神、鬼的科儀，來看鳳山地區鸞堂如何表現扶鸞儀式以外的宗教性儀式。

第一節　鳳山地區鸞堂的組織運作

鸞堂的組織，就當前研究成果而言，似乎並非是重要議題，一般鸞堂研究者係以兼論為主，以利強化論述的重點，如鄭志明透過對儒宗神教宗教體系的討論，兼談鸞堂的組織運作架構。[1]鳳山地區鸞堂在組織運作分為兩大部門，一是堂務，另一則係鸞務，堂務與鸞務之間何不同，在組織運作上如何進行，是值得說明的。

一、鸞堂的組織架構

由於鸞堂具有信仰上的通俗性，且亦具宗教的組織性，常被研究者視為民間信仰、民間宗教或民間教派，然而不論何者，其本質上都有相近之處，即是具有民間性。依照鄭志明廣義的見解，「民間宗教」專指在社會裡與民眾生活的宗教傳統，主要包含來自民間的通俗信仰與宗教結社，從組織上可將民間宗教的傳統分為「非組織性的民間信仰」與「組織性的宗教結

---

[1]　鄭志明，〈臺灣民間鸞堂儒宗神教的宗教體系初探〉，收錄氏著《臺灣民間宗教結社》（嘉義：南華管理學院，1999）頁 342。

社」。[2] 此外，丁仁傑對漢人信仰做了四大項的區分，分別為「民眾宗教」、「民間信仰」、「民間教派」、「新興宗教」等，就丁氏的定義言之，基本上與鄭氏的定義精神並無太大的區別。[3]

以鳳山地區觀之，鸞堂透過「堂規」等規範信仰者，而這些堂規內容主要是儒家思想的延伸，強調「禮法」，並不改變信仰者原本的宗教觀念，形成了信仰者祭祀地方公廟神祇，亦可參與具有組織性的鸞堂。民眾欲成為其信仰者，需先進行「宣誓」，有了宣誓即正式為「堂生」，纔有被命派各種職務的資格。李茂祥對「宣誓」亦有簡略的報導，他觀察欲成為鸞生須先報名，並出示生辰書於疏文中，歷經一個儀式，將疏文燒於神前，隨後即屬於鸞堂的堂生。[4] 依筆者經驗為例，高中三年級時（2006）開始行堂（kiânn tng），即參與鸞堂信仰，但非一開始就馬上宣誓，直到大學四年級（2010）恩師才准許宣誓，宣誓日期並非特別選定，而是一般鸞期（扶鸞的日期），在扶鸞儀式後，由恩師監禮，筆者宣讀誓詞，宣誓後立即派職進行宣講生的訓練。

鸞堂間對同一個職務，有著不同的指稱，如明善、靈善、樂善稱正副鸞生，而舉善堂則以左右鸞生稱之；四座鸞堂相互比較下，組織的分職上大同小異，共同點在於六部生，六部係正副鸞生、唱鸞生、錄鸞生、誥誦生、司香果（菓）生、把門生等。四座鸞堂在六部組織中，另外衍生其他職務，如抄錄或騰錄等，此外也有負責採買的備果生。而這些派職，基本上是將職務的功能性再細分，職務的細分程度，取決於堂生的多寡而定；從明善堂《正風》、《衛道》、《忠恕之道》、《浮生映道》四部善書中觀察其派

---

2 「非組織性的民間信仰」指其宗教理念與儀式混合在生活制度與風俗習慣之中，成為民眾習以為常的宗教情感與宗教經驗，學界慣稱為「民間信仰」；「組織性的宗教結社」指依存於傳統寺廟文化下自成一套宗教系統，有著清楚的宗教運動意識與團體性的信仰認同，形成特定的宗教結社；請參見鄭志明，〈近五十年來臺灣地區民間宗教之研究與前瞻〉，《臺灣文獻》52：2（2001年6月），頁127。

3 丁仁傑，《重訪保安村——漢人民間信仰的社會學研究》（臺北：聯經出版事業股份有限公司，2013），頁17-18。

4 李茂祥，〈略談拜鸞〉，《臺灣風物》20：2（1970年5月），頁37-39。

職，不難發現早期的派職較為簡單，並無司經、司樂等職，主要係因為草創時期以鸞務為重，後續人力與物力穩定後，再陸續細分職務，漸漸達到鸞堂組織的完備。[5]

　　王世慶蒐集日治時期諸多善書，歸結一般鸞堂設有堂主，堂主之下命派正副鸞生、抄錄生、校正生、迎送生、司香生等。[6]鄭志明認為鸞堂組織體系分為：「堂主→副堂主→正鸞生→內（外）監鸞→校正→唱鸞生→紀錄生→宣講生→茶果生→接駕生→鐘鼓聲→效勞生（鸞生）。」[7]這樣的論述是否因為地域的關係，導致過於強調鸞堂組織運作的單純性。筆者認為堂務與鸞務確實有著密不可分的關係，此種現象常導致研究者誤以堂務與鸞務具有一體性，鸞務雖重要，卻僅是組織運作的一部分，然而鸞堂的運作不單只有鸞務，其中也包括鸞堂的科儀與宣講活動，而這些都顯示鸞堂在分職上具有不同的思考面向。

　　實際上，堂務指的是在管理上的事務；鸞務則係相關扶鸞之事宜。從一般的地方公廟組織來解釋，應可對照鸞堂組織情況，現今聚落型寺廟大多設有管理委員會或董監事等管理組織，其組織下，依需求性不同各設有祭祀、財務、總務等類別，這是規制上的管理層，非規制層面大多有被忽略的情況，如同「乩童」這個角色。至廟裡請示神靈，神靈透過乩童指點信徒迷津，是許多臺灣人的生活經驗，此種請示儀式過程，並非由乩童與信徒直接對談，而是另外透過筆生或「桌頭」來翻譯。堂務之管理如同寺廟管委會的組織情況，是一個大的組織架構，鸞務則相似於寺廟在從事信徒請示的相關事宜。

　　只是，地方公廟不會因為廟中有無「乩童」，在組織運作與信仰本質產生太大改變，然而鸞堂若無「扶鸞」，就無法稱之為鸞堂，信仰本質也立即

5　參見附錄 2「鸞堂各科善書職務變化表」。

6　王世慶，〈日據初期臺灣之降筆會與戒煙運動〉，《臺灣文獻》37：4（1986 年 12月），頁 119。

7　鄭志明，〈臺灣民間鸞堂儒宗神教的宗教體系初探〉，頁 342。

有所變化。在寺廟管理實務上，廟中無乩童可使組織管理更為順遂，然鸞堂若無鸞生扶鸞，其堂務也無法順利進行。堂務組織雖是管理鸞堂內外的事務，實際上也都圍繞在「鸞」的信仰本質，因此堂務的所有運作，主要是為支援鸞務運作，使鸞務順利進行。以下茲引鳳山地區鸞堂組織架構圖（圖2-1）來說明堂務與鸞務之間的關係。

　　鸞堂組織運作係由堂務與鸞務兩個系統所組成，一個堂生可能身兼數職，同時間擔任堂務與鸞務之職。堂主為統籌堂務與鸞務之職務，常常造成研究者將此兩者視為一體。從圖2-1來看，鳳山地區的堂務組織主要係由經部、樂部以及負責財務等架構所組成，體現了該地區鸞堂對組織分工有細膩的劃分，經部與樂部負責了鸞堂的祭儀，表現鸞堂除扶鸞事務外，亦有祭祀的事務需要執行。

　　鸞務組織業務主要係負責扶鸞活動，其餘事務皆由堂主透過堂務系統作統籌規劃與分工，如鸞堂著書系列祭儀，著書雖然與扶鸞儀式有著高度的關聯性，但請旨、繳書、送書灰等祭儀，與鸞務較無太大關係，主要由

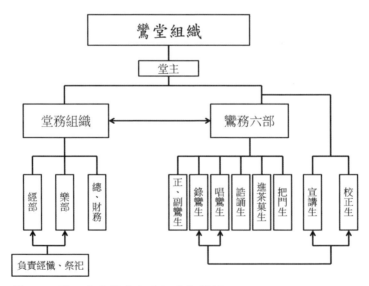

圖2-1　鳳山地區鸞堂主要組織架構圖

說明：雙箭頭表示各自組織職務相互支援，及人員有所互通。

資料來源：筆者經由參與觀察所得。

堂務系統做組織的運作，以及工作的分配，由此可知，堂務的組織運作基本係負責鸞堂運作的管理，以及負責扶鸞以外的事務。鸞堂的本質與功能在於「勸善」，扶鸞即是表現其勸善工作，堂務組織的運作具有管理事務，以及協助鸞務運作的職能。由於堂生常常身兼堂務及鸞務的職務，造成研究上常混淆討論，這也是諸多研究上，大多圍繞鸞堂扶鸞儀式作為討論。鳳山地區的鸞堂不只依靠鸞務組織，達到勸善的功能，更有堂務的系統負責管理鸞堂事務與運作，而經部、樂部等負責祭儀的單位，也透過堂務的運作，達到鸞堂在宗教儀式上的需求。

二、六部鸞生與扶鸞儀式

　　從田野的訪談與審視近期相關高雄地區鸞堂之研究，對於扶鸞儀式，幾乎有「六部的運作」之說法，六部乃指鸞堂在扶鸞時所需的六個部門，分別為正副鸞生、唱鸞生、錄鸞生、誥誦生、司香茶果（菓）生、把門生等，為何南部地區會將「六部」視為整體鸞堂運作的核心？在現階段研究成果，均認為鸞堂是否正常延續，取決正鸞生的傳承。[8] 雖然如此，周邊相關人等的訓練卻亦是重要，筆者父親邱明道於 1988 年在鳳邑誠心社明善堂宣誓入堂，宣誓當日，神祇即派普練正鸞，其首次普練，即可推動鸞筆且扶出「六部無人」四字，若依字面解釋，多數會解釋成六部組織人手不夠，與開基明心社修善堂副鸞生夏秋冬先生提及此問題，夏先生認為亦可解釋新鸞生進行普練，六部生應該全神貫注，不可散漫。[9] 職是，無論是六部人手不足，抑或是六部生不可散漫，透過「六部無人」所傳達的意義是六部生在扶鸞儀式中的重要性。

　　「六部」在鸞堂內的功能與意義及其祭儀為何？鳳邑誠心社明善堂的〈鳳邑誠心社明善堂聖示堂規例律〉有所敘述：

8　鄭志明，〈臺灣民間鸞堂儒宗神教的宗教體系初探〉，頁 342；王志宇，《臺灣的恩主公信仰——儒宗神教與飛鸞勸化》，頁 68；許玉河，〈澎湖鸞堂之研究（1853-2001）〉（臺南：臺南大學鄉土文化研究所碩士論文，2004），頁 73-77。

9　開基明心社修善堂副鸞生夏秋冬先生口述，於 2012 年 5 月 4 日進行訪談。

本堂副主席　降

今宵特示爾等諸生知悉，今欲嚴肅重整堂規，務宜各守凜遵，切莫違規，重則受譴，輕則記過。創設善堂當立堂律，有規有律，願各生依規律依序而行，明顯堂規禮法義，可表現堂規之尊嚴，繼則重整乩盤柳筆作經書，方可無難矣。願爾諸生幸勿挫志，自重規儀凜遵厥職，待迎聖神仙佛蒞堂，指化迷津，方不愧儒門之禮，頒示規律特此示明：

一、訓示受任堂主者，掌理全堂之重責，闡示各生遵守，聆聽堂主之指示，倘若不遵可向堂前啟稟，余當自參酌輕重，重則開革，輕則災罰，惟厥堂主率先示範四維，重謹綱常，方謂堂主宏揚儒教之備旨。

二、副堂主之任乃堂主之副翼，兼顧堂主之餘務，佐堂主工作之未周。

三、左右鸞手堂規遵守，期期候駕莫偷懶惰，靜心養性侍迎聖真，遵規禮訓，切莫胡思亂想，花酒免致亂神，信實為重，不朽名芳，期期速到，靜心規律，誓遵切記切守。

四、唱鸞正副規律禮法，宜切重遵鸞盤桃柳，聖神降筆揮毫字字明唱，精神一貫，切勿置之罔聞，不偏不易中庸規訓，無貪懶之心事，神虔誠堅志，任職務清私情功，上加功顯耀門廷，至切至敬。

五、謄錄鸞生正副，遵守期期侍候，鞠禮儒門，靜心養神能相應文句，謄錄楷字精，詩詞歌賦符規格，字句點綴復唱明，候駕堂前六部內，常遵規矩表真誠，有功加給名顯達，違背受譴照規程，凜遵聖訓。

六、祀香職掌壇界清，行動順序勿亂程，事神朝禮須誠敬，香烟裊裊在神前，遵重孝道仁義守，修身規禮在堂行，立善立功奇遇得，任職矢志福長興。

七、進果生中任職遵，果茶清淨應籌存，順序虔誠禮勿失，檢點茶果保芳芬，中無雜念心誠敬，有違重譴照規喧，成名侍候禎祥得，期期應候聽經文，顯達門風樂天倫。

八、詰誦生，詰誦經文點點真，字字明句誦念真，請神請佛虔誠意，真心誦念達天真，稽首頓首行頂禮，禮法嚴守效勞勤，規律垂存任職掛，勤勞候應功非輕，上陰祖先能拔引，下庇子孫福祿臻，勿違規律能守訓，切勤切應感聖神。

九、迎送候駕各等生，在堂候應勞無停，真候真性心當靜，經書至意究察明，迎神頂禮須守靜，細聽良顏法堪稱，規行矩步真誠敬，堂室遵守勿亂行，黽勉勤勞成功日，受賜福祿顯門庭，各宜凜遵勿忽。

十、把門生把守門庭，須用內外清淨相，幫忙化外諸子勿亂進，若要先稟莫猖狂，衣服整齊方引入，無遵禮法罪難當，內外靜待迎仙佛，細聽經書一樣功，期期速到能勉力，洗掃內外正氣先，從此任職能遵守，福有由來老少同。[10]

　　鳳山十一座鸞堂皆有其堂規，細究各堂堂規雖有不同之處，其宗旨卻也係依儒家禮制教化規範堂生。從以上例律清楚說明堂生經派職後，應該如何從事各項職務。

　　六部中以正鸞影響鸞堂最甚，依許玉河所見，認為正鸞生乃係整個鸞堂中的靈魂人物，共有三種產生方式：一為神明指派，二為自願者須於神前擲筊，三則是由堂主或領導幹部尋覓適當人選。[11] 新鸞手之訓練有人稱「鍛乩」、「訓乩」，[12] 鳳山地區則以「普練」稱之。在 *The Flying Phoenix–*

10　不著撰人，〈鳳邑誠心社明善堂聖示堂規律例〉（本文立於明善堂內左側）。

11　許玉河，〈澎湖鸞堂之研究（1853-2001）〉，頁 73。

12　參見鄭育陞，〈鍛乩、修行與功德：埔里鸞堂信仰與實踐〉（南投：暨南大學人類學研究所碩士論文，2008）。

Aspect of Chinese Sectarianism in Taiwan 一書中提及有關正鸞訓練的過程，需在晚間於堂內就寢，以此神聖空間，區別正鸞與一般信徒不同，[13]此方式與一般民間地方公廟進行乩童的「坐禁」類似。鳳山地區有關正鸞的訓練係以鸞期到堂效勞即可，與平常的扶鸞情況相同，許玉河觀察到，訓練新鸞時須立「教鸞童子」神位。[14]鳳山地區鸞堂亦有教鸞童子，但不立神位，只在善書中可以見得，教鸞童子亦稱教練童子，此神不見於一般的民間信仰，僅出現於鸞堂從其神號可知，其責在於正鸞生的訓練。

副鸞、唱鸞、錄鸞、誥誦等四生係輔佐正鸞的職務，因鸞堂的規範極度嚴格，並非每位堂生都可立於鸞臺左右，僅具有此四生職務者才得以列於兩旁，副鸞輔佐正鸞推動鸞筆，唱鸞字字報唱鸞文，錄鸞則係謄錄唱鸞所報唱之鸞文，誥誦主司誦念咒文請神，然此四生也非呆板死守各自職務，乃有彈性相互配合支援，當正鸞所扶出的文字，唱鸞無法唱出，其他各部可以代替報唱，因此各部生之職責雖係區分嚴謹，但亦視當下情況而有所應變，靈善堂著造的《念道》如此敘述：

本堂副主席降

　　示

前期主席所提堂規，乃依三綱五常為旨，應速轉錄啟示，堂有堂規，家有家規之程序，此次續著承望各友堂協力，各有適當派職。希汝等各生盡之職守勿違，例如六部上為唱鸞下至把門，有缺司香可自動調度補缺，如唱鸞、錄鸞、誥誦皆要協調，以能推行期期順序……。[15]

---

13 D. K. Jordan 與 D. L. Overmyer 合著，周育民譯，宋光宇校正，《飛鸞——中國民間教派面面觀》（原書名：*The Flying Phoenix–Aspect of Chinese Sectarianism in Taiwan*），頁 131-132。

14 許玉河，〈澎湖鸞堂之研究（1853-2001）〉，頁 73；另參見黃有興，《澎湖的民間信仰》（臺北：臺原出版社，1992），頁 71。

15 不著撰人，《念道》（高雄：鳳邑修心社靈善堂，1984），頁 103-104。

許玉河認為扶鸞儀式僅有正鸞、副鸞、唱鸞、錄鸞等四人即可進行，[16] 顯然在此引文與許氏所認為有差異，透過引文敘述，鳳山地區鸞堂在扶鸞過程中亦須仰仗此四職外的各生，文中所提誥誦、司香不在許氏所言之中，然無誥誦請神，神祇如何降鸞以達勸化，而司香、司果（菓）、把門等生在扶鸞儀式中亦扮演重要角色，雖然其職務所在並非與扶鸞有直接關聯，但主要負責扶鸞時的儀禮，司香、司果（菓）以祀香敬果（菓）來表達對降鸞神祇崇敬之意，以「有形」替代「無形」接待神祇，把門生係以區別內外空間，鸞堂內代表的是清靜場域，扶鸞過程中不得隨意走動，若有他人欲進入，把門生需告知或引入，進入堂內後則一切皆以鸞堂規儀進行。

　　扶鸞儀式，在目前相關研究的闡述較為簡略，以下是筆者對誠心社明善堂扶鸞儀式的觀察：

> 約莫晚間 8 點 20 分，堂生陸續到堂準備，而正鸞生走入「靜室」，扶鸞時間一到（約莫 9 點）正鸞生出靜室，男女堂生分至兩邊靜坐以待，正鸞於鸞臺前定位後，副鸞、唱鸞、錄鸞、誥誦等人員面向神前鞠躬致禮，正鸞與副鸞握立鸞筆，以誥誦生帶領其餘六部人員誥誦咒文請神，誥誦的咒文為靜心社舉善堂 1937 年所扶《三教妙法真經》，司香生於此時亦會於神前奉香，正鸞生有所靈動時，鸞筆會向下推動，此時神祇已算降鸞，全體堂生以低頭之姿恭迎聖駕，接續會扶出神號，再由唱鸞生唱出，錄鸞生隨即記錄，當正鸞生扶出：「賜起各生」時，司果（菓）生會依禮向神前與兩旁的座椅敬果（菓）與敬茶，此時神前依舊繼續扶鸞，正鸞生扶出一字後，唱鸞生唱報一次，文章書寫完成後，正副鸞生將鸞筆回歸立握，待錄鸞生宣讀本篇文章，若有遺誤則鸞筆推下，進行更正，宣讀完畢，若無其他事宜，扶鸞儀式即在正鸞生扶出「賜回」後落幕。[17]

16　許玉河，〈澎湖鸞堂之研究（1853-2001）〉，頁 73。

17　筆者田野筆記，於 2012 年 10 月 13 日紀錄。

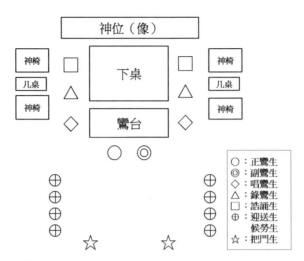

圖 2-2　扶鸞儀式人員配置圖

資料來源：筆者於 2011 年 4 月 1 日至 6 月 30 日，田野觀察各鸞堂
　　　　　扶鸞儀式後整理繪成。

　　藉由對明善堂扶鸞儀式的觀察筆記，發現扶鸞的過程，具有強烈的規儀，每位堂生依其職務從事工作，「靜室」往往設於不顯著的地方，其目的係為讓正鸞生能在扶鸞前靜下心情以待聖真降靈，故靜室杜絕不相關人員進入。明善堂請鸞誥誦咒文為《三教妙法真經》，該書內容以降鸞神祇的寶誥為主，經田調發現，並非每座鸞堂均以此為請鸞咒文，通常可見的咒文為《桃園明聖經》、《大洞真經》、《王天君寶誥》等，但此些經文有共同之處，皆有〈五淨咒〉[18]。明善堂的扶鸞儀式雖不能視為通例，卻也可以對鳳山地區鸞堂在扶鸞過程有些許了解。

---

18 〈淨心神咒〉：太上臺清　應變無停　驅邪縛魅　保命護身　智慧明靜　心神安寧　三魂永久　魄無喪傾　急急如律令；〈淨口神咒〉：丹朱口神　吐穢除氛　舌神正倫　通命養神　羅千齒神　却邪為真　喉神虎賁　氣神永津　心神丹元　令我通真　思神鍊液　道氣長存　急急如律令；〈淨身神咒〉：靈寶天尊　安慰神形　弟子魂魄　五臟玄明　青龍白虎　對仗紛紜　朱雀玄武　侍衛我身　急急如律令；〈淨天地解穢咒〉：天地自然　穢氣氛散　洞中玄虛　晃朗太元　八方威神　使我自然　靈寶符命　普告九天　乾羅噠哪　洞罡太元　斬妖縛邪　度人萬千　中山神咒　元始玉文　授持一遍　却鬼延年　按行五嶽　八海知聞　魔王束首　侍衛我軒　兇穢消散　道炁常存　急急如律令；〈安神咒〉：元始安鎮　普告萬靈　嶽瀆真官　上下祇神　左社右稷　不得妄鷩　回向正道　內外澄清　各安方位　備守家庭　太上有命　搜捕邪精　護法神王　保衛誦經　皈依大道　元亨利貞　急急如律令。

三、宣講聖諭與鸞文校正

臺灣最早有宣講，可回溯「朱一貴事件」之後，官員治理臺灣有感於應積極從事教化，因此宣講分為「在城宣講」與「四鄉宣講」。前者通常由縣官主持，後者因地方官無暇時常下鄉宣講，則由當地鄉約組織辦理，宣講內容多半是政令宣導或有關教化的道理。李世偉在〈日治時期臺灣的宣講勸善〉中，列舉了幾座日治時期的宣講組織，[19] 類型有三：第一，單獨的宣講組織；第二，另設有救濟事業等單位；第三，與附設於鸞堂或與鸞堂關係縝密，此三類者以第一項為最多，可見日治時期的宣講組織與鸞堂的關係密切性並非絕對，那麼宣講的內容究值得關注，李世偉認為宣講組織，或主動、或被動地配合當時改善臺民風俗習慣的政策，內容則是宣講當時的社會議題，相較依附鸞堂的宣講組織，宣講內容則以扶鸞的文章為主。[20]

鳳山地區的宣講，除鸞堂之外亦有其他獨立的宣講組織，如鳳山宣講社，就當前的資料僅知，宣講社社員顏檉亦是靜心社舉善堂的堂生，也擔任過堂主之職，與鸞堂應有密切關係，礙於文獻不足無法細談。王見川認為鳳山宣講社與意誠堂的同善社有密切的互動，[21] 至少就此二層關係，顯然鳳山宣講社與鸞堂的互動是緊密的。十一鸞堂的宣講各有其模式，依據採訪資料，可分為三種類型：第一為扶鸞前宣講；第二係扶鸞後宣講；第三則為扶鸞與宣講的日期交錯。以此三種型態可了解扶鸞與宣講的密切性，鸞堂宣講的文本乃係以神祇所將鸞文為主，而宣講的準備工作相當重要，在扶鸞儀式結束後，宣講生須了解鸞文意涵，並翻閱其他相關資料做一整理，才得以宣講，有如學校教師在授課前的備課，由於宣講須事前準備，致使多數鸞堂的鸞文並非當期宣講。

---

19 李世偉，〈日治時期臺灣的宣講勸善〉，《臺北文獻直字》119（1997 年 3 月），頁 115-118。依李氏所見共有臺北普願社、普勸社、臺北勸善堂、臺北士林宣講臺、臺北淳風社、臺北勸善社、宜蘭碧霞宮、宜蘭頭圍庄宣講臺、嘉義寶善社、高雄鹽埕鼓善社、高雄鳳山宣講社、高雄意誠堂同善社等十一座組織。

20 李世偉，〈日治時期臺灣的宣講勸善〉，頁 121-125。

21 王見川，〈略論陳中和家族的信仰與勸善活動〉，頁 141。

宣講生的職務屬性並不是六部鸞生，但其重要程度不亞於六部，在明善堂的堂規律例，亦有規範：

誠心社裡宣講生，講談因果句句名，社裡規斟同啟發，製造慈航喚眾生，廣佈十方經文事，勿畏辛苦功必成。[22]

鸞堂的宣講對象多是堂內信眾，就地方便為要。大致上，維持神前宣講，也有另闢空間並恭請「宣講牌」至該空間進行宣講。宣講生的產生為神祇所派，神祇所在空間，顯示宣講生代表神祇傳達聖諭，故宣講活動在鳳山地區鸞堂亦被稱之「宣講聖諭」或「講聖諭」。

正鸞生扶筆，唱鸞報唱，錄鸞記錄，一篇鸞文的初稿算是完成，倘若要成為一部善書，其內容仍須經過校正生修改，校正生並非六部鸞生，但其職責極為重要，在善書開著後，校正生須收集平時著作的鸞章，檢閱是否有無與該科金篇相關的著作，若有即稟報神祇可否收錄金篇。此外，校正生亦要修改鸞文的體例，檢閱詩文是否合乎平仄、押韻，或是錄鸞之時有無疏漏及錯字，這些校正事項最終仍須稟報神祇後才能定稿。關於校正生的產生方式，約莫有兩種方式：其一，由神祇派之；其二，由堂主或堂內幹部推薦於神祇，再由神祇定奪。此兩種方式共同之處乃在神祇做最終決定。不過，究竟具有何種資格的堂生，才能委任如此要職，審視十一鸞堂各部善書，多數

圖 2-3　宣講社挽善堂
　　　　宣講牌。
　　　　（邱延洲攝）

圖 2-4　靜心社舉善堂
　　　　聖諭牌。
　　　　（邱延洲攝）

22　不著撰人，〈鳳邑誠心社明善堂聖示堂規律例〉（本文立於明善堂內左側）。

校正生是由六部鸞生兼任，以唱鸞與錄鸞兩生最多。李世偉認為日治時期多數鸞堂發展係以傳統仕紳作為主導，因而鸞堂內的正鸞、副鸞、唱鸞、錄鸞等要職亦由傳統仕紳擔任。[23]

綜觀宣講與校正雖職務不同，側重事項亦不相同，但仍有其共同之處，觀看鸞文的處理即是，一個負責鸞文修正，另一主司鸞文傳播，此二者都須有豐厚的文學造詣與文化底蘊，多數鸞堂對此二者職務皆以六部生兼任，其中以唱鸞、錄鸞為多數，故究此二職乃係扶鸞儀式、六部職務的延伸工作，最終目的在於鸞文傳播以達鸞堂信仰勸化世人的目標。

第二節　善書著造的動機與其系列祭儀

一部善書如何「從無到有」，係目前相關研究沒有談及的，僅有黃有興與許玉河在其著作中以兼談作說明，討論的範圍也僅止澎湖地區鸞堂，[24] 故臺灣本島尚無相關研究。依據參與觀察以及田野訪談，發現鳳山地區鸞堂相當重視著造善書與其相關祭儀，主要是著造善書則被鸞堂視為善知識延續的主要途徑，鸞堂以勸化世人為己責。為何有這樣的思維，係本節的旨趣，而相關祭儀的執行是否也呼應著造善書的動機？

一、善書著造的動機

鸞堂善書的主軸在於勸善，係一種「人」藉由「神」再對「人」施行善知識的教育，職是之故，「人」的觀念認知與行為相當重要。為何鸞堂要著造善書，這與鸞堂信仰存在的正當性有關，養心社啟善堂所著《儒門甘露》中的〈玉詔開讀〉，可見其論述：

23　李世偉，〈日治時期臺灣的儒教運動－上〉《臺北文獻直字》120（1997 年 6 月），頁 93-131。

24　黃有興，《澎湖的民間信仰》，頁 74-78；許玉河，〈澎湖鸞堂之研究（1853-2001）〉，頁 101-106。

朕居靈霄，統宇宙……世風日下，圖設巧計，惡化橫行，不行正道，非為亂作，滅盡天理，甘墜深淵，致成災劫多生，無辜受連。

朕感痛心，慈悲憫念，望能醒覺惡徒，歸向正道。准處處開壇、方方闡教……。[25]

鸞堂信仰的存在，乃因人欲望驅使下，對社會產生危害，以致生民塗炭，由於關、呂、李三位恩主的哀奏，上天准許普設鸞堂，共挽頹風，期望世人免於天譴災禍。

那麼，鸞堂存在即可挽救不良的風氣，為何還需助造善書？從《明道》〈南天文衡聖帝　諭示〉可見鸞堂著書立說的傳統原則：

夫善書之著造也，欲何為哉？乃上為天立心，下為萬民立命，啟化人心，挽回世弊，同臻懿德是也，所以昔者昌黎伯韓文正公曰，一時勸人藉以口，百世勸人當以書，此言深可信矣哉。[26]

藉由韓愈所說的「一時勸人藉以口，百世勸人當以書」，闡述書籍的保存與流通比口耳相傳更為廣泛，也較為深遠。此外，直指善書著造係上為天立心，下為萬明立命，啟化人心，挽回世弊，顯現鸞堂著造善書之目的。

著造善書對鸞堂來講係一項巨大工程，所費人力、物力等等均是不斐，然而鸞堂信仰者對「著書」這件事，卻是樂此不疲，箇中原因何在？多數善書均會描述為何著書，依《明道》〈南天文衡聖帝　諭示〉言：

……今幸爾鳳邑各鸞堂鸞生等樂善不倦，際此世亂紛紛，民情日壞之時，均有一片堅誠善志，乃懷匡風下泉之思，作砥柱中流之計，糾諸善士齊集靈善堂聯繫焚牒，稟請聯著新書，懇余協奏　請

25　不著撰人，《儒門甘露》（高雄：鳳邑養心社啟善堂，2002），頁 17-19。

26　不著撰人，《明道（卷一智部）》（高雄：鳳邑儒教聯堂，1962），頁 8。

旨　開期著造等情，余閱牒，情雅欣欣，觀看諸生均有好善之誠，
能倡立此舉，實乃漫然之幸，豈不玉成……。[27]

依此所見，或許可反映集體認同與信仰認知，鸞堂信仰者均有強烈使命感，
希望藉由著造善書，對社會產生正面的幫助。不過，筆者認為這樣的說法，
極為表面，並無精確點出其動機為何。

在誠心社明善堂所著《衛道》〈漢鍾離仙翁降　鸞堂說〉，可解釋鸞堂信
仰者，為何對著書樂此不倦：

> ……今爾諸生，請旨著造善書勸世消除末劫，復奏清平，……吾今
> 逍遙天界深明世弊，洞徹人情，貧富有不齊之論，勤怠並無立之
> 功，善人修行，富者譏其營生之計，勤人為善，怠者誚其覓食之
> 謀，謂不僅營生覓食，而且勞力傷財，總要忍而且耐，任怨任勞，
> 細心體會吾言而重之，自有妙蘊，待慈航造就，論功獎賞，上超祖
> 考，下消自己孽罪，豈不美哉，豈不快哉，勉旃勉旃，勿負吾言焉
> 可。[28]

該文開始即表明著書目的，係為勸世並消末劫，也說明外人如何看待行善著
書這件事，重要的是「慈航造就、論功行賞」，顯示善書完成之後，可論功行
賞，上超先祖，下消罪孽的思維，表現在文中。透過這樣的說法，便可強化
信仰者進行著書的意願。

二、鸞堂著造善書系列祭儀

鳳山地區鸞堂所著善書，多數均在首頁印有「奉旨著造」的字樣，依許
玉河觀察澎湖鸞堂的見解，這是展現堂主與鸞堂聲譽卓著。[29]然而，就筆者
所見，其思維認知，旨在善書的神聖性，故而鳳山地區鸞堂乃以一系列的

27　不著撰人，《明道（卷一智部）》，頁 8。
28　不著撰人，《衛道》（高雄：鳳邑誠心社明善堂，1967），頁 48-49。
29　許玉河，〈澎湖鸞堂之研究（1853-2001）〉，頁 102。

祭儀來強化。以下來談談著書系列祭儀有哪些？這些祭儀有著怎樣的思維態度？

焚疏請旨

鳳山地區鸞堂會著造善書，主要係鸞堂自身向上蒼（玉皇上帝）表示意願，希冀上蒼降旨准許開著善書，從十一鸞堂聯著《明道》〈玉詔開讀〉可略知一二，他說：

> ……朕心怛怛，聖志忡忡，憐赤惜黎，倡創善堂，俯念民瘼，筆挽頹風，教化羣倫之大義，攪腦血，披肝腸，鬢髮班班白，淚水滴滴紅，今爾南瞻鳳邑十一聯堂聯袂呈疏章，是皆 關呂李三卿，迭 奏翼翼 懇陳切切，志貫長虹，心懷泰岱……。[30]

在開著《明道》前，十一鸞堂聯袂呈疏章，疏章由關、呂、李三恩主轉呈上蒼。可了解在著造善書前有請旨儀式，先由鸞堂信眾表達欲著造善書的想法，透過焚化疏文由恩主轉呈上蒼，顯現請旨儀式有著縝密的神人協力等情況。

探訪各鸞堂之時，發現促使各堂著書的因素有略同之處，強烈的功德觀雖係鸞堂著書最為具體的動機。但何時適合開著善書，並非世人可以得知，皆是經由堂中的神祇降鸞提醒，以誠心社明善堂為例，第七科金篇《誠一之道》，亦是由該堂的神祇降鸞提點，因 2014 年係該堂創堂滿 60 周年，該堂神祇遂提醒是否以著書為堂慶增添光彩，顯示了著書活動不僅係強烈的功德觀念，也有凸顯著書之目的性。雖說促使著書請旨的因素在於神祇提點，但著書與否仍以堂生想法為主，依筆者參與觀察的情形，在神祇提醒著書之後，堂主先與堂內的幹部討論是否請旨，並徵詢正鸞生等人的意見後，再邀集所有堂生進行會議，針對是否請旨聽取堂生意見，若堂生無異議，即在下次鸞期，向神祇稟報，由神祇決定何時請旨。

---

30 不著撰人，《明道（卷一智部）》，頁 9-10。

　　在請旨以前，鸞堂會搭設香案，香案分為上下兩層，上層會放置代表玉皇上帝的燈座，這樣的行為民間稱之「置天臺（tì thian tâi）」，當天臺設置完畢也象徵此空間已成為上蒼所居處所，這樣的行為在民間信仰中相當普遍，通常用於農曆正月初9玉皇上帝萬壽之日，再者亦有用在有求於上蒼之時，而鸞堂「置天臺」的情況即屬後者。

　　圖2-5顯現出明善堂關於天臺設置與擺設，各鸞堂對天臺的擺設情況大同小異，依造各鸞堂的習慣而制，普遍都設有燈座及綁上甘蔗作為代表天臺的象徵，天臺設置完畢後，堂生緊接續誦經，各鸞堂在科儀本上的使用以《天文真經》、《玉皇真經》、《桃園明聖經》為主要的經文，此階段的儀式雖有誦經，然並無音樂襯托，以清唱為主，鸞堂稱這樣的誦經形式為「清唸」或「誥誦清經」。在清唸經文後，堂主與堂生們等待子時到來，時刻一到，由司儀發號，以下是明善堂請旨當日的觀察記錄：

> 約莫接近晚間11點，堂主率領堂生於香案前，由某位較為知悉祭儀的堂生充當司儀。發號：「歲次辛卯年，鳳邑誠心社明善堂恭請第七科金篇典禮啟行，眾生排班」，請旨儀式在此展開，此時司儀請主祭（堂主）、陪祭（副堂主）就位，由主祭與陪祭先行奉香，完畢後主祭與陪祭再與所有堂生一同奉香，全程的奉香與執香皆由司儀發號，司香生執行，在全體堂生奉香完畢後，隨即進行三跪十二叩首禮，在最後一次的叩首後，司儀發號：

圖2-5　鳳邑誠心社明善堂旨請第七科金篇，置天臺。（邱延洲攝）

「眾生俯伏，文疏宣讀」，所有堂生維持叩首樣貌，無一抬頭，僅有主祭者宣讀疏文，疏文宣讀完畢後，主祭與陪祭站立，此時司儀發號「望燎」後，將香案上的金（金紙）、酒連同疏文交於主祭與陪祭，另外兩名具有把門生職務的堂生跟隨，前往廟外焚化疏文，此時所有堂生仍是俯伏，迨書文焚燒完畢後，主祭、陪祭、司儀、把門生歸回原位後，司儀再發號請主祭與陪祭覆位，隨即再發號：「禮成」，此時請旨儀式圓滿結束。[31]

現今有許多鸞堂為因應社會轉變，在鸞書著造上亦有變化，對於鸞書刊印與出版不再依循傳統繁文縟節，亦不去強調善書是否為「奉旨著造」，常有鸞堂所著善書，僅是將一般鸞期所扶的鸞文集結再進行刊印與出版，如此方式並無對錯，只是因應現代社會所做之改變，雖說皆為著書立說，傳播善念與延續善知識，一般鸞期與經由請旨後的鸞期所扶之鸞文，兩者欲傳達的意義相同。不過，「請旨」這項行為，會促使鸞堂參與者更認真看待善書的價值，也會更加積極參與，積極態度來自信仰的神學觀念。鸞堂信仰者認為請旨後，上蒼會指派神祇臨堂巡察，檢視該堂是否具有著造善書的資格，不難看出「請旨」雖係一種宗教上的儀式，實際上卻也具有強化信仰者對善書價值的觀念。

鸞堂著造善書是為勸善，善書是否「奉旨著造」似乎沒有太大的意義，若以功德觀來看，無法解釋奉旨著造的意義。為何鳳山地區鸞堂著重請旨？該地區鸞堂信仰者普遍認為，奉旨著造之善書所代表的意義在於彰顯鸞務的完備，並且將上蒼所下達的著書旨意視為鸞務考核，即是將奉旨著造之善書作為鸞務訓練的成果。簡言之，在鳳山地區的鸞堂將這樣的行為模式定義為「考試」，透過「請旨」希冀上蒼下達旨意對於該堂的鸞務進行核定。對此，許多鸞堂為強調其宗教神學的正統，會以「南天直轄」作為表現，王志宇認為這是「南天玉闕」的神學認知所致，南天玉闕為掌管天界政

31　本文為田野觀察後之筆記，觀察明善堂於 2011 年農曆 5 月 27 日接詔大典，遂後記錄整理。

務之處，許多鸞堂以「南天直轄」表示該堂具有宗教神學的正統。[32] 不過，鳳山地區並不普遍，關乎此點，筆者認為鸞堂透過請旨著書的行為，也隱含宣誓該鸞堂具有「正統性」的信仰思維。

恭接玉詔

焚疏請旨後，旨意並非立即下達，依鳳山地區鸞堂普遍說法，請旨之後，正、副主席仍須與恩主進行討論是否可以開著善書，幾經討論後，若覺得可行，則聯袂前往金闕向玉皇上帝呈稟。多數堂生在請旨著書後會表現高度的參與，認為在玉詔下達以前，會有監察神臨堂檢視，其動機無論是為了累積功德，抑或是對鸞堂信仰具有強烈的使命感，均反映希冀上蒼能恩准開著善書。根據觀察，以「著書」係對鸞務訓練的成果驗收，和「救劫」觀念等為前提，鸞堂提出願意接受考驗與修己度人的意願，上蒼皆會以「欣慰」或「喜悅」等關鍵詞句作為回應，顯示鸞堂對本身在複雜的民間信仰體系中的主要功能，面對強烈的功能性，致使鸞堂在請旨開著善書並無不准之情事。

恭接玉詔係對焚疏請旨的回應，也顯現善書的著造之事已經確定，何時舉行恭接玉詔，完全仰賴堂中神格最高的正主席通知，在被告知舉行恭接玉詔時程後，堂主與幹部立即進行相關事宜的籌畫，並且聯絡與該堂「有關係」的鸞堂來參與盛會，這些鸞堂包含了母堂、子堂與友堂。

恭接玉詔前，仍需在鸞堂外搭設「天臺」，並詰誦「清經」，課誦本與焚疏請旨時相同，綜觀恭接玉詔的儀式重點在於扶鸞。以 2011 年誠心社明善堂恭接的七科金篇為例：

> 近 21 點許，誦經完畢，眾人則等待正鸞走出靜室，約莫 21 點 15 分進行扶鸞，由本人父親邱明道扶筆，堂生依男左女右盤坐於大殿，扶鸞則是在內殿舉行，六部生就位後，先向神祇行禮，正、副鸞生立握鸞筆，詰誦生帶領詰誦《三教妙法真經》，須臾，鸞筆開始搖

32　王志宇，《臺灣的恩主公信仰——儒宗神教與飛鸞勸化》，頁 195-197。

動，正鸞生按下鸞筆，詰誦止，首先由本堂諸神祇齊降，再由本境諸神祇同降，本堂副主席接續降鸞題詩，本堂正主席隨後降鸞，亦題詩慶賀再以「示」作為說明恭接玉詔事宜，希冀恩主來臨諸神祇與眾生勿失禮儀。在正主席退駕後，緊接著由南天王靈官（王天君）降鸞題詩，遂後南宮柳星君降鸞題詩，接續金闕上相太白金星（李恩主）降鸞題詩，而此階段最後一位神祇則由南宮孚佑帝君（呂恩主）所降，除了題詩外，亦諭示各神祇與眾堂生儀式稍停，以待佳時恭迎玉詔，扶鸞儀式在此時稍作休息，各友堂堂主與堂生亦在此刻聚集於廟內側室，等待第二階段扶鸞的到來。

接近22點30分正鸞生蔡萬清走出靜室，所有人員亦依男左女右盤座於大殿，正副鸞生就定位，六部生依禮向神祇鞠躬，詰誦生帶領詰誦，咒文接續上一階段所停之處，詰誦不久後鸞筆開始搖動，鸞筆按下後，正鸞生握著鸞筆敲打鸞盤，隨後將鸞筆轉向外面，再回轉至鸞盤，此階段首位來降鸞的神祇為南天文衡聖帝翊漢天尊（關恩主），恩主諭示接詔事宜，各神祇依品級遠迎，本堂各神祇依禮就緒，各堂生尊規守禮儀頂禮一體遵行，隨後正鸞生又將鸞筆轉往至外，須臾鸞筆又轉回至鸞盤，此時南天御史已降臨，唱鸞生言道：「奏樂，樂奏『鳳凰來儀』，眾生稽首頂禮，恭迎御史聖駕」，此時由鳳邑儒壇（鳳山鎮南宮）聖樂團奏樂，遂後神祇降鸞以報神號，此科御史由紫微大帝擔任，御史降鸞後馬上宣讀玉詔，唱鸞言道：「玉詔宣讀，樂止，眾生俯伏」，玉詔宣讀完畢後，隨即奉旨派任明善堂各神祇，錄鸞生再回覆鸞文後，由副主席降鸞：「恭送御史偕三恩主回駕」，唱鸞遂後言道：「奏樂，樂奏：『天下樂』」，副主席在不久之後書寫：「賜起各生」，並且題詩，遂後「賜回」，扶鸞儀式在此圓滿落幕。

在扶鸞結束後，緊接著進行「拜詔大典」，所有堂生面向神前，司儀請各堂正副堂主進入內殿，所有人員就位後，儀式由司儀發號：「歲次辛卯年荔月十六日，鳳邑誠心社明善堂請旨著造第七科金篇，拜

圖 2-6　鸞堂恭接玉詔前的誦經儀式。　圖 2-7　接詔儀式，南天御史準備降鸞。
　　　　（邱延洲攝）　　　　　　　　　　　　（邱延洲攝）

詔典禮，啟行」而正式開始，司儀並恭請主祭、陪祭一同就位，主
祭由明善堂主擔任，陪祭乃由母堂舉善堂堂主任之，隨後司儀發號：
「上香」，祀香生則將清香遞給主祭與陪祭，遂後奏樂，主祭、陪祭
與所有堂生禮拜後收香，接續行三跪十二叩首禮，完畢後，司儀發
號：「望燎」，所有人員留置原地，主祭與陪祭端起金紙與禮酒移動
至廟外焚燒，結束後，回至原位，司儀恭請主祭與陪祭覆位，發號：
「樂止，拜詔已畢，眾生退班！」接詔在此圓滿落幕。[33]

　　明善堂在接詔儀式的扶鸞分為兩個階段來進行，由兩位正鸞生分別接
掌，回應了鸞書閱讀所觀察到的現象，形成此現象主因有三：一是各堂習
慣；二係各堂個別因應儀式進行時程及情況，採取分為幾個段落來進行扶
鸞儀式；三則為正鸞生數量多寡。其中第三項因素影響最甚，正鸞數量
多，為求讓每位正鸞皆能參與，則扶鸞的段落多，正鸞的多寡亦影響各鸞
堂的扶鸞習慣。

　　就十一鸞堂的善書內容型態，可歸納出兩種接詔儀式的形式：其一，鸞
文的篇幅較少者，分為兩個主軸，第一部分先由本境、本堂諸神祇齊降並題
詩慶賀，再由正主席或副主席諭示，提醒恭接玉詔之時諸生應盡的禮儀，隨
後三位恩主依序降鸞並題詩，由關恩主降鸞並諭示玉詔即刻來到，堂生勿失

33　本文為田野觀察後之筆記，觀察明善堂於 2011 年農曆 6 月 15 日接詔大典，遂後
　　記錄整理。

禮儀，最後由御史宣讀玉詔；其二，鸞文篇幅較多者，以本堂、本境諸神祇齊降，正、副主席諭示，但之中多增加許多地方公廟與其他鸞堂的神祇降鸞並題詩道賀，隨後恩主接續降鸞並命派鳳山地區的幾座地方公廟的主神或各鸞堂正主席分別於五方位護駕或迎詔，最後由御史宣讀玉詔。單從善書內容無法了解祭儀真實情況，若與儀式進行對照，即可看出端倪。

有關善書名稱的訂定亦是在恭接玉詔時確立，並且在玉詔亦會對著書期間，進行相關規定，按養靈、養生、養修三堂聯著《霧海明燈》〈玉詔開讀〉敘述：

> ……顏曰霧海明燈為名，期限一載書完繳呈，逢一四七朔望鸞鳴，
> 苦勞暑熱寒霜歷更，關卿呈奏慈育羣英，妥備誓願文呈玉清，超勅
> 三界羣真結晶，新書叠出遠近頒行……。[34]

《霧海明燈》書名是玉詔宣讀後才得知，以喜怒哀懼愛惡欲等七情為冊，限期一年完成善書，每月逢 1、4、7 與初 1、15 五必須扶鸞。其中也對善書完成後，要備妥文疏呈上玉清，準備頒行新書。

恭接玉詔後，鸞堂依循自身的鸞期進行扶鸞，若是玉詔中另訂鸞期者，則依循上蒼所定之日，到書成之前，稱為「著書期間」，早前著書多有限期，有者一年為著造期限，有者以 60 日為期，近年來，已有不設期限著造的情況，如誠心社明善堂第七科善書《誠一之道》並無限期，但此科金篇係為慶賀該堂 60 周年堂慶，依接詔的時程到堂慶的日期，可見亦算是一種變相限期。著書期間，除了依照平時的扶鸞，校正生需著手進行鸞文的收集與校正，鸞文的收集方面，除著書期間的鸞文外，亦對非著書期間的文章進行校閱，觀其是否符合此科金篇的主題，並須時常向神祇回報進度，愈接近期限，神祇愈會對校正事宜進行提醒，所限定日期一至，即須準備文疏呈稟善書完成之事。

---

34 不著撰人，《霧海明燈（卷一卷二合訂本）》（高雄：養靈堂、養修堂、養生堂，1969），頁 22-23。

完竣繳書

「繳書」依照字面上的解釋，係將所著之善書上繳玉京，其意義在於回應請旨開著善書，這項祭儀旨在將玉旨繳回上蒼。劉枝萬依照建醮的動機與目的，將「醮」分為平安醮、瘟醮、慶成醮、火醮、水醮、祝壽醮、海醮、春秋醮、開光醮、船醮、牛瘟醮、雷公醮，劉氏認為醮典的本質意義是酬神，建醮動機與目的與各地區歷史發展及自然環境有莫大關係。[35] 就訪談成果觀之，鸞堂信仰者認為「繳書」祭儀等同慶成醮，即是將玉詔上繳，召告天地人三界，意在慶祝善書完竣頒世。

在進行繳書醮儀前，鸞堂需呈奉文疏告知恩主及上蒼，善書已完成，希冀上蒼下詔，讓該科善書頒行。待旨意下達後，即按指示善書繳書日期與時辰進行醮典。依臺灣民間信仰慣習，一般廟宇的慶成醮典普遍有分為「一朝」、「三朝」、「五朝」、「七朝」等清醮模式，「朝」係指天數，即是科儀欲分為幾天完成，「一朝」指一天內完成所有的科儀目。鸞堂繳書通常以五天最為普遍，從天數觀之可稱「五朝清醮」。「繳書」即稱醮典，科儀執行理應聘請道士執掌，鳳山地區卻不以道士建醮，而是鸞堂內部自行職掌科儀，主因在於該地區內各座鸞堂皆有完備的科儀組織，其醮儀內容也與道教有所不同，故鸞堂均自身從事醮儀的進行。

鸞堂繳書醮儀的壇位，主要分內、外兩大壇，內壇：天壇、佛壇、諸真壇；外壇：先靈，[36] 除上述醮壇外，若又要再搭建何種醮壇則依循各鸞堂的傳統與習慣，而醮壇多寡並不影響繳書目的與本質，僅是人力與物力的投入有影響，觀察醮壇的搭建，會因堂所的獨立性與堂所的空間導致形式

35　劉枝萬，《臺灣の道教と民間信仰》（東京：風響社，1994），頁 38-39、216。

36　天壇主要供奉上蒼，上頭書寫「玉皇大天尊」或「金闕」作為代表，另外並設置三官大帝、三恩主、南北斗星君之掛軸；佛壇主要奉祀「三寶佛」，三寶佛為釋迦摩尼佛、藥師佛、阿彌陀佛，另奉文殊、普賢菩薩、十殿冥王、及韋陀、伽藍等兩位尊者；諸真壇，奉祀鸞堂神祇，另外亦開放給地方公廟、友堂與信眾恭請自家神明前來鑑醮；先靈堂供奉該堂已亡故的堂生及堂生先祖，最簡單的形式係製作一紙製牌位，上頭書寫「本堂諸先靈神位」，另者亦有將所有亡故堂生或欲拔度之先人姓名書寫于牌位上。

有些許不同，不過醮壇空間配置概念是相同的，以靜心社舉善堂《諄詁纂述》繳書大典為例，其醮壇配置示意圖如圖2-8。

　　舉善堂是座擁有獨立堂所的鸞堂，堂前腹地廣闊，故而醮壇的配置上可做如此安排，然而並無獨立堂所的明善堂，醮壇就無法如舉善堂做如此安排，場地須向赤山文衡殿借用，圖2-9為該堂《誠一之道》繳書大典空間示意圖。

　　舉善堂與明善堂僅是空間配置有些許差異，在醮壇分配與安排，天壇與佛壇需相對，其餘各壇可由所在的空間大小再做配置。具有獨立堂所者，其諸真壇的設置基本上以原來鸞堂的空間充當，而寄祀者為求醮壇的一體性，須將堂內供奉的聖座或神像請至諸真壇，此三壇為繳書醮儀最重要的壇位。

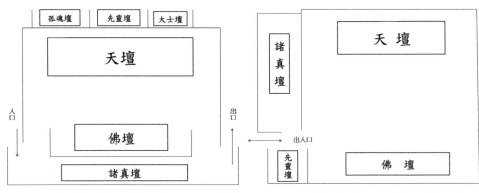

圖2-8　舉善堂《諄詁纂述》繳書大典壇位分配圖。

圖2-9　明善堂《誠一之道》繳書大典醮壇分配圖。

資料來源：參覽「鳳邑靜心社舉善堂丁丑年旨繳《諄詁纂述》暨70周年堂慶紀錄片」（高雄：鳳邑靜心社舉善堂，1997），由筆者整理而成。

資料來源：於2013年4月24日明善堂主王國柱先生口述，由筆者整理而成。

　　繳書醮典所含祭儀相當多，以下對重要祭儀做簡要說明：

◎**奏鼓演淨**：奏鼓乃「啟奏醮鼓」，為繳書醮儀揭開序幕，並在奏鼓後立即升
　　上「通天旛」，召告三山五嶽聖真該處正舉行醮典。該儀式則在「天壇」舉
　　行，由建醮鸞堂堂主，率領堂生及各友堂一同敬拜。在升通天旛後，立即
　　在各壇進行「演淨科儀」，演淨科儀也僅在第一天的醮儀中進行，演淨之
　　目的在於清淨壇界，誦念的經文主要有《楊枝淨水》、《爐香讚》、《智慧宏
　　深》、《千手千眼大悲心陀羅尼》、《心經》等等。

圖 2-10　奏醮鼓。（誠心社明善堂提供）

圖 2-11　昇通天旛。（誠心社明善堂提供）

圖 2-12　醮儀啟幃，眾生參拜。
　　　　　（誠心社明善堂提供）

圖 2-13　靜心社舉善堂協助天壇前演淨。
　　　　　（誠心社明善堂提供）

◎**獻供**：五天的醮儀必須依早（卯時）、中（午時）、晚（酉時）進行，故而又稱「早、午、晚供」，旨在供養神祇，時辰一至，各壇同時演經，主要經文為《獻敬科儀》，以香、花、果、飯、金、銀等物供養諸尊。

圖 2-14　佛壇前獻供。
　　　　（誠心社明善堂提供）

圖 2-15　諸真壇獻供。
　　　　（誠心社明善堂提供）

◎**發表**：發表主要分有「發東嶽關文」及「發西嶽關文」，也有鸞堂另增「發五嶽關文」，故亦稱「發關文」。「發東嶽關」即是向東嶽大帝發出關文，廣邀冥府神祇、使者蒞臨法會。此外，「東嶽」的另一項認知，也有「東方聖真」之意，亦是邀請駐於東方的神祇一同來臨醮場；「發西嶽關」旨在廣邀西方諸佛臨法會。因「發西嶽」科儀內容「宣文」甚多，故也稱「發大表」，「發東嶽」則以「發小表」稱之。「發五嶽關文」係為求廣邀三界諸真同臨法會，乃彌補「東嶽」、「西嶽」之不足。在發出關文之後，也需以演經「請佛科儀」表現神祇蒞臨法會。

圖 2-16　發小表科儀，發東嶽關文。
　　　　（誠心社明善堂提供）

圖 2-17　發大表科儀，發西嶽關文。
　　　　（誠心社明善堂提供）

◎**經懺諷誦：**佛教經典為主，有《金剛明經》、《太陽真經》、《太陰真經》、《普門品》、《愣嚴經》、《地藏本願經》、《三昧水懺》、《藥師寶懺》、《梁皇寶懺》、《十王寶懺》、《金剛寶卷》、《彌陀寶卷》等。關乎經懺順序如何安排，並無特別要求，只有幾部經典有其規範，如《金剛明經》定於演淨後誥誦，用意是醮場建立後需奉請「四大金剛」護持醮場；《太陽真經》在白天誥誦，《太陰真經》在夜晚誥誦。經懺的諷誦多在佛壇進行，僅有《彌陀寶卷》乃在先靈壇舉行，旨在誦念該經拔度先祖。經懺雖在佛壇誥誦，但完誦後必須至天壇宣疏，表示向上蒼「繳經」，並演經祈求諸事吉祥。

圖 2-18　舉善堂協助諷誦《藥師經》。（誠心社明善堂提供）

圖 2-19　經懺諷誦畢，至天壇繳經宣疏。（誠心社明善堂提供）

圖 2-20　請金剛寶卷，對卷科儀。（誠心社明善堂提供）

圖 2-21　對卷科儀，在先靈壇誦《彌陀寶卷》。（誠心社明善堂提供）

◎**入醮：**這項祭儀包含了「發醮儀」、「焚書儀」兩大項，在進行這兩項儀式前，須將「通天旛」降下，表示醮典即將完成。「發醮儀」係上天壇誥誦經典，其壇界有玉皇、三官、恩主、南斗、北斗諸小壇，玉皇壇誥誦《玉皇真經》、《天文真經》，三官壇誥誦《三官真經》，恩主壇誥誦《桃園明聖經》、《大洞真經》，南北斗壇誥誦《南北斗真經》，每小壇均三名人員，共計15名，每位人員依序按三進三退的「揖首禮」登壇，全數登壇定位後同時誥誦，各壇經典完成後，再誦《天壇經》，完畢依序下壇。「焚書儀」旨在焚書，在發醮儀後，「恭請金篇」下天壇，入「金鼎」安置，焚書之時，以有登壇的15名人員圍繞金鼎，拱手作揖之姿，腳踩步伐，並誦念《焚書經》，藉由經文的誦念將金篇上繳，以達旨繳上蒼之目的。

圖 2-22　降通天旛。
（誠心社明善堂提供）

圖 2-23　上天壇前演經。
（誠心社明善堂提供）

圖 2-24　上天壇，三進三退稽首禮。
（誠心社明善堂提供）

圖 2-25　宣讀焚書文疏。
（誠心社明善堂提供）

圖 2-26　玉皇壇誥誦《天文真經》、《玉皇
　　　　真經》。（誠心社明善堂提供）

圖 2-27　恭請金篇下天壇。
　　　　（誠心社明善堂提供）

圖 2-28　焚書前灑淨，勅金篇。
　　　　（誠心社明善堂提供）

圖 2-29　焚書金鼎。
　　　　（誠心社明善堂提供）

圖 2-30　焚書。（誠心社明善堂提供）

圖 2-31　焚書儀，誦念《焚書經》。
　　　　（誠心社明善堂提供）

◎**普度**：繳書醮典最後一項大祭儀為「普度」，即是「蒙山施食」，又稱「大蒙山」，其祭儀目的與一般7月普度無異，均是對無主孤魂的祭祀，然而特殊之處在於「文憑」的焚化，鳳山地區鸞堂認為文憑係一種可讓無主孤魂前往投胎的文件，其格式為黃箋朱書，長寬皆三寸六分的四方紙張，上面書有「奉旨敕令超生」等字，文憑分為兩種，一種蓋上恩主金印，另一則蓋正主席金印，進行蒙山科儀時，文憑於蒙山臺前一張一張焚燒，鸞堂信仰者認為文憑雖係投胎文件，但非所有前來接受普施的孤魂皆能領取，其資格限定於城隍尊神所列冊之魂，以及堂生拔度之先祖，為防止惡鬼搶奪，由神祇指派堂內正鸞生擔任護法，若遇突發狀況，神祇可立即降鸞。再者，蒙山科儀進行的同時，亦須有人在蒙山臺後誦念《易經》，如此祭儀意涵建構於防止惡魂搶奪，透過《易經》的誦念，建構無形的八卦，以此制約亡魂的行為。

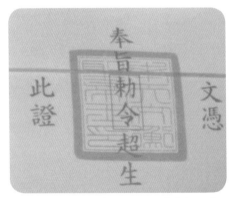

圖2-32　文憑。（誠心社明善堂提供）

圖2-33　焚化文憑。（邱延洲攝）

圖2-34　蒙山臺後誦念《易經》。
　　　　（邱延洲攝）

圖2-35　蒙山臺下，正副鸞生各持桃、柳劍，護法施食。（邱延洲攝）

　　繳書醮儀內容極其豐富，與一般民間建醮認知，以道士執行醮儀不同，顯現鸞堂完備的經懺資源，然而五天的醮儀中，諸多祭儀係須同時在不同壇位進行，一座鸞堂在有限的人力下，發展出由各友堂協助，讓各堂參與繳書的盛典並相互配合科儀。藉由醮典的舉行，也可看出鸞堂對「善書」深具神聖性，有著根深蒂固的價值觀念。

送書灰

　　一般而言，多數民眾對於「送書灰」不算了解，反倒「送聖蹟」這個詞彙知悉的人較多，此風俗是承襲傳統漢人「惜字」與「敬字」的價值觀念。鳳山地區鸞堂也將這樣的思維轉化，並納入著造善書的祭儀之中。民國73年（1984）鳳邑誠心社明善堂在《弘道》金篇繳書之後，鸞堂神祇降鸞交代送書灰的工作事宜，發現送

圖 2-36　書灰。（邱延洲攝）

書灰與傳統送字灰風俗有著相近的觀念，其內容如下：

甲子73年元月初六日

本堂副主席降

　　示

一、奉送弘道書灰，日期二月十三日巳時，地點臺北關渡淡水河畔，命派徹修、寬修、忠修、義修先前往勘查地點與雇船諸事（若需要另外幹生同行，由堂主指派）。

二、字灰一同送行，新舊字灰應分包，但可視其量而定，舊字灰者，弘道前所存留之字灰，新字灰者，集著弘道期間，抄錄、校正普練作廢文稿之字紙等，齊修、文修家中所存，包括在內收集，特定本元月十七日未時在堂前焚化。

三、書灰包裝長方形，長度一尺二寸七，寬度八寸七，高度七寸，
　　外表紅色油紙。

以上特為諭示[37]

圖 2-37　送書灰，人員準備乘船出海。
　　　　　（邱延洲攝）

圖 2-38　書灰轉呈水府。
　　　　　（靜心社舉善堂提供）

可知「書灰」係著書期間及非著書期間抄錄、謄錄的文稿，凸顯送字灰的風俗與鸞堂送書灰的祭儀，有著相當高度的聯結。而「奉送弘道書灰」則表示，焚書儀時燒化的《弘道》書灰。在引文中沒有提及，醮典中所有文疏以及蒙山施食所化的文憑，均是送書灰的內容物。派鸞堂幹生前往勘查與雇船，可知送書灰並非在岸邊執行，地點一定要出海，這也正反映鳳山地區的鸞堂信仰觀念，認為水是流動的，水府位於何處，需靠神祇指示，而書灰投入水府真正之處，才能讓水府接收，整個儀式才擁有意義。

根據舉善堂《諄話纂述》繳旨醮典所拍攝之影片，有詳細紀錄，依照影片之內容做以下敘述：

37　不著撰人，〈本堂副主席降　示〉（高雄：鳳邑誠心社明善堂，1984，未刊登）。

送書灰當日清晨，天色尚黑，眾人齊聚堂內，各司其職，在司儀的
號令引領下，樂生演奏聖樂，總監、副總監、堂主、副堂主、以及
幾位主要幹部立於神前，恭請書灰啟行。此次送書灰之地點，經神
祇指示選定於高雄縣梓官鄉的蚵子寮外海。至蚵子寮，眾人以聖樂
團的帶領下來到該庄的庄廟「通安宮」，眾人焚香致意，並演靜誦
經宣讀疏文，祝告此行之意。完畢後，眾人前往蚵子寮漁港，搭乘
漁船出海。出海後，依循神祇指示地點將裝有書灰的箱子一一擲入
海中，後鳴炮慶賀圓滿，漁船慢慢返還岸邊。眾人再一同回至通安
宮，向主神廣澤尊王鞠躬致謝，於此圓滿完成。[38]

各鸞堂的習慣多是乘船出
海，依神祇指示之地點，將裝
有書灰的箱子投入海中，按
舉善堂送書灰影片敘述來看，
亦是將書灰送出海。鸞堂認為
書灰係極具神聖性的物件，不
可隨意棄之，需要透過某一種
形式繳交神界，投入流動的水
域，透過「水府」轉呈上天，
即是這樣的信仰思維。

圖 2-39　岸邊誥誦《桃園明聖經》。（邱延洲攝）

在書灰出海的過程中必須誥誦《桃園明聖經》，這係舉善堂影片未呈現
的。送書灰需雇船搭乘，一般而言，從港口出海前，需安置簡易的香案以
備船隻開駛過程中，能夠進行誥誦《桃園明聖經》，即使書灰已投入水中，
如未誥誦完畢，仍需繼續，持續至誥誦結束。有時受到船隻過小，無法承
載多人，那麼誥誦儀式則改在岸邊進行。《桃園明聖經》是鸞堂最為重要的
經典，送書灰時誥誦此經，無非期望恩主及神祇降臨，護佑書灰能順利繳
交水府轉呈上天。

---

38 「鳳邑靜心社舉善堂丁丑年旨繳《諄詁纂述》暨 70 周年堂慶紀錄片」（高雄：鳳邑
　　靜心社舉善堂，1997）。

第三節　鸞堂敬祀神鬼的祭儀

「子不語怪力亂神」、「子曰近鬼神而遠之」，此兩句話常被拿來討論孔子對於神鬼的想法，有學者認為孔子為無神論者，亦有學者認為孔子相信神鬼的存在，但持保留態度。以孔子為教主，以儒為宗的鸞堂，對神鬼更是以崇敬的心待之，鸞堂雖然以勸化為己任，由神祇揮鸞闡教，神人共同挽舊頹風，對此多數人在鸞堂科儀，僅注重其扶鸞儀式，鮮少關注其他祭儀。本節旨在討論鳳山地區兩個最顯著、最普遍的宗教性祭儀。

一、敬神：鸞堂的祭聖科儀

中國春秋戰國時代，百家爭鳴，各諸侯皆有其擁護的學說，漢代初期以道家思想為主，至漢武帝罷黜百家，獨尊儒術，儒家思想成為道統，也影響孔子的地位，從一個學說領航者，轉變為「聖人」，各朝各代帝王也崇敬孔子，祭祀孔子，祭孔儀禮也使用了「八佾舞」彰顯孔子與儒家的地位，祭孔儀禮也被認定為典型的儒家儀軌。民間儒教的祭儀較重經懺或誦經等，而祭祀對象也不僅限定孔子，以鳳山地區鸞堂為例，這樣的祭祀儀軌也含括了鸞堂內所崇祀之神祇，因而不以「祭孔」稱之，則以「祭聖」為名。

「祭聖」一詞在鳳山地區被視為含括性較大的祭儀指稱詞，其中包含了經懺與拜壽（獻禮），祭儀分為演淨請佛、祝壽獻敬、拜壽三大項，其中科儀本的使用，基本上是相同的，唯獨請佛部分，因應所祭聖的神祇不同，在科儀本的使用有異。

十一鸞堂在祭聖的對象大同小異。同的部分，至聖先師、倉頡帝君、文昌帝君等儒教神祇系主要的祭祀對象，又有玉皇上帝、三官大帝、南北斗星君等民間信仰常見神靈，以及鸞堂信仰最為重要的恩主；異的部分，乃依各鸞堂的恩師不同而生。[39]

39　有關恩師信仰，請參閱本書第三章。

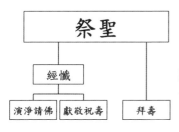

圖 2-40　祭聖儀軌架構圖。
資料來源：明善堂主王國柱先生於 2013 年 4 月
　　　　　19 日口述，筆者整理繪製。

　　鳳山地區各鸞堂在祭聖科儀的程序上大同小異，科儀本使用也相差不遠，祭儀分為兩大主軸，經懺與拜壽。經懺又有兩部分：第一，演淨請佛開頭即誦念「楊枝淨水遍灑三千……」，其目的是潔淨壇界，使用科儀本為《演淨科儀》，請佛使用的科儀本依照聖誕的神祇不同而有所異，如恩主文衡聖帝聖誕使用《桃園明聖經》，孚佑帝君聖誕須用《大洞真經》，城隍尊神誕辰則用《城隍明道經》，基本上這些科儀本以神祇相關的經典為主，若所祭神祇無經典誦本時，多數會從相關的「寶誥」中誦念三遍，一般會從《三教妙法真經》中擇用神祇寶誥。

圖 2-41　明善堂正主席誕辰，堂主率堂生拜壽，並宣讀祝壽
　　　　　文疏。（邱延洲攝）

第二，「祝壽獻敬」所使用的科儀本為《祝壽獻敬科儀》，旨在透過科儀向神祇祝壽，祝壽與獻敬原是不同的科儀，近年因時空的變遷，為縮短經懺進行的時程，多數鸞堂遂而將祝壽科儀與獻敬科儀合而為一，這樣的編輯目的出於兩者的主旨意義本是相同，故而合一進行。獻敬又有《午供（四大稽首）》與《獻供科儀（南）》，選用何種經文，亦是依照各鸞堂的科儀的傳承與習慣，兩者皆有以科儀的運行，將平凡的供品用淨水轉化具有神聖性，進而敬獻給神祇。

拜壽，具有一套儒家教化的儀禮，由堂主擔任主祭，副堂主擔任陪祭，帶領堂生向神祇拜壽並宣讀祝文，再以「望燎」，將疏文及金帛焚化，並在金爐外圍以酒繞上一圈，象徵儀式圓滿。在進行祭聖科儀的時間上，更依照各堂的習慣，主要有子、午、酉等三個時辰。[40]

關於祭聖所使用的科儀本，有幾項值得注意，依前一段的介紹，《演淨科儀》內容的用字遣詞，有著強烈的佛家用語與勸世觀念。再者，請佛科儀使用的科儀本主要以神祇專屬的經典，而這些經典部大多並非道教或是佛教傳統的科儀本，而是早期所流傳的寶卷，這些寶卷多數係由鸞堂或其他民間教派所扶鸞而成的，因此其內容亦顯現強烈的勸化概念；此外《獻敬科儀》的內容主要是向諸佛奉獻香、花、茶、菓、金、銀等物，內容亦提及心誠行善等觀念。從鳳山地區鸞堂祭聖科儀，不難發現有著雜揉儒、釋、道三教的信仰現象。

圖 2-42　望燎化金。（邱延洲攝）

40　傳統漢人在計算時間以天干地支作為組合，一天分為 12 個時辰，子時是指晚間 11 點至凌晨 1 點；午時則指中午 11 點至午間 1 點；酉時則是下午 5 點至晚間 7 點。

二、祀鬼：鸞堂的普度祭儀

　　中國傳統上有著「祭厲」風俗，「厲」係指非正常死亡的鬼魂，而這種祭祀之始，主因係對厲鬼的畏懼，中國學者劉仲宇認為，在道教與佛教快速擴張的同時，影響了民間在祭厲的風俗亦產生些微的變化，習俗上除祭厲外，更增添對一般無主孤魂與身陷地獄等亡靈的憐憫並加以祭祀，這樣的祭祀活動也就是現今所稱呼的「普度」，劉氏以為佛教將其稱之「焰口儀軌」，道教則以「煉度」、「祭煉」、「濟煉」稱之，現今的民間信仰常將二者混合論之。[41]

　　傳統上，道教施食煉度科儀，源自靈寶齋法黃籙齋儀，又因各宗各派傳衍，在科儀本的使用上有著不同，如臺灣北部的正一派為《靈寶正壹大普玄科》，南部靈寶派則是《靈寶普度慶讚中元全科》，又名《玄門太極焰口》。[42] 而佛教宗脈更加繁雜，且又有沙、緇、齋等三門，科儀本亦有不同之處，大方向言之，可分為「焰口施食」與「蒙山施食」兩類。陳省身透過田野調查，蒐集了臺灣各地的焰口施食科儀，並以本土、江浙及混合作為系統的分類，可清楚了解臺灣焰口施食的脈絡。[43] 由於陳氏主要以「瑜珈焰口施食」為題，文中僅對各系統的焰口施食有清楚比較，然而對於蒙山施食則無比較探析，實有遺憾之處。

　　蒙山施食儀軌已有相當時間的歷史發展，宋代的天竺僧人不動曾編集《蒙山施食儀》，近代更有興慈法師編撰《蒙山施食念誦說法儀》，[44] 而鳳山地區鸞堂所用之《蒙山科儀》，大致上是差異不大，唯唱腔與目前現行正信佛教（鼓山、海朝）和民間佛教（龍華、金幢、先天）等有諸多差異，該地鸞堂雖稱其唱腔為「先天」，但實際上，所用曲牌也與傳統先天有著不同。

41　劉仲宇，《中國民間信仰與道教》（臺北：東大圖書股份有限公司，2003），頁139-140。

42　陳省身，《普濟幽冥：瑜珈焰口施食》（臺北：臺灣書房出版有限公司，2012），頁188-189。

43　陳省身，《普濟幽冥：瑜珈焰口施食》，頁34-51。

44　呂明原，〈臺灣當代蒙山施食儀式研究〉（新竹：玄奘大學宗教學研究所碩士論文，2008），頁7；另參見陳省身，《普濟幽冥：瑜珈焰口施食》，頁187-188。

　　鳳山地區的普度祭儀有別於他地，近年來地方公廟雖有聘請道士與法師來執掌普度，但比例上仍是偏低，科儀多數依然以鸞堂的科儀來進行。該地區在進行普度儀軌主要分為兩種類型：第一種是《大蒙山科儀》，第二種則是《小蒙山科儀》。據明善堂司經柯鳳明先生表示，《小蒙山科儀》係從《大蒙山科儀》中擷取主要科儀而成，各鸞堂在版本上大同小異，其因可能是科儀源頭傳授者，在教授時因故而在科儀流程上或增或減，往後又因傳承者再傳授時，有加入自身對科儀的想法，但基本上沒有太大的差異。[45]

表 2-1　大小蒙山科儀流程表

蒙山科儀				小蒙山科儀			
次序	儀軌名目	經懺名稱	壇位	次序	儀軌名目	經懺名稱	壇位
1	演淨	演淨科儀	佛壇	1	演淨	演淨科儀	主普壇
2	安榜		榜壇	2	請三官	吉事過三官	主普壇
3	召孤		孤魂壇	3		彌陀經	孤魂壇
4		十王懺	佛壇	4	施食	小蒙山科儀	孤魂壇
5	午供	獻敬科儀	佛壇	5	謝壇		主普壇
5	請地官	吉事過三官	主普壇				
6	祀孤魂	彌陀經 變食真言	孤魂壇				
7	蒙山施食	蒙山科儀					
8	除案		孤魂壇				
9	除榜		榜壇				
10	回向求賜福		佛壇				
11	謝壇		佛壇				
11	謝壇		主普壇				

資料來源：誠心社明善堂司經柯鳳明先生口述，於 2015 年 11 月 14 日進行訪談。

45　鳳邑誠心社明善堂司經柯鳳明先生口述，於 2015 年 11 月 14 訪談。

藉由表 2-1，可看出大蒙山所搭設壇界有佛壇、孤魂壇、主普壇、榜壇，此四壇有誦經演法，三昧耶壇因所誦經懺不多，故流程上無明顯之處。此外，《大蒙山科儀》須搭建蒙山臺進行施食儀軌；反觀《小蒙山科儀》相對單純，僅有主普與孤魂兩壇。由此亦可知兩種科儀所需之時間也有不同。

圖 2-43　「小蒙山」施食。（邱延洲攝）

據明善堂主王國柱先生表示，此二種科儀皆係鳳山地區常用的普度科儀，其說法提到「大」、「小」蒙山科儀的選用，以普施供品多寡做為考量。[46] 按筆者觀察鳳山地區屬於清代以降即是政經發展重點區域，各寺廟

圖 2-44　「大蒙山」施食。（邱延洲攝）

均分屬不同社群管理，日治中期鸞堂信仰進入鳳山，並開始影響該地的宗教信仰，農曆 7 月各寺廟的普度更深受鸞堂影響。普遍來講，鳳山地區公廟欲進行普度，多以《小蒙山科儀》為主，這牽涉幾個因素：第一，廟宇腹地問題，鳳山地區開發始於清代，與臺灣其他較早開發的區域相同廟宇所擁有的腹地皆較為狹小，而《大蒙山科儀》壇位多，所需空間較大，現行法令上若需借用公家土地或道路，必須向所屬單位提出申請，多數廟宇認為麻煩，故擇用《小蒙山科儀》；第二，廟宇人員不清楚普度儀軌有「大蒙山」與「小蒙山」之分，決定何種科儀則由鸞堂選定；第三，牽涉「大」、「小」

46　鳳邑誠心社明善堂堂主王國柱先生口述，於 2015 年 11 月 20 日訪談。

蒙山科儀的認知問題，有廟宇執事認為大蒙山所需的供品較多，依照廟宇的祭祀範圍言之，各舖戶無法準備周全，為免此情發生則採《小蒙山科儀》來普施孤魂。

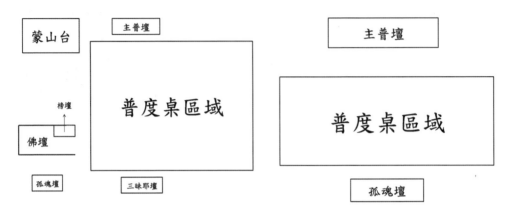

圖 2-45　赤山文衡殿普度儀軌壇位分配圖。　圖 2-46　赤山文農宮普度壇位分配圖
資料來源：誠心社明善堂主王國柱先生口述，於 2013 年 4 月 23 日進行訪談。

圖 2-45、2-46 是明善堂分別在文衡殿與文農宮兩座廟宇職掌科儀時，壇位的分配情況，此兩種科儀不同之處，「大蒙山」的壇位分為主普壇、普度壇、佛壇、蒙山臺與孤魂壇；「小蒙山」則分為主普壇與普度壇。可見「大蒙山」比「小蒙山」所要投入的祭祀規模更為盛大。

細究《蒙山科儀》與《小蒙山科儀》內容，也可觀察之間的關聯性（見表2-2）。

從「大蒙山」與「小蒙山」的科儀之比較，雖二者皆著重施食儀軌，從科儀的內容來看，似乎有大眾與小眾的分別，從召孤、安榜儀軌的進行，顯然「大蒙山」欲普施的孤魂較多，再者除了表 2-2 所列儀軌程序外，「大蒙山」在欲進行施食時，其程序亦係繁瑣。

表 2-2　大小蒙山科儀本內容一覽表

蒙山科儀						小蒙山科儀本	
次序	內容	次序	內容	次序	內容	次序	內容
1	三轉信香	16	三寶讚	31	甘露水真言	1	淨孤壇位
2	舉香南讚	17	破地獄真言	32	淨水輪真言	2	召請孤魂
3	到靈前	18	普召請真言	33	乳海真言	3	無相玄玄讚
4	轉孤魂臺	19	七佛滅罪真言	34	施無遮食真言	4	歎孤
5	到座前	20	無相玄玄讚	35	普供養真言	5	普鏝
6	東清眾上臺	21	歎孤	36	化牒文	6	各真言
7	上師臺下答	22	普鏝	37	宣手疏	7	往生咒
8	舉香讚	23	懺悔滅罪真言	38	歎骷髏	8	歎骷髏
9	舉香文	24	遣摩真言	39	往生咒	9	散財
10	加持法水	25	解冤結真言	40	普回向真言	10	奉送真言
11	淨法真言	26	滅定業真言	41	散財	11	定心咒
12	點淨真言	27	滅業真言	42	圓滿奉送真言	12	送孤魂
13	加持花米真言	28	開咽喉真言	43	定心咒	13	回向
14	曼拏囉偈	29	三昧耶真言			14	謝壇
15	曼拏囉真言	30	變食真言				

資料來源：誠心社明善堂司經柯鳳明先生提供之《蒙山科儀》、《小蒙山科儀》。

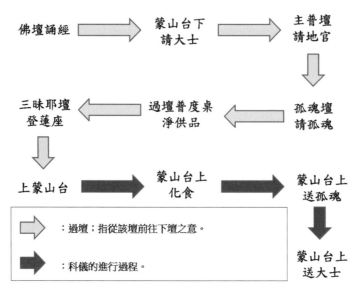

圖 2-47 《大蒙山科儀》化食普施流程圖。

資料來源：誠心社明善堂司經柯鳳明先生口述，於 2013 年
5 月 6 日進行訪談。

　　透過圖 2-47 可以清楚了解《大蒙山科儀》的進行程序，佛壇的誦經乃至於孤魂壇的請孤，僅是誦念經咒，意味稟告聖佛諸真、十方孤魂，即將登壇演法化食，希冀神佛監壇協助，孤魂來此接受普施。

　　鳳山地區因鸞堂信仰影響，在普度祭儀上，有著顯著的特殊性，早期地方公廟的普度儀式多為鸞堂人員負責，近年科儀執事人員有所改變，趨向職業化，已有不是鸞堂人員，或不具鸞堂背景者執事，但有趣的是這些人員科儀習得仍是師承鸞堂信仰者。雖然目前鸞堂在從事地方公廟普度科儀的情況愈來愈少，有少數廟宇更轉而以道士或法師執行普度，但綜觀目前情況言之，鸞堂的普度祭儀在鳳山地區仍是普遍的模式。

第三章　處處設鸞，方方闡教：
鳳山地區鸞堂與地方公廟

　　「處處設鸞，方方闡教」，常見於鸞堂善書中，指鸞堂藉著末劫觀所建構的神學理論，乃上蒼准許神祇救劫，恩主進而廣設鸞堂闡教勸善。希冀藉由這樣的題引，來述說鳳山地區鸞堂與地方公廟何種聯結關係。由於鳳山地區鸞堂之祀神與地方公廟有極高的同質性，是怎樣的聚落型態造成這種祀神情況，鸞堂與地方公廟互動，亦牽涉到聚落民眾信仰態度，故而地方菁英的角色甚是重要，地方菁英是以何種模式參與鸞堂？用何種方法串聯鸞堂與地方？

第一節　鳳山鸞堂祀神現象與神學體系

　　鸞堂在日治時期又稱之「降筆會」，[1]根據其信仰內容，多稱為「恩主公信仰」，[2]而有部分地區鸞堂，如鳳山地區僅稱「恩主」，而不以「恩主公」作為尊稱，並對恩主公之稱呼有抗拒之現象。若單以「恩主公」的信仰現象觀之，似乎鸞堂恩主信仰及其信仰內涵無法清楚了解。對於恩主公稱呼的不同，是否意味著差異？十一鸞堂所奉祀的神祇均有差異，這些神祇在鸞堂並非尊稱恩主，而是稱為「恩師」，顯然鳳山地區的鸞堂信仰係有不同樣貌。本節旨在觀察並分析鳳山地區的祀神現象，以及地方公廟的信仰問題。先以民間信仰的角度談起，再從鸞堂的善書作文本分析，區別神學體系的架構，最後談談鳳山地區地方信仰與鸞堂的「共神現象」。

1　王世慶，〈日據初期臺灣之降筆會與戒煙運動〉，《臺灣文獻》37：4（1986年12月），頁111-152。

2　王志宇，《臺灣的恩主公信仰——儒宗神教與飛鸞勸化》，頁85-86。

一、鳳山鸞堂的恩主信仰

「恩主」在臺灣民間信仰中，係為普遍的尊稱，主要用於稱呼廟中主神，另有「主公」等同性質之稱，民間此種「主公」的指稱，除用於信仰地域上的公廟外，亦有個人稱呼家中奉祀之神祇。在臺南府城地區，五福大帝亦以「主公」作尊稱，為張主公、鍾主公、劉主公、史主公、趙主公，但此類尊稱僅對特定神祇。府城地區小法的賞兵科儀，咒文中有多處提及「恩主」一詞，府城協合壇的賞兵科儀本，其中一段「香白」描述：

> 金鐘造起出天門，古眼金鐘不轉動，今日開言來犒賞，諸員關將赫天陰，太上無天甘露水，見言無糧賞軍兵，千千萬萬齊付賞，赫到恩主○○○○萬年興，軍到壇前舍金甲，馬到壇前萬舍甲，來不准轉動，吞了六畜，狗豬牛羊，去不准轉動，雞鵝鳥鳴，有符有印，五壇關將，直入直出，無牌無印，外邪妖精，若有外邪妖精，侵吾壇界，吾奉恩主○○○○，左手執了天羅，右手執了地網，叫捉便捉，叫綁便綁，綁起邪魔鬼怪皆有功，有功有賞，速到壇前領令受賞，無功無賞，不准在壇前亂軍亂將，若是亂軍亂將，吾奉恩主○○○○，聞知送落酆都不留停，急急如律令。[3]

在王宮法脈的咒文簿中，不單只有賞兵科儀有「恩主」一詞，在〈清水祖師〉、〈木吒太子〉等雜咒中，[4] 亦有「恩主」的詞彙，顯然「恩主」不僅限於鸞堂信仰，更係民間信仰中時常出現的指稱。

雖然「恩主」係民間信仰中常見的指稱詞，由於鸞堂強調恩主公信仰，以及學界過度論述，而造成單一印象的指稱，這是因為鸞堂信仰內涵極盡強調「救劫」論述。依《儒門科範》的描寫：

3　不著撰人，《協合壇賞兵科儀》（臺南：協合壇，未出版），無頁碼。
4　不著撰人，《協合壇咒文簿》（臺南：協合壇，無出版），頁 12、42。

南天文衡聖帝關　跋

嗚呼。世衰道變。今古異時。萬教支流。交攻智慮。只尚文明哲
學。弗存道義仁心。權力爭衡。不顧損人利己。綱常喪失、聖賢之
至訓無聞。教道乖違、黨派之機謀百出。日尚奢詐、肆橫貪殺之
殘。墜入迷途、只逞血氣之勇。因是釀成劫運。塗炭悲傷。　列聖
羣真。深憐世苦。目擊時艱。飛鸞救度。大費婆衷。著造善書。演
傳經懺。開方便之法門。利眾生所求問。受度者不少。覺悟者良
多。此神道設教之化民。親且切矣。然廿年前吾與呂、張、王、
岳、諸同僚。共擬「儒宗神教、道統克紹真傳法門」。賜於智成、為
將來道源之繼續……。[5]

《儒門科範》對其神學體系有極重要之論述，也編輯了鸞堂所需、所用的科
儀，內容相當豐富。闡述臺灣在現代化過程中所衍生的弊病，這些弊病使得
人類沉淪，釀成劫變，對此種情況，諸神不忍，故藉飛鸞救度、著造善書以
利眾生，諸神之中，以關、呂、張、王、岳等神祇為首，籌擬「儒宗神教、
道統克紹真傳法門」。顯現鸞堂救劫的神祇為文衡聖帝、孚佑帝君、司命灶
君、王靈天君、岳武穆王，這五位因救劫被鸞堂奉為「恩主」。

　　《儒門科範》成書於臺北，雖然楊明機致力奔走、四處扶鸞，略有成
效，但這樣的信仰認知卻無法形成統一。觀察鳳山地區十一鸞堂，在恩主
信仰思維上有三大系統，與《儒門科範》所指有所差異。

5　不著撰人，《編輯儒門科範全卷》，收錄王見川、李世偉等主編，《民間私藏臺灣
　　宗教資料彙編：民間信仰‧民間文化第一輯》（臺北：博揚文化事業有限公司，
　　2009），頁 41-42。

表 3-1　鳳山地區鸞堂恩主系統表

	恩主組合	鸞堂
舉善堂系統	南天無極文衡聖帝	舉善堂、靈善堂、慈善堂
	南宮金闕內相孚佑帝君	樂善堂、明善堂、喜善堂
	金闕上相太白金星	挽善堂
協善堂系統	文衡聖帝	協善堂、啟成堂
	孚佑帝君	
	諸葛武侯	
	東廚帝君	
養靈堂系統	南天無極文衡聖帝	養靈堂
	南宮金闕內相孚佑帝君	
	金闕上相太白金星	
	司命灶君	

資料來源：1. 不著撰人，《覺世古譚》（高雄：鳳邑靜心社舉善堂，1987）。
　　　　　2. 不著撰人，《心中寶》（高雄：龍成宮、協善堂、心德堂、啟成堂、心吉堂、至誠堂，1955）。
　　　　　3. 不著撰人，霧海明燈（卷一卷二合訂本）》（高雄：養靈堂、養修堂、養生堂，1969）。
　　　　　4. 誠心社明善堂堂主王國柱先生口述，於 2011 年 11 月 10 日訪談。
　　　　　5. 養心社啟善堂堂主黃海含先生口述，於 2011 年 12 月 1 日訪談。

　　鳳山鸞堂有三個分衍系統，均以文衡聖帝為南天主宰、恩主之首，此外孚佑帝君亦是共同恩主，其他恩主與儒門科範所指也有些許不同。而這樣的信仰內涵，因各自系統在恩主指涉有異，面對《明道》善書的聯著，也反映了鸞堂系譜影響程度，在該書的〈玉詔開讀〉中，所闡述救劫的恩主僅有關、呂、李三位：

　　……憐赤惜黎，倡創善堂，俯念民瘼，筆挽頹風，教化羣倫之大
　　義，攪腦血，披肝腸，鬢髮班班白，淚水滴滴紅，今爾南瞻鳳邑

十一聯堂聯袂呈疏章，是皆關、呂、李三卿，迭奏翼翼，懇陳切切，志貫長虹，心懷泰岱……。[6]

觀看參與聯著十一鸞堂中，僅有協善、啟成、養靈三堂並非舉善堂系統，在比例上以舉善堂系統為多數；換言之，人員的參與以該系統最多，如此觀之，關、呂、李三恩主成為鳳山地區鸞堂的救劫恩主，是自然不過的現象。

以下對關、呂、李三位恩主的傳說、事蹟的構成約略說明，從中了解這些傳說與鸞堂的神學理論有著怎樣的關聯。

文衡聖帝（關羽）

文衡聖帝又稱關聖帝君、關帝、關公，係臺灣普遍被奉祀的神祇之一，多數民眾對關公的了解源自於《三國志通俗演義》（俗稱《三國演義》）。目前關帝的研究不算少數，而關羽具有何種性格能成為鸞堂的恩主，仍須深入說明。在《中國民間諸神》中所載：

圖 3-1　旗后開基修善堂關恩主。
（邱延洲攝）

關聖帝君，簡稱關帝，俗稱關公，即三國時蜀國名將關羽字雲長者也。因與吳國作戰而死，追諡壯繆侯，當地人于玉泉山立祠。然自魏迄唐，在民間影響不很大。唐時或有記載言及，稱為關三郎，尚視為人鬼之流。自宋以後，忽平步青雲。北宋末年，始封公（或謂封為真君）。[7]

6　不著撰人，《明道（卷一智部）》（高雄：鳳邑儒教聯堂，1962），頁 9-10。

7　呂宗力、欒保群，《中國民間諸神》（臺北：臺灣學生書局有限公司，1991），頁 667。

關帝信仰至宋代才發展起來，其歿後雖有諡號，僅能視為有功之臣所受的尊重而已，並未成為普遍的信仰狀態。關公忠勇、尚信等形象多源自《三國演義》等野史，若真正欲了解其生平，可從正史《三國志》著手，在此不多加贅述。關羽信仰在歷史上的轉折點，劉海燕指出源自幾種情況，首先係唐代的「說話」，再者是北宋的「市人小說」，最後為南宋的「講史」。藉由各朝代對以談說各類故事為業的人士，經社會底層傳播，讓原本不受士大夫注意的關公，引來庶民興趣，[8]使得關公在底層民眾的英雄形象日漸普及。

《三國演義》的流傳也使關羽的形象有更進一步發展，該書大致有三個系統版本存留，分別係：以閩刻本為中心的志傳系統；以嘉靖本為中心的演義系統；以毛宗崗、毛綸父子校改本為中心的評改系統。志傳與演義兩者對於關羽的形象塑造並無太大轉變，然而在毛本，已看得出明顯美化關羽的跡象，毛本也形塑關羽係道德高尚的儒將和神話英雄。其形象轉化的過程，累積大量靈驗傳說，主要有幾個面相：1.除害；2.顯靈救民；3.於戰中顯靈助勝；4.關公戲中的顯靈；5.送子。[9]

除顯現關羽信仰普遍的流傳，亦顯示關羽傳說也會反映國家政權的思維。明清開始，以關帝為名的善書逐漸出現，如《三界伏魔關聖帝君忠孝忠義真經》、《關聖帝君覺世真經》、《戒淫經》等，[10]此些善書對關羽都有初步敘述，並添加大量靈驗故事填補關羽傳說的神話性，且強化其道德形象，藉此吸引民眾，更強調善的果報，用諸多內容彰顯行善可祈求科舉功名、富貴、長壽等。

關帝信仰的發展受到「小說」、「戲劇」等神話渲染，至清代更是登上頂峰，關羽從平凡乃至神格化後，忠義與道德形象讓道、佛二教也納入自身的宗教體系，更增添屬於各自的傳說，使關公信仰與神格愈趨複雜。

8　劉海燕，《從民間到經典——關羽形象與關羽崇拜的生成演變史論》（上海：三聯書局，2004），頁 111。

9　李福清，《關公傳說與三國演義》（臺北：雲龍出版社，1999），頁 57-63。

10　劉海燕，《從民間到經典——關羽形象與關羽崇拜的生成演變史論》，頁 276-281。

　　道教方面，以「關公大戰蚩尤」的神話故事最為著名。宋代帝王尚道，尤以真宗、徽宗最甚，因宋代「強幹弱枝」的國策，遂使國力贏弱，乃以神力安定民心，「關公大戰蚩尤」的故事亦是應此情況而生。據傳宋政和年間，因解州解池的鹽無法生產，徽宗便召見虛靜真人詢問，虛靜答覆乃因蚩尤作怪，徽宗問：「誰能戰勝它」，虛靜答：「關羽可以，我已讓他去做了」，一會兒，解州便颳起大風，大風雷霆摧折樹木，不久風息雷止，解州解池又開始產鹽，徽宗便召見虛靜犒勞關羽，並要求現身，遂後冊封關羽為「崇寧真君」。[11]

　　以佛教來看，最令人熟知的是「關羽玉泉顯聖」。據傳某天在玉泉山腰間，一座茅茨香煙裊裊，蒲團上坐著一位禪師名曰普淨，禪師原為汜水關鎮國寺長老，雲遊四海見玉泉山風光明媚，頗有靈氣，便結草為庵，而在打坐之時，空中傳來欲聾之聲，「還我頭來」，普淨舉目一望，僅見關羽身軀跨騎赤兔馬，手持偃月刀利於雲頭，禪師曰道：「今日呂蒙以詭計害公，公要還頭來，那顏良的頭又由誰來還」，關羽聽之恍然大悟，便入庵聽法，這是佛教最早形成了關羽顯靈的傳說。然這樣的傳說到了南北朝之末期，更被天台宗智顗禪師所接用，進而上報朝廷，以國家機器確立關羽在佛教的神格。[12]這二例傳說皆有以自身宗教的本位作為出發點，再透過國家機器的確立，進而形塑關公的形象與神格之共同特性。

　　清代崇祀關帝風氣更甚，從清代政策即可看出，關羽進入「祀典」行列之中，康熙58年（1719），康熙帝賜其後裔世襲「五經博士」職位，實際上早在康熙24年（1685），就已同意禮部安排，將關帝列入儒學先聖先賢，後世子孫世襲五經博士。雍正朝，更從封賜與神像規定，強化關帝信仰，極力將其形象「孔子化」，將關帝形塑成朝廷希望的另一種儒家典範。[13]關

11　孟祥榮，《武聖關公》（高雄：宏文館圖書股份有限公司，2000），頁42-43。

12　孟祥榮，《武聖關公》，頁35-40。

13　王見川，〈清代皇帝關帝信仰的「儒家化」：兼談「文衡聖帝」的由來〉，收錄氏著《漢人宗教、民間信仰與預言書的探索》（臺北：博揚文化事業有限公司，2008），頁62-69。

於「文衡聖帝」稱號源由，說法不一，王見川指出，主要係受關帝日趨明顯的儒家形象影響，明末以降，關羽被稱為「夫子」，開始流傳關帝受玉旨「司掌文衡」，此種說法也是經由降筆而來，可見文衡聖帝與鸞堂信仰的關聯，其源甚早。[14]

孚佑帝君（呂巖）

孚佑帝君俗名呂巖，號洞賓，係八仙之一，[15]臺灣民間慣稱「仙祖」、「呂仙祖」，道教稱之「妙道天尊」，佛教另稱「文尼真佛」，其影響力、傳說皆是八仙中最甚、最多者，道教北宗的全真道更奉為全真五祖之一。相關呂祖生平，據《歷代神仙通鑑·卷十四》所載：

> ……向居東平，繼遷京川，曾祖延之終浙東廉使，祖渭終禮部侍郎，父讓為太子右庶子，遷海州刺史。母王夫人，於貞觀丙午年四月十四日巳時，天樂浮空，一白鴻似鶴，自天入懷而生。取名紹先。……三舉進士不第。天授二年，已四十六歲，父母命赴試。至長安酒肆，見一羽士，曰鍾離其姓，雲房其字。同憩肆中……。[16]

圖 3-2 旗后開基修善堂呂恩主。（邱延洲攝）

引文中，對於呂祖家世、生平有初略性敘述，也說明呂祖降生，具有異相，並提及呂祖經過三次科舉未果，46 歲再次上京赴考，遇到雲房先生，展開求道之途。

---

14 王見川，〈清代皇帝關帝信仰的「儒家化」：兼談「文衡聖帝」的由來〉，頁 69-72。

15 八仙為漢鍾離、張果老、韓湘子、曹國舅、李鐵拐、藍采和、何仙姑、呂洞賓。

16 王秋桂、李豐楙主編，《中國民間信仰資料彙編·歷代神仙通鑑》（臺北：臺灣學生書局有限公司，1989），頁 2312-2315。

相較《廣列仙傳・卷六》，內容可說大致相同，但在呂祖降生的異相上較有深入之描述：

> ……生母就蓐時，異香滿室，天樂浮空，一白鶴自天而下，飛入帳
> 中不見。生而金形木質，道骨仙豐，鶴頂龜背，虎體龍腮，鳳眼朝
> 天，雙眉入鬢，頸修露，額潤身圓，鼻梁聳直，面色白黃，左眉一
> 黑子足下紋起如龜背……。[17]

呂祖的降生充滿神性，如此異相，基本上係欲以呂祖的傳說、事蹟等作為呼應。其傳說最為主要的傳播模式乃在戲劇表演。相關傳說相當的多，除了透過文學作品呈現外，以戲劇形式廣泛造成庶民的流傳。

呂祖傳說始盛於宋代，著名有「黃粱夢覺」、「雲房十試」、「三戲白牡丹」、「飛劍斬黃龍」等，這些傳說多載於宋明的筆記與神仙傳記，至元、明兩代呂祖戲大量出現，其中有《呂洞賓三醉岳陽樓》、《呂洞賓度鐵拐李岳》、《呂洞賓三度城南柳》、《呂洞賓桃柳昇仙夢》、《呂洞賓戲白牡丹》、《呂洞賓九度國一禪師》等。[18]馬書田從各式的文學與戲劇作品解析呂祖性格，認為呂祖集詩、劍、酒三仙為一體。呂祖不僅係在道教地位崇高，被奉為「純陽祖師」，亦受帝王尊敬，且民間影響力甚大，係多數仙人所不及。從以上傳說與劇目，不難發現呂祖的「度世」神格，以度化世人為修道的基本信念。鍾華操轉引自《大洞真經》〈孚佑帝君呂恩主略紀〉，更有悟道度人的描述：

> ……那一夜兩人同住在酒店裏，那個羽士自己燒飯，恩主突然感
> 覺困倦，伏在桌上，昏昏睡去。在夢中他以舉子進京，考中進
> 士，做了翰林院等等大官，前後娶了兩個太太，生男育女，子孫昌
> 盛……，忽然醒來，羽士做個笑對他說：「你在夢中，一升一沉，
> 變化萬態，苦樂無常，五十年間，只一貶眼就過去了，得也不足為

17　王秋桂、李豐楙主編，《中國民間信仰資料彙編・廣列仙傳》，頁 405。

18　馬書田，《華夏諸神》（北京：燕山出版社，1990），頁 187。

喜，失也不足為悲，要緊的是要有覺悟，讓能知道人生便是一場大夢的。」恩主聽他這一席話，知道那羽士定非凡人，要求他濟度自己……。於是恩主棄官歸隱，誠心去求道，後來那個羽士變化美女、金寶、虎豹、鬼怪，再來試他十次……，成仙後，他還發了一個大願說：「非度盡天下蒼生，不欲升天」，所以常常顯化，降落凡間，度濟世人。[19]

鍾華操參照經文內容改寫，將呂祖的「黃粱夢覺」與「雲房十試」兩段傳說統合敘述，展現呂祖求道的歷程，甚至強調呂祖在成仙後所立下宏願，而這樣的宏願也反映在現今臺灣各地鸞堂的活動上。

八仙中以呂祖信仰所及最廣，與傳說、戲曲的流傳有關，在這些文本中強烈刻畫呂祖道骨仙風、為民眾排憂解難、斬妖伏魔等度世、濟民的性格，元、明兩代的帝王更加提倡道教，呂祖信仰借助民間的聲望，進而受到朝廷的推崇，冊封呂祖「純陽帝君」。

太白金星（李白）

太白金星又稱太白星、白帝子，屬七曜二十八宿，[20] 係源於對金星的崇拜，也是對金星的神格化。《詩經》記載：「東有啟明，西有長庚」，[21] 說明了金星出現的時間點與方位有不同指稱，早晨出現於東方稱啟明星，黃昏出現在西方稱長庚星，傳統對五行的觀念認為西方屬金，金以白為色，因

---

19 鍾華操，《臺灣地區神明的由來》（臺中：臺灣省文獻委員會，1979），頁 172-173。

20 古代星相家以觀察天文現象將黃道的恆星分為二十八個星座，而道教萌芽之初期即承襲這一套的天文體系，並認為每一個星座各有一神，共有二十八個神將，故稱「二十八宿」，按東、西、南、北四方，將其分為青龍、白虎、朱雀、玄武等四組天神。道教又依木、火、金、水、土等五行觀念融入星辰中，即東方歲星（木）、南方熒惑（火）、中央鎮星（土）、西方太白（金）、北方辰星（水），並與日、月之神合稱「七耀」，而此七個星神再加上二十八星座，也就是道教所稱「七曜二十八宿」。

21 見《詩經》〈小雅・大東〉，並參見裴普賢編著，《詩經評註讀本（下）》（臺北：三民書局股份有限公司，1997），頁 530。

此《天官占》有文：「太白者，西方金之星，白帝之子，上公，大將軍之象也」，[22] 顯示了民眾對於金星有初步神格化，稱其為「太白金星」。多數民眾對太白金星的印象來自《西遊記》的描述，認為太白金星為一老道。太白金星最早被神格化之時，係戰爭之神的形態，《漢書》言道：「太白，兵象也」，[23] 道教將太白金星納入神譜時，係以女神的樣貌出現，唐代的《七曜攘災法》云：「金，其神是女人，著黃衣，頭戴雞冠，手彈琵琶」，[24] 中國學者汪小洋所編輯之《善好光明——中國神仙誌》一書指出，明代刻本《水陸道場神鬼圖像》中金星仍呈現女神樣貌，但由於《西遊記》的廣泛流傳，也影響了明末以降宮觀修建的雕塑與繪畫。[25]

太白金星在臺灣並無顯著的民間傳說，反而在戲曲較有表現，據林茂賢研究，歌仔戲《石平貴與王寶釧》其中橋段，太白金星稍有情節，劇情係王寶釧苦守寒窯，思念其夫，而對天祝禱，太白金星顯靈，將王寶釧的血書託飛雁傳達。[26]

鳳山多數鸞堂係旗后開基修善堂之分衍，李恩主信仰亦係傳承於此，在開基明心社修善堂《總教大法真經》〈儒教大法真經〉中，有鸞文直指李恩主的身分：

圖 3-3　旗后開基修善堂李恩主。
（邱延洲攝）

22　《天官占》；轉引自馬書田，《華夏諸神》，頁 50。
23　班固，《漢書‧天文志》；轉引自汪小洋主編，《善好光明——中國神仙誌》（臺北：世界書局股份有限公司，2011），頁 221。
24　唐代編譯，《七曜攘災法》；轉引自馬書田，《華夏諸神》，頁 51。
25　汪小洋主編，《善好光明——中國神仙誌》，頁 222。
26　林茂賢，〈臺灣外臺戲中的神仙〉，《傳統藝術》48（2004 年 11 月），頁 19-25。

　　　　　　總守必久　　教化不朽
　　　　　　大仙下凡　　法制必就
　　　　　　真誠告竣　　經中消憂
　　　　金闕內相太白金星恩主著下修經讚
　　　　　　昔彼唐虞兮　　三代齊名
　　　　　　今之遺芳兮　　激日傷情
　　　　　　化此真經兮　　總教飛騰
　　　　　　參天宇宙兮　　世代繼銘
　　　　　　鑒下鳳旗兮　　惟德至清
　　　　　　暗中美玉兮　　保此金經
　　　　　　頒行九州兮　　世鑒同情
　　　　　　金闕內相李青蓮恩主拜讚[27]

「金闕內相李青蓮恩主拜讚」明確指出太白金星為李青蓮，但審視《三教源流聖帝佛祖搜神大全》、《廣列仙傳》、《歷代神仙通鑑》等書均無神祇名為「李青蓮」。

　　歷史人物中確實有李青蓮。李青蓮，名白，字太白，青蓮為其號，亦稱「青蓮居士」，隴西成紀人，其母夢見長庚星入懷，遂生李白。[28]鳳邑養心社啟善堂對李恩主的寶誥中，可以看見李恩主與歷史人物的聯結：

　　恭　請

金闕上相太白仙翁李恩主寶誥　　志心皈命禮三稱　稽首頓首

金星燦燦、照耀天闕：挺生唐室、卓著儒人。斗酒百篇、俊逸文章泣鬼神：三山二水、清新詩藻通神。玄機通徹、道學超群；磨墨脫靴、勁節長留史乘：愛國憂民、婆心供養慈仁。功參造化！德配乾坤：闡教揮鸞、憫蒼生而開覺路；體天行道、度赤子而判迷津：大

27　不著撰人，《總教大法真經》（高雄：開基明心社修善堂，1937），頁13。
28　周勛初，《李白評傳》（南京：南京大學出版社，2004），頁19-33。

悲大願、大聖大慈、普度皇靈、金闕功臣李太白仙翁興儒度世天尊
三稱[29]

修善堂的《總教大法真經》對「李青蓮」的指稱，與詩仙李白聯結，約略可知
太白金星與李白應是有關，從啟善堂李恩主的寶誥中，雖無確切姓名，但從
文中「挺生唐室」、「斗酒百篇」、「磨墨脫靴」等關鍵詞句，更凸顯李恩主所處
時代，創作風格與事蹟，在在與李白的形象契合。

　　太白金星由女神形象開始，進入了具體形象的崇拜，《西遊記》的描
繪，男神形象進一步確立，而李白與太白金星的聯結，應是從鸞堂信仰中
所建構而起的人格化結果。

　　從關、呂、李三位恩主的傳說，以及信仰認知上，很清楚可以發現皆
具有強烈儒家色彩，也反映鸞堂的救劫度世觀念，根據李豐楙研究，道教
思想體系雖延續道家，實際上也顯現一種「善／惡」、「正／邪」、「神／魔」
的觀念，反映道教的陰陽認知，進一步認為道教的信仰透過傳說、故事等
形式，傳達了「謫譴」與「除魔」的信仰價值，[30]藉此形塑教團祖師、或神祇
的共通特性，作為傳道的基本神學觀念。不難發現文衡聖帝、孚佑帝君、
太白金星皆有如此信仰性格，各以伏魔、濟民、度世受到民眾推崇，國家
機器也藉此納入國家祭祀行列中。[31]

　　關恩主以忠、義等行為，強烈受到朝廷的介入，並以「讀春秋」等事蹟
塑造成儒家另一標的與典範，而呂、李兩位恩主，在各自的出生傳說中，
都顯示出神界靈物所降，與李豐楙所指「罪謫與重返」概念有雷同之處，李

29　不著撰人，《啟教興儒》（高雄：鳳邑養心社啟善堂，2011），無頁碼。

30　李豐楙，《許遜與薩守真：鄧志謨道教小說研究》（臺北：臺灣學生書局有限公司，
　　1997），頁6-9。

31　透過皮慶生的論述，可以從宋代對於正祀與淫祀嚴格的定制中以了解國家機器如
　　何介入民眾的信仰。關於正祀的問題，主要集中於兩個方面：一是朝廷賜額、封
　　號政策，得到官方承認的過程中，體現國家與地方官員、地方社會之間的關係；
　　二是對淫祀的打擊。宋代朝廷祀典根據祭祀對向分為大、中、小祀三種層級，進
　　入祀典即是具有「經典的」意涵。請參閱皮慶生，《宋代民眾祠神信仰研究》（上
　　海：上海古籍出版社，2008），頁274-282。

氏透過道教小說及相關文學作品，分析道教對信仰體系的認知，認為謫仙事蹟與傳說在於呈現中國長期以來的亂世，進而思索以道德重建失序的現況，並從中論述「定數」，所謂「定數」係天地之間共同的律條，天神違反律條則貶入人世，重返人間進行贖罪，贖罪的模式，依李豐楙所見，多以度世為主。[32] 雖然呂、李二位恩主的傳說中並無罪謫的現象，但可以看到重返人間度世與濟民的傳說故事。

李豐楙認為，謫降人間，接受考驗，並度化他人，係謫仙人的修行積德，透過累積的功德重返仙界，這樣的創作手法，目的是希冀對修道之人產生砥礪，指出謫降文學作品，以「悟」的情境作為文學張力，其論述的「悟」係了悟前身，對於自我真實身分的追探，其中也包含他人的點悟。[33] 道教的謫降文學建構了一套度世的立論，透過文學作品的呈現，反映修道之人追求的價值。鳳山地區鸞堂信仰，雖然並非以謫降作為神學體系的論述，而係以善書、鸞文，再以宣講表現度世的功能，但不難發現兩者以「度世」作為共通的信仰核心，形塑出關、呂、李三位神祇為該地區「救劫、度世」的恩主組合。

二、鳳山鸞堂恩師信仰與神譜的形塑

鸞堂神學體系主要表現在善書之中，從降鸞的神祇可觀察神祇與鸞堂之間關係為何？鳳山地區鸞堂最主要信仰對象與其他地區並無不同，係以「恩主」為重，不過恩主與其他神祇比較下，卻不常降鸞，較常降鸞者係鸞堂奉祀的神祇，這些神明被堂生稱為「恩師」。臺灣各地鸞堂所頒行的善書中，可了解各鸞堂神祇奉祀情況，大多數的鸞堂皆有恩師信仰，由於多數研究聚焦「恩主」，使得「恩師」不被所見。恩師的奉祀，各鸞堂皆不相同，從明善堂《浮生映道》書中〈玉詔開讀〉可以了解恩師的產生與鸞堂神學體系之理論有關：

---

32 李豐楙，《誤入與謫降：六朝隋唐道教文學論集》（臺北：臺灣學生書局有限公司，1996），頁 247-285。

33 李豐楙，《誤入與謫降：六朝隋唐道教文學論集》，頁 256-259。

……並委諸聖者導教黎庶，知行倫常，建造融樂美世，以享無如，然生民欲難除，朋比為奸，德昏道廢，損倫常，災禍不息，民墜塗炭，是以本天道福善禍淫，並准關、呂、李三卿之哀奏，普設儒堂導教，廣教慈帆，期免天譴禍災……。[34]

世人有背倫常，導致災禍而生，三位恩主不忍世道沉淪，向上蒼哀奏廣設鸞堂。從「普設鸞堂導教」可知，鳳山地區鸞堂信仰者認為上蒼准許恩主所奏，處處設堂，闡教化民，世上鸞堂眾多，恩主無法處處闡教，期期醒世，唯依靠其他神祇協助。從這樣的神學架構了解，恩師信仰與恩主都是因應「劫難」等觀念產生。

恩師的存在除了有幫助恩主救劫之功能外，其思維是將鸞堂設想為「學校」，透過此場域學習聖賢之道，以修己利民，這無非與鸞堂承接「儒家內涵」息息相關。鸞堂以神道設教，即是以神為師，藉由神祇降鸞闡釋文章，來達到醒悟眾生。信仰者普遍認為，由上蒼或恩主命派於鸞堂內的神祇才可稱之「恩師」，而每位恩師皆有其職務，觀察各鸞堂的神祇，職務主要可歸納有：正主席、副主席、正馳聘、副馳聘、主筆司、主壇司、功過司、司禮神。

表 3-2　鳳山地區鸞堂恩師職務表

神職	職務說明
正主席	為鸞堂內諸位恩師之首，主掌鸞堂總體事務，係鸞堂奉祀的主神。
副主席	主要輔佐正主席掌管鸞堂總體事務。
正馳聘元帥	主要負責聘請三山五嶽神佛至鸞堂降鸞。
副馳聘元帥	主要協助正馳聘元帥聘請三山五嶽神佛至鸞堂降鸞。
主筆司	負責鸞堂鸞務，主掌鸞盤運作順利，並在著書期間負責校正之職。
主壇司	負責鸞堂壇界，主掌鸞堂內外清淨。
功過司	主掌記錄堂生的功過。
司禮神	接待三山五嶽的神佛臨堂，主掌接待事宜。

資料來源：誠心社明善堂主王國柱先生口述，於 2013 年 6 月 14 日進行訪談。

34　不著撰人，《浮生映道》（高雄：鳳邑誠心社明善堂，2006），頁 12-13。

「恩師」是堂生對本堂奉祀神祇的尊稱，從正主席至司禮神，指的是神祇被派任至鸞堂之職務，每位恩師也各司其職，與堂生進行神人協力的勸世工作。鸞堂奉祀何神為恩師，主要依各鸞堂的發展脈絡不同而有異。如明善堂由 13 名赤山庄民分香於舉善堂而創設，並長期寄祀於「庄廟」文衡殿內，借用該廟空間扶鸞，透過主壇司掌管鸞堂壇界職能，希冀文衡殿文衡聖帝就近掌管壇界事務；慈善堂方面，究其歷史發展，在未建築現今堂所前，曾以時任堂主的顏金星宅作為慈善堂處所，派顏家奉祀的文衡聖帝作為司禮神，係為方便就地接待來堂扶鸞的諸位神祇，這樣的派職也在堂所遷移至今被延續下來。

由於「派任」的觀念，顯現神祇擔任何種神祇係具變動的。如喜善堂在設堂初期，由於不夠穩定，所派神祇不多，發展過程中再陸續增派其他神職，讓更多神祇加入代天宣化的行列。[35] 又如啟善堂在設堂初期借「庄廟」竹仔腳北極殿扶鸞，該廟主神玄天上帝奉派為「司禮神」，啟善堂遷移堂所後，日趨發展，遂改派玄天上帝為「主筆司」。[36] 再如明善堂，因寄祀文衡殿內，該廟於民國 77 年（1988）動土重建時，遷至庄內角頭廟「文農宮」繼續扶鸞闡教，鑒於借用文農宮處所，需要該廟主神就地方便接待各神祇，遂而增派該廟主神神農大帝為司禮神。

從以上的說明，鸞堂恩師信仰的變動，與鸞堂發展情況有密切關係。這樣的變動性，以及十一鸞堂恩師並不相同，怎麼觀察出鳳山鸞堂神譜的形塑？鄭志明曾根據台中聖賢堂《天界傳真》一書繪製圖表（見圖 3-4），後續的研究者如王志宇等人多引該圖表作為討論：

35　不著撰人，《儒宗明燈》（高雄：鳳邑明德社喜善堂，2011），頁 9-12。
36　養心社啟善堂主黃海舍先生口述，於 2012 年 10 月 21 日進行訪談。

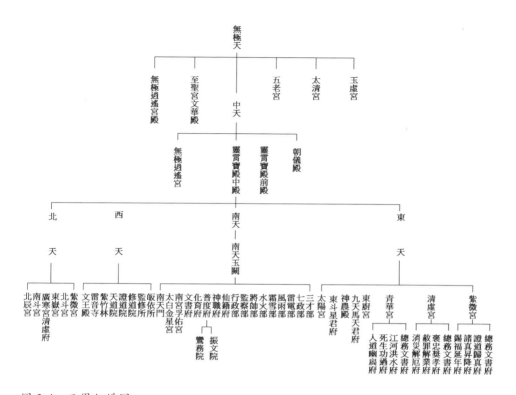

圖 3-4　天界組織圖。
資料來源：王志宇，《臺灣的恩主公信仰──儒宗神教與飛鸞勸化》，頁 196。

天界組織與人間封建帝國無太多異處，靈霄寶殿稱之中天，其上賦予三清、孔子、佛祖等三教主的居所，上又有無極天；靈霄寶殿下又分東、南、西、北四天，恩主所居為南天，係掌管天界與人界行政中樞，仔細詳察，可發現天界的組織情況與人界相比，實有過之而無不及，這樣的組織過於複雜，與一般鸞堂信仰者的認知可能產生落差，鸞堂受地區的不同，系譜脈絡不同，進而對神學體系有不同闡述。

又如李添春在《省通志稿人民志宗教篇》中，列出臺灣漢人對信仰體系基本架構簡圖。反映神界基本組織型態係仿照人間行政型態建構而成，雖然簡略，卻也顯示庶民在信仰上所追求的功能，這些功能因應需求而生，以漢人至高無上的天神玉皇上帝為主宰，掌管神界的中央與地方行政，乃至司法體系，然這樣的神學架構與鸞堂的神學認知有所不符。

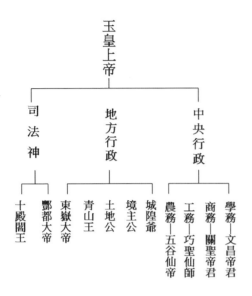

圖 3-5　神祇職務圖。

資料來源：李添春，《省通志稿人民志
　　　　　宗教篇》（臺北：臺灣省文
　　　　　獻委員會，1965），頁 234

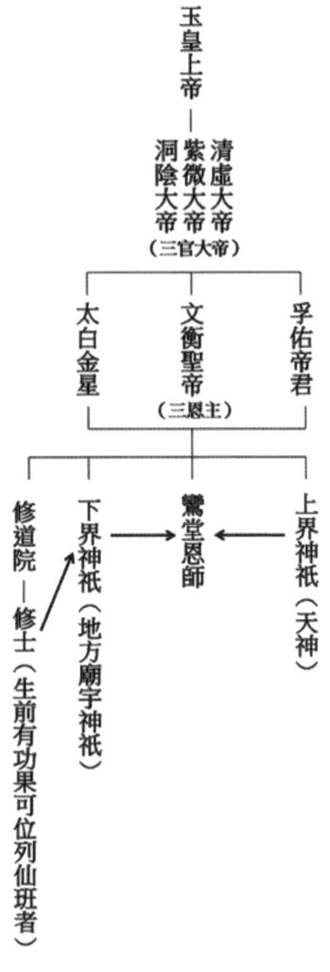

圖 3-6　鳳山地區鸞堂神譜概念圖。

資料來源：筆者於實地參與觀察，並
　　　　　閱覽鳳山地區各鸞堂之善
　　　　　書所得。

　　從十一鸞堂的善書，與神學架構等認知的訪談，梳理出有關鳳山地區
鸞堂信仰者對神譜的初步概念。該地鸞堂的祀神主要建構在民間信仰的神
學架構，未強調儒、道、釋的獨立體系，而是統合為一，並認為天、地、
人三界以玉皇上帝為至高無上的天神，掌管三界；三官大帝俗稱「三界
公」，在民間信仰認為三界公的神格僅次於玉皇，三官之下則是恩主，關、
呂、李三位恩主以關恩主為首負責協助玉皇上帝處理政務，故而稱為「三
相」，有如封建帝國時代的宰相，神界事務需向恩主匯報，再由恩主轉呈
上蒼，恩主也掌管了上界與下界的所有神祇；此外，鸞堂由恩主直轄，並

由恩主派任上、下神界神祇擔任鸞堂各職負責闡教度民。另者，由於功德觀，形成有功果者在死後能位列仙班，在派職前需於修道院進行修練，等待至地方公廟任職。

鸞堂在信仰上重視恩主，實因鸞堂在善書中表現的救劫觀念，而這樣的觀念成為鸞堂最重要的神學基礎，鳳山地區也不例外，恩主的傳說、事蹟可發現，恩主在「救劫」、「度民」等形像深植民心，恩師信仰亦是架構於此，透過神學理論的闡述，說明普設鸞堂的動機，設置各種鸞堂神職，以各神祇協助度化眾生，據此建構出鳳山地區的恩師信仰，並形塑其神譜。

第二節　聚落、公廟與鸞堂

寺廟係臺灣社會文化的觀察指標，居民生活多與寺廟相關，甚至許多廟宇與市集、聚落有極緊密的結合，臺灣漢人的先祖多從閩、粵兩地而來，結構上而言，臺灣可算是相當典型的移墾社會。在漢人進入臺灣拓墾同時，傳統信仰體系也隨之而來。對臺灣聚落居民而言，不管哪一類型的神祇皆可發揮保護的功能特性，透過聚落與寺廟形成強烈之人神結構。就聚落公眾來講，鸞堂「小眾」、「私」的性質是確定的，而聚落公廟「大眾」、「公」的性質是無須質疑的，觀察鸞堂祀神，納入地方信仰來架構其神譜，形塑彼此的「共神性」，這是明確的現象，那麼鸞堂為什麼要形塑「共神」，其中目的何在？只是因為「共救末劫」的論述？亦是有著其他因素？本節先從鳳山地區的聚落信仰談起，進而說明聚落信仰為何進入鸞堂體系。

一、鳳山聚落信仰觀念的形成

現今鳳山區的行政里，與清代、日治時期的「里」有甚大差異。戰後初期的鳳山地區僅有，縣衙、縣口、興仁、成功、光明、三民、南興、和德、鎮北、鎮東、鎮南、七爺、鎮西、赤山（文山）、曹公等15個行政里。傳統聚落（街庄）至目前為止仍被指稱使用的有草店尾、下菜園、道爺廍、竹仔腳、五甲、一甲、赤山、牛稠埔、七老爺、新甲、竹巷、新庄仔

等等。[37] 人口漸增下，陸續細分出其他的行政里，多數行政里的範圍，仍是依循原有的聚落空間而設置，遂後劃分的行政里，在命名上有依循「母里」之情形，可使人輕易得知行政里的聚落屬性，目前共有 76 個行政里。

這些傳統聚落均在清晚期（1895 年前）已經形成，但是否在此期間即有信仰存在，據《鳳山縣志》、《重修鳳山縣志》、《鳳山縣采訪冊》三書所載，清代的鳳山地區廟宇不多，有些廟宇今已不復見，存留者僅有天公廟（澄瀛街）、文衡殿（赤山庄）、雙慈亭（大廟口）、龍山寺（草店尾）、城隍廟（城隍廟街）、開漳聖王廟（竹巷庄）、大將廟（七老爺庄）、東福祠（小東門）。

林美容著《高雄縣民間信仰》（1997），對「鳳山市」的廟宇介紹相當詳盡，也可了解當時鳳山地區內的傳統聚落都已有聚落公廟，並對各寺廟的興建、重修沿革與聚落關係有清楚說明。詳閱其中發現，多數聚落的公廟雖在戰後籌建廟體，其聚落信仰卻在清末及日治時期即已有公共祭祀的情況，如同王志宇從經濟角度解釋並點出問題所在，他以南投竹山地區的聯村公廟興建為例，認為不建廟並不代表村落內沒有公神，在尚未建廟前許多村莊皆已有公神存在，或以「隨爐主走」方式，或供奉於民宅。[38]

村庄公廟之於村庄，其實就是一種社會組織關係，戴炎輝曾以政治與法律的觀點切入，說明寺廟「公有性問題」，聚落公廟被視為聚落的財產，其場地或空間則係一種自治的政治處所。[39]「金關帝，銀聖王」係赤山庄民世代相傳的俗諺，據傳該庄在明鄭時期即有軍屯，至清代末年，赤山庄廟累積相當可觀的廟產，廟產的累積據說與清代的賦稅制度有關，庄民認為將其耕作所得上繳後，根本就無法應付日常生活。相傳當時廟宇的財產係不用課稅，遂而將土地所有權讓給庄廟，由「關帝爺公」當地主，居民再成為神祇的佃農，故赤山庄廟無形之中，獲得相當多的土地。先不予評論其

37　參見附錄 7「鳳山聚落對應表」。

38　王志宇，《寺廟與村落——臺灣漢人社會的歷史文化觀察》，頁 58-59。

39　戴炎輝，《清代臺灣之鄉治》（臺北：聯經出版事業股份有限公司，1979），頁 178-182。

史實，從這樣的俗諺與傳說，反映了聚落居民認知中的庄廟公共性，以這樣的公共性來保障聚落居民生活的權益。

聚落公廟與聚落雖然密不可分，但社會的轉變與進步，寺廟的登記愈來愈多，法律上、形式上也打破了傳統聚落原有的公共性與公有性。觀察臺灣南部地區，最顯著的就是「境主」觀念被凸顯。按吳瀛濤《臺灣民俗》的解釋：「境主公：鎮守廟境之神，或以為鎮守寺廟所管轄的範圍之土地守護神，惟其來歷不明，或謂祀人魂，或謂是假想之神格。」[40]以南部地區為例，所謂「境」係指以村落、庄頭、聚落為範圍，「境主」則是指這個範圍內居民共同信仰的神祇；換言之，聚落廟宇可以有很多座，但境主廟就只有一個，聚落內其他廟宇主神位階皆不及境主，僅能算是聚落內的角頭廟宇，而居住在「境內」的居民亦可稱為「境民」或「境眾」。

筆者在田調過程發現某些聚落對「境主」非常強調，而有些從受訪者的表現，讓人覺得「他/她」是知道「境主」一詞，但並不強調，這兩種現象，實際上與鳳山的聚落發展有關：第一種情況係縣城內與縣城外，縣城內的廟宇係屬「知道，不強調」，縣城外則是「強調」；第二種是大聚落與小聚落，大聚落較強調境主，小聚落則不強調。從縣城內外與聚落大小觀察之，大致得知，聚落範圍大者，廟宇不止一座，需強調境主，聚落範為小者，整個聚落只有一座廟宇，則不需強調境主。

聚落建廟與否，主以聚落經濟能量觀察，就鳳山地區來看，清代能建廟者，多屬於商業地區，即是方志中提及的「街市」，其他聚落經濟情況稍嫌不足，多數則停留在「公厝」階段。然而有經濟能力可以建廟後，廟中通常會增加許多神祇的奉祀。以五甲龍成宮來講，清代鳳山廩生盧德嘉所撰的《鳳山縣采訪冊》中，並未載錄五甲地區有媽祖廟，而林美容編寫的《高雄縣民間信仰》，根據訪談成果與《臺灣廟寺名鑑》一書指出，龍成宮創始於清乾隆年間有所不符，[41]根據各項資料的比對，龍成宮建廟應是日治時期

40　吳瀛濤，《臺灣民俗》（臺北：眾文圖書股份有限公司，1992），頁 69。
41　林美容，《高雄縣民間信仰》（高雄：高雄縣政府，1997），頁 249-250。

的昭和年間係較符合史實。[42] 五甲龍成宮主祀神雖是天上聖母，不過庄民也以副祀的清水祖師與戴府元帥，合稱五甲庄「三境主」。也就是說，五甲庄的「境主」不止一位，而是三位，可以理解村庄因為經濟的關係，在建廟後都希望，自己家中或所屬角頭奉祀的神祇可納入聚落的信仰體系之中。在臺灣常常可以看到很多地方的聚落公廟內，不僅只奉祀單一神祇，諸如此類的現象，不勝枚舉，但要像五甲地區同祀的三位神祇皆稱為「境主」的情況仍屬少見，這也極有可能係地方勢力拉扯下的結果。

不論係村庄公廟、聚落公廟，皆係指具有「公共性」的信仰場域，信仰處所是否擁有華麗的建築並非重點，重點在於神祇與聚落的互動，藉此可以清楚劃分聚落與聚落之間的差異，即是區別庄頭之間的不同，以公廟作為聚落（庄頭）的象徵，從聚落公廟去建構他群與我群的差別。

二、聚落公廟與鸞堂的「共神」

鳳山的鸞堂發展雖說不到百年，相較各聚落公廟與信仰，並不具悠久的歷史脈絡，但十一鸞堂的堂生多數來自所在聚落，顯現聚落居民在鸞堂信仰的參與係不能忽視的。鸞堂的倡設第一個所面臨的問題，很有可能會因信仰體系不同而產生排斥，也就是祀神是否有著差異，會造成聚落居民在信仰態度有著抗拒，然而我們在鳳山地區所看到的，鸞堂與地方公廟、聚落信仰，卻沒有信仰排斥等情事，這應該是鸞堂所強調的「共神」有關。那麼鸞堂與聚落的「共神」的觀念，代表著怎樣的意涵，有著怎樣模式與特性，是值得我們了解的。

---

42 從林美容著《高雄縣民間信仰》中，根據《臺灣廟寺名鑑》指出光緒 12 年（1866），五甲庄民蓋草寮為龍成宮肇基之始，庄民於昭和 3 年（1928）集資重建，昭和 5 年（1930）落成；再與《臺灣地名辭書卷五：高雄縣（第二冊）》所言：龍成宮，五甲庄廟，原在庄內，昭和 5 年（1930）移建社尾角頭；另外五甲協善沿革所云：五甲協善堂之始，乃於 1917 年農曆 8 月 8 日，信眾鄭頭、陳有雲、陳媽栓等人至左營啟明堂，參與其活動，神聖降鸞指示等人有關籌備扶鸞事宜，不久，選定良辰吉日，於陳有雲家中焚疏請旨開壇濟世，厥後鸞務漸興，為有利宣揚聖道，1921 年農曆 10 月 23 日遷居庄人所建的草壇，此壇主祀天上聖母，即是現今鳳山五甲地區庄廟「龍成宮」。由此三項資料可了解，龍成宮在 1930 年之前仍是以草寮為祭祀空間。

依照十一鸞堂地處的聚落環境不同，「共神」的程度與模式均有差異。有某些鸞堂因初設時期，所在聚落界線也較不明顯，而形成不同聚落信仰同存於一座鸞堂內。此外，鸞堂間彼此緊鄰，也常有某間廟宇主神分別任職不同鸞堂，如舉善堂（未遷現址前）、靈善堂，兩堂鄰近有雙慈亭、西園宮、鎮安宮等廟，這些廟主神在此二堂也派任不同職務，顯示鸞堂有著跨聚落的信仰現象。這主要係堂生來自於聚落的緣故，觀看舉善、靈善二堂，所處的地理環境，聚落界線不明，堂生又來自鄰近，雙慈亭、西園宮、鎮安宮同是地方公廟，二堂堂生應該本有信仰這些廟的慣習，顯示這種鸞堂內跨聚落信仰類型，與堂生原有信仰慣習有關。

另一種鸞堂內跨聚落信仰表現的類型，除了堂生原信仰慣習緣故，又有聚落與聚落之間互動影響。從明善堂的祀神現象來觀察，明善堂恩師除正、副主席以外，其餘均是地方公廟主神，正馳聘元帥「大社青雲宮神農大帝」、副馳聘元帥「八隆宮池府千歲」、主筆司「五塊厝文衡聖帝」、主壇司「赤山文衡殿文衡聖帝」、司禮神「大埤福德祠福德正神」。赤山文衡殿本就是赤山庄廟，明善堂堂生來自該庄，這是聚落信仰納入鸞堂最自然的模式，但其他神祇祀於明善堂，其中細故為何，係需要談談的。

按《鳳山縣采訪冊》所載：「一在籬仔內庄（觀音），縣北十九里，屋八間（額曰『青雲宮』），嘉慶十二年洪廷錦董建。」[43] 大社青雲宮建廟時程相當早，該廟距離鳳山縣城係有一段距離，依照常理，與赤山庄民應無關係，但青雲宮與赤山庄是有香火分靈的聯結。青雲宮神農大帝，俗稱「老

圖 3-7　大社青雲宮。（莊仁誠攝）

43　盧德嘉，《鳳山縣采風冊》（臺北：臺灣銀行經濟研究室，1960），頁 165。

祖」，赤山庄兩個角頭皆有奉祀老祖廟宇，頂頭仔老祖廟為「文農宮」，下頭仔為「神農宮」，其香火都源自於青雲宮。臺灣早期醫療並不發達，民眾若遇到健康問題，大多數仰仗信仰力量，「問佛」即是一種途徑。赤山庄兩座老祖廟信仰緣起，皆與「問佛」有關，頂頭仔老祖原係邱家（筆者家）私佛，下頭仔老祖則為謝家私佛，兩者皆是於日治中期分靈至赤山，其肇因都是家族內有人久病不起，遂而迎請「醫藥之神」大社老祖至家中請壇問佛，據筆者父親邱明道先生表示：

> 當時的「問佛」不似現今需前往廟宇才進行，而是要請大社青雲宮的乩童、法師等一行人到家中，況且所費時日相當長，因此在經濟能力不錯的家族，才可以有如此情況。多數莊民皆會藉由這樣的情形，以「續壇」的方式問佛。[44]

這段話可疏理出三個問題，1.「問佛」需請大社的乩童、法師等人員至家中；2.「問佛」是長期而非短期；3. 庄民以「續壇」[45] 方式加入「問佛」的行列。反映人群的「接觸」與「交流」，長期的「問佛」使得青雲宮（大社）的人員可與赤山庄民有深層的接觸，以此奠定了赤山與大社兩聚落聯繫的情感，並以分靈作為香火關係的延續。

明善堂副馳聘元帥「八隆宮池府千歲」，俗稱「八庄王爺」，最早並無廟宇，係由八個庄頭輪流奉祀，戰後因政治承諾遂而建廟。[46]「八庄」以林美容所查為牛稠埔、田草埔、大腳腿、 埔、鳥松、夢裡、崎仔腳、山仔腳。[47] 然而世居赤山的庄民認為，在境主「文衡聖帝」尚未來到赤山前，庄民皆敬祀八庄王爺；再者現今赤山是歷經過遷庄後的地理位置，故庄民認為赤山亦屬八庄之一。由赤山居民的認知所見，八庄王爺雖在現今與赤山

---

44 誠心社明善堂正鸞生邱明道先生口述，於 2012 年 5 月 19 日進行訪談。

45 「續壇」的全稱應係「接續請壇」。一般而言，由主家（主要邀請乩童、法師的家族），負責「問佛」期間人員的食宿，「續壇者」因經濟的因素無法供應食宿，遂而以「紅包」作為答謝，因此能否「續壇」的決定權，主要在於主家，換言之「續壇」亦算係一種社會網絡建構模式。

46 林美容，《高雄縣民間信仰》，頁 217-218。

47 林美容，《高雄縣民間信仰》，頁 217。

無顯著互動，但信仰情感卻也反映在明善堂的祀神之中。明善堂司禮神為大埤福德祠福德正神，大埤原位於大埤湖（澄清湖），「大埤福德祠」最早建於大正 14 年（1925），昭和 16 年（1941）年日本政府徵用水庫用地，致使大埤遷庄至今鳥松區大華里，民國 35 年（1946）在今大華里重建，名為「大華村福德祠」，民國 56 年（1967）再改名為「大華村福德宮」。[48] 大埤從建庄以來皆與赤山為鄰，更有赤山耆老認為，大埤雖然有廟，但只是奉祀土地公的廟宇，不算庄廟，大埤人常常至赤山庄廟敬拜「境主」，遂而視大埤為赤山的「子庄」。如此認知下，大埤福德正神在明善堂擔任司禮神一職，即可知悉其中緣故。

從以上的說明可知，鸞堂內跨聚落信仰的表現，不僅是堂生原有的聚落信仰慣習，有時會因聚落間人群的接觸交流，添入新的信仰對象，明善堂的祀神並非呈現單純的信仰，除顯現聚落之間交流互動，也有世代傳襲的信仰思維。

此外，喜善堂的祀神有著不同信仰特性，所崇祀不限地方公廟神祇，更有私人性質神祇祀於該堂。喜善堂係十一鸞堂中唯一不座落在鳳山地區，其所在行政地域為鳥松區鳥松里，鳥松里含括了三個聚落：鳥松（鳥松腳）、崎仔腳、漏溝，其堂生即來自此三個聚落。該堂設鸞初期恩師的派任相當簡單，僅有六位恩師，發展至現今共有 14 位恩師。[49] 喜善堂派任青雲宮老祖、八庄王爺、福龍宮吳府千歲、福德正神為恩師等，也有堂生原有信仰慣習及聚落間交流互動等緣故所致。奉祀私家神祇為恩師，卻不非多數鸞堂可見，喜善堂發展過程中，從最初扶鸞地點福龍宮，遂後遷至堂生吳金能家中，乃至於現址，共歷經三處，職是喜善堂的正主筆司由吳家文衡聖帝擔任，與處所借用有關。喜善堂正、副鸞務監察神由黃家城隍尊神與林家清水祖師分別擔任，從發起創建喜善堂的林德旺、林古木、林古來、吳金能、蔡黃元等人，發現林姓家族與喜善堂的設立密切相關，從 1958 年設鸞初期的堂生名單，可了解當時喜善堂內的家族勢力（參見表 3-3）：

48　林美容，《高雄縣民間信仰》，頁 220。
49　參見附錄 10「明德社喜善堂各科善書恩師更迭表」。

表 3-3　喜善堂設鸞初期堂生名單

職務	姓名	職務	姓名	職務	姓名
堂　主	林德旺	副　乩	陳英雄	堂　生	高　復
副堂主	林古木	唱　鸞	吳世元	堂　生	吳楊金葉
總　務	吳金能	錄　鸞	林古木	堂　生	陳清順
正　乩	蔡黃元	把　門	林明章	堂　生	陳　亂
正　乩	林古來	司　香	林章盛	堂　生	黃信雄
正　乩	林天送	效　勞	林劉不纏	堂　生	黃翠玉
副　乩	黃居和	效　勞	王美玉	堂　生	黃美珠
副　乩	黃健義	堂　生	何金莖	堂　生	陳月花
副　乩	林惠賓	堂　生	蔡黃鄭蕊	堂　生	黃麗華

資料來源：不著撰人，《儒宗明燈》（高雄：鳳邑明德社喜善堂，2011），頁 3-4。

　　林姓家族參與人員最多，共計 8 人，黃姓次之，計 7 人，可見喜善堂初期的發展與林、黃二姓家族的參與有關。林美容的調查中，提及鳥松早先以陳、林、黃三姓為主，黃家在日治時期的鳥松地區擁有相當多政經資源，如黃朝宗曾擔任過保正一職，皇民化運動時，福龍宮的神像皆藏於該人家中，其兄黃安心為大地主，戰後福龍宮的設建與黃家有莫大關係，喜善堂創建時寄祀於福龍宮亦與此有關，可以了解黃家在地方上與聚落信仰有強烈的影響力。再者，林德旺亦曾擔任過鳥松鄉長一職，亦不可忽視林家在戰後的政治實力。以此思考喜善堂為何增設正、副鸞務監察神二職並由私家神祇擔任，筆者認為，其中與家族在地方上或聚落上擁有莫大的地方資源，不過，私家神祇派任恩師，仍是以該家族有無參與鸞堂信仰為前提。

　　綜括所述，鸞堂恩師的派職主要具備三種特性，信仰的聚落性、共通性，以及聚落居民的信仰認同等，通常具有此三者的神祇，以聚落公廟神祇為主，然而鸞堂在發展過程與聚落的強烈聯結，透過信仰關係所達成，以此強化鸞堂在地方上穩固的發展，有時也可以看到地方家族的信仰存在

鸞堂之中。鸞堂信仰雖屬民間教派，係小眾信仰，然鸞堂祀神有著強烈的聚落居民的信仰投射，在這樣的的信仰思維下，鸞堂與地方公廟的「共神」即是自然產生。

三、從《明道》神職文看鳳山地區地方公廟神祇位階觀念

地方聚落或地方神祇理應不該有位階高低之分，然民眾對神譜的論述，並非由鸞堂等民間教派即可憑空虛造，應是受傳統道教「位業」觀念的影響。南朝陶弘景在《真靈位業圖》中，依排序座次建構道教仙譜，將神祇排定等級，往後歷代更有諸多民間神祇被冊封、欽定，也都依循此例納入道教神譜。[50]故地方社會受此種思維影響並進行自我劃分、自我排序地方信仰位階之情事是可能存在的。

當鳳山地區鸞堂與地方公廟產生「共神」時，也說明一套「在地」的神學論述正在悄悄形塑中。或許我們很難從單一座鸞堂的祀神描繪這一套神學論述，若是從十一鸞堂聯著的《明道》〈神職文〉中，也許能夠提供了解鸞堂與地方公廟，如何形塑在地神學論述的背景。

《明道》在神祇的派職上，與各鸞堂的「恩師」職稱無異，僅是正、副主席，改稱「正、副主理」，因十一座鸞堂聯著緣故，十一堂正、副主席全數派任正、副主理。觀察十一鸞堂正副主席為地方公廟者，僅有清德堂五福大帝（養靈堂）、龍成宮天上聖母

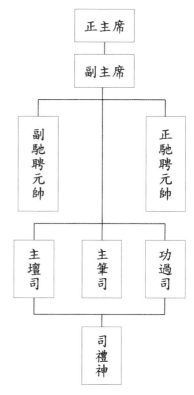

圖 3-8　鸞堂恩師位階示意圖。
資料來源：筆者繪。

50　劉仲宇，《中國民間信仰與道教》（臺北：東大圖書股份有限公司，2003），頁 45-76。

（啟成堂正主席）、清水祖師（啟成堂副主席）、雙慈亭天上聖母（挽善堂副主席）、八隆宮池府千歲（喜善堂副主席），其餘鸞堂正、副主席均非地方公廟神祇。在正、副馳聘方面，也以非地方公廟的南天天君、元帥任之。主筆、主壇、司禮等神職則由地方公廟神祇擔任。[51]

依鸞堂的見解，一堂主神為正主席，副主席輔之，是所有神職最高者，故而派任二職之神，其神格自然不會低於其他恩師，故神職文的降鸞，也是依照這樣的認知進行，那麼鸞堂神祇的派任即會產生四種位階，最高者為正、副主席；其次是正、副馳聘；第三，主筆、主壇二司，第四，司禮神。故何種神祇擔任何種職務，即有著明顯的位階觀念。

鎮南宮孚佑帝君、龍山寺觀音佛祖派聯堂主筆司，文衡殿文衡聖帝、開漳聖王廟聖王派聯堂主壇司，乃鑑於建廟歷史悠久、與聚落祭祀範圍愈廣者，則為聯堂派職的先決條件。依建廟時間而言，僅鎮南宮建廟不是在清代，其餘三者均建於清代，故而此三廟之信仰影響度甚廣。龍山寺其祭祀範圍幾近全鳳山，而文衡殿與開漳聖王廟更有俗諺「金關帝，銀聖王」說明廟產情況，鎮南宮則是祭祀範圍多達 9 個行政里。可見鳳山居民對於地方廟宇及信仰等關係已是固有觀念思維，鸞堂善書對於神職的派予，只是再做明確的建構。

《明道》「功過司」該職乃由鳳邑城隍擔任，傳統漢人對城隍均有燮理陰陽的思維，因此城隍可記錄凡人功過，作為亡故後魂歸何處的依據，鳳山城隍廟又謂「新治城隍廟」，受鳳山有舊新二治之故，也屬官建祀典。普遍言之，鳳山民眾深信，凡人過往定先至新治城隍廟，由城隍爺斷其功過。再者，鳳山城隍除派《明道》功過司一職外，亦是舉善堂脈絡下各鸞堂的功過司，這顯然也是受到故有思維的牽引。《明道》有 6 位司禮神，唯靈善堂原司禮神就地派任以及城德堂廟宇佚失，其餘四廟均是各聚落的公廟，西園宮為白大路公廟、鎮安宮為田仔下公廟、北極殿為竹仔腳大廟、清德堂為南門公廟。這些司禮神的所屬廟宇也緊鄰當時十一聯著的場地「靈善堂」，符合司禮神職能，接待三山五嶽聖神降鸞。

51　參見附錄 11「聯著《明道》恩師一覽表」。

　　以信仰的面相，將聚落的信仰納入鸞堂信仰，係欲使聚落居民對鸞堂信仰產生認同，並接受、參與該信仰，可看出鳳山的鸞堂積極想與地方社會建立關係。藉由《明道》這種單一地區的大型聯合著書活動，顯示地方神祇的位階，並非是鸞堂單向性的操控，而是依循堂生原有的信仰慣習，也就是地方信仰本來即有這樣的神祇位階的信仰觀念，只是沒有很明確的表現而已，藉由聯著《明道》將這樣的信仰思維凸顯。

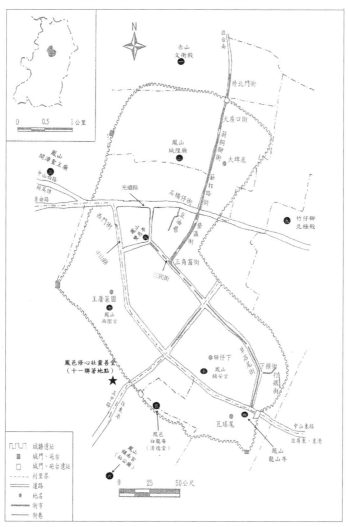

圖 3-9　聯著《明道》所派恩師，其寺廟所在分布圖。
資料來源：施添福總編纂，《臺灣地名辭書（卷五）：高雄縣第二冊》，
　　　　　頁 326，圖 17-3「鳳山城內地名的分布」為基底繪製而成。

第三節　地方菁英的鸞堂參與及其模式

從十一鸞堂奉祀的神祇（恩師）有著地方性格，可知悉聚落、公廟與鸞堂三者的關係程度甚為縝密，這是以聚落居民的公共性作為基礎，卻也難掩各聚落發展與地方菁英（家族、團體）有著密切關係，地方菁英通常在地方上擁有強烈的影響力。「地方菁英」廣義界定並不侷限其身分，主要係以行為模式做限定，通常指個人或家族在某一地區，透過策略支配物質性的土地、財富等，或是有象徵性的地位與聲望。簡言之，所謂的「地方菁英」也就是地方上的領導階層。觀察十一鸞堂的設立及後續之發展，均能看到菁英階層參與，這些菁英鮮少有跨地區的情形，大多為在地的鄉紳、政治人物、商人、地主，乃至於有聲望的人士。初步了解這些菁英發現，或多或少都有跨領域參與，只是參與度的深淺而已，因此歸納以下三種類型：政經、文教與其他（跨信仰參與），說明地方菁英如何參與鸞堂信仰，透過鸞堂參與何種公共事務，以及地方菁英在鸞堂與聚落之中的角色為何。

一、政經型地方菁英

雖然清領初期臺灣，基於移墾的社會型態，地方菁英並無顯著追求功名的現象，但在拓墾日漸完備與政府需要地方人士協助基礎公務時，非正式結構的政治體系開始運作，地方菁英也逐漸進入此體系之中。到了日治時期，政府甚至將具有經濟實力的家族（個人），以「紳章制度」進行政治上的攏絡，[52] 賦予政治身分，故研究上常把政治與經濟放在一起討論，這也是本文將二者歸納為同一類型的原因。戰後，國民政府實行戒嚴且一黨獨大，政治氛圍嚴肅，但對於基層型（鄉鎮長、村里長、議員等）的選舉仍是定期舉行，鳳山地區也有許多領導階層透過選舉成為具有官方身分。此外，亦有經濟色彩的地方菁英或家族，參與鸞堂設立並影響鸞堂發展。

政治型地方菁英的鸞堂參與，在鳳山甚為普遍，職位最高者有高雄縣議長，次之則有鄉、鎮首長、議員，最後，鄉鎮民意代表與村里長最多。

52　賴盟騏，〈彰化縣政治菁英之研究（1945-2007）〉（臺北：文化大學史學研究所博士論文，2009），頁 57。

但政治職務的高低並不能反映鸞堂參與程度的深淺，此類型的地方菁英，絕大多數，僅保持自身鸞堂的參與，之中能有調和鼎鼐者，唯有黃鐘靈先生一人。黃鐘靈為靈善堂第三任堂主，此期間亦擔任鳳山鎮長之職。此外，鳳邑儒教聯堂的倡設與黃堂主也有密切關係，從《鳳邑儒教聯堂概況、繳書建醮各種疏文藍本》可以了解黃鐘靈的角色：

> ……在初創期間有靈善堂堂主黃鐘靈、堂生陳振芳二位共同協力拜訪邑內友堂，幸得各堂讚同，選擇靈善堂為聯著適當地點，又受各堂虔誠合著完竣……。[53]

從上文得知，十一鸞堂的聯著，黃鐘靈扮演了非常關鍵的角色，也因黃氏為靈善堂主與該堂為發起鸞堂的關係，所有鸞堂均願意將著書地點擇於靈善堂，促成了聯著，更影響後續鳳山地區鸞堂的發展。

　　多數鸞堂皆有政治菁英的參與，職務從村里長、民意代表乃至議員與鄉鎮首長等，這些政治菁英在各自鸞堂內也都擔任要職，[54] 說明鸞堂在發展過程中需要政治菁英的幫助。不過，這僅是鸞堂單方面的需求，針對政治菁英為何願意參與相對小眾的鸞堂信仰等疑問，似乎無法清楚解釋。戴炎輝曾以村庄之對外關係，討論清代分類械鬥常以聚落為自主群體，各群體具有強烈的排他性，為了爭取自我群體利益，械鬥則是捍衛利益方式之一。戴氏並指出，村庄就對外關係言之，由村庄之長或董事代表之，這些代表往往皆由村民委任，為捍衛聚落權益，遂而組織自衛團體，並以信仰作為結合的核心，表面係是祭祀共同神祇的神明會，實際上是一種自衛團或村庄聯合組織。[55] 承戴炎輝所指，大致可以了解，這樣的自衛團體，抑或稱村庄組織，係由頭人、居民、信仰等三方面相互所建構而成，透過這樣的模式建立聚落政治的雛形。

53　不著撰人，《鳳邑儒教聯堂概況、繳書建醮各種疏文藍本》（高雄：鳳邑儒教聯堂，1979），頁 1。

54　參見附錄 1「鳳山地區各鸞堂政治菁英一覽表」。

55　戴炎輝，《清代臺灣之鄉治》，頁 177。

　　「選舉」係臺灣社會最為快速能夠參與政治的方法，透過「選舉」躍身「正式結構」的政治階層。掌握聚落最直接的方式，即是掌握聚落公廟（信仰），藉由此模式進入聚落政治核心領域，成為聚落居民認同對象，再透過選票，晉身成為具有實質影響力的政治菁英。可以推想地方菁英從政動機，可能想透過掌握實際的權力幫助地方解決困境，也可能藉由地方的參與，尤其是信仰上，以此鞏固選票來源，以利自身。在鸞堂信仰蓬勃發展之下，政治菁英不僅參與以聚落居民信仰為主的地方公廟，甚或參與鸞堂成為堂生，也是將這樣的信仰行為，視作參與地方事務的表現。

　　鸞堂成員以所在聚落居民為主，與聚落公廟相同，也來自社會各階層，亦係士、農、工、商均有，然而鳳山地區在政治菁英實質影響力牽引之下，有特定族群加入特定鸞堂的情況。如靈善堂在鳳山地區被多數鸞堂信仰者視為「公所系統的鸞堂」，該堂諸位堂主中，有兩位曾經擔任過鳳山鎮長，分別為丁添與黃鐘靈，丁堂主的鎮長任期 1948 年 11 月起至 1951 年 6 月止；黃堂主則是 1960 年 3 月 1 日起至 1968 年 3 月 1 日止，共兩任。[56]

　　雖然靈善堂曾有兩位堂主擔任過鎮長職務，也不至於產生「公所系統的鸞堂」的指稱與認知，而這樣的說法，實因靈善堂的堂生中，在鎮公所上班的公務員比例較其他鸞堂高。以筆者祖父兄長邱松齡為例，其為赤山居民，常理應選擇離家較近的鸞堂，不過邱松齡卻進入靈善堂並擔任該堂正鸞生一職，主因是邱松齡當時任職於鎮公所，受到丁添、黃鐘靈等人的影響。[57] 可知政治菁英透過自身的鸞堂參與，連帶影響他人參加的意願，十一鸞堂之中以靈善堂情況最為顯著，堂主具有鎮長的身分，驅使鎮公所職員參與靈善堂，這係因為政治菁英在無形之中發揮了實質影響力，並且創造出讓民眾願意參與的氛圍。

　　經濟型菁英方面，以「東茂製材行」最為顯著，鳳山地區的五福大帝信仰，以養靈堂的發展與「東茂製材行」有極為緊密關係。「東茂製材行」是

56　彭三光主修，《鳳山市志》（高雄：鳳山市公所，1987），頁 505。

57　誠心社明善堂正鸞邱明道先生口述，於 2012 年 5 月 19 日進行訪談。

王雲額家族所有，王雲額為澎湖人，日治時期至臺灣本島發展，現今養靈堂主王文鴻為其侄子。鳳山地區主祀五福大帝信仰有三座寺廟：1. 清德堂；2. 清和宮；3. 城德堂，不過這三間廟宇的源起從何而來不得而知，而養靈堂與清德堂為同一系統。從〈鳳邑白龍庵沿革碑〉可以了解其中關係為何：

> ……本庵前身如意開基清德堂，寄居王家廳堂，施方濟世以來，神威顯赫，皈依奉敬紳民接踵而至，因此民國四十三年眾議欲一請旨開設鸞堂，幸蒙恩准，賜號明新社養靈堂，因每期迎神接聖，感陋堂難堪如鳥無巢，民國五十三年於是建廟堂之議決矣，幸蒙東茂製材工廠王文鴻、王雲額、王雲奢等捐獻建地一百八十坪，又蒙四方賢達傾囊厚授即告完竣。……直至民國七十八年政府開闢道路，廟庭被徵收變成道路，且拜亭被拆，頗覺路窄。往後恐不敷使用，經許坤銘、李金定發起重建廟宇，其後信徒決議由委員會策劃，許坤銘監造施工，將舊廟拆除改建為三層樓，……本庵三樓主祀五福大帝，二樓奉祀，恩主乃是扶鸞闡教之聖地……。[58]

可知白龍庵發展過程與王雲額家族密切相關，清德堂早先設於王家廳堂，後來在同一處所又設鸞堂「養靈」。從清德堂發展之初，即納入鸞堂於其中，因此清德即是養靈，養靈即是清德，在鳳山地區稱這樣的信仰型態為「廟堂合一」。

　　根據養靈堂主王文鴻表示，清德堂五福大帝最早是採「跟爐主走」的信仰型態，並無固定處所，直至王雲額先生擲到爐主才「定居」下來，欲興建廟宇之時，王家將土地獻給五福大帝，才慢慢地發展至現今的樣貌。早期養靈堂堂生的來源與結構，除了聚落居民之外，另有移居在鳳山的澎湖移民以及與「東茂製材」有關聯者，如商業往來親戚等。[59]綜觀以上可以確定，養靈堂的發展與王雲額家族有相當大的關係。王家透過同聚落、同為澎湖移民、同是商場合作等關係，吸引或影響他人進入鸞堂，進而成為鸞堂信仰者。

58　不著撰人，〈鳳邑白龍庵沿革碑〉（高雄：鳳邑白龍庵，1991 年 11 月 29 日立）。
59　鳳邑明新社養靈堂主王文鴻口述，於 2012 年 11 月 30 日訪談。

綜觀以上，雖然僅係簡單列舉幾個最顯著的代表人物，透過討論可以看出政治與經濟兩種類型的地方菁英，雖然參與的身分不同，模式上皆有藉由高同質性的生活背景進而影響他人參與鸞堂。由於鸞堂擁有嚴謹的組織規範，且何人擔任何職，皆是恩師派任。雖然多數的政治菁英會被派任堂主、副堂主之職，不過這些人在擔任該職前，也都由其他職務作起。

二、文人型地方菁英的鸞堂參與

早期鸞堂研究，相當關注傳統文人的參與，其中以日治初期傳統文人動態討論最多，認為地方文人參與鸞堂係一種延續傳統教育的方式。李世偉曾指出日治時期，政府壓抑漢文，關閉書院，以「國語（日語）學校」取代傳統漢文教育，傳統文人遂而積極參與文社、詩社、善社、鸞堂等儒教結社。李氏並透過史料的分析，說明鸞堂與儒教的關係、鸞堂儒家化的模式。[60] 另外也點出傳統文人以宣講、扶鸞作為參與鸞堂的模式，並以前者為主，至於為何以宣講為主要的模式，李氏認為傳統社會文盲者眾，仕紳利用宣講的方式進行社會教化，[61] 顯示傳統文人「經世濟民」的性格。

日治時期的政治情況與社會氛圍，鸞堂等儒教結社提供了傳統文人安身之地，鸞堂勸世的信仰本質與文人「經世濟民」性格契合，也能讓漢文有所延續。鳳山地區鸞堂信仰雖緣起於日治中期，但直至戰後，才有大規模的發展。如此情況令人對於傳統文人參與鸞堂的態度，是否有如李世偉等學者所認為的與政治上不得志，轉而透過儒教結社一展長才的情況產生疑問？對於文人型地方菁英以何種模式參與地方或鸞堂事務，亦是本文所關注的重點，以下試舉幾位具有文人色彩的地方菁英說明。

---

60 李世偉，〈日據時期鸞堂的儒家教化〉，《臺北文獻直字》124（1998 年 6 月），頁 59-80。另參見氏著〈清末日據時期臺灣的士紳與鸞堂〉，頁 111-143；〈日治時期臺灣的儒教運動（上）〉，頁 93-131；〈日治時期臺灣的儒教運動（下）〉，頁 43-82。

61 李世偉，〈日治時期臺灣的宣講勸善〉，《臺北文獻直字》119（1997 年 3 月），頁 111。

　　民國 47 年（1958）由養靈堂領導，舉善、靈善、樂善、明善、啟善等堂組織了鳳山地區第一個與鸞堂直接相關的宣講團體「鳳山地區宣講聯誼會」，並定期前往各鸞堂或地方公廟進行宣講。宣講聯誼會的成員以各堂宣講生為主，其中以歐陽維謀、洪秋祥、郭寶瓊、陳振芳等人參與度最高，而這個宣講團體的靈魂人物實為歐陽維謀。歐陽先生曾於戰後初期擔任過鳳山鎮協和里長，不過僅當一任，據養靈堂主王文鴻表示，歐陽維謀（澎湖移民）是一個「漢學先生」，曾開設私塾教授漢學，養靈堂設鸞與他有密切關係，對於政治並不熱衷，在十一鸞堂聯著之時，更奉派為聯堂唯一的「總校正兼主講」職務，顯示歐陽維謀在鳳山地區的漢學地位。鳳山地區宣講聯誼會更在鳳邑儒教聯堂成立之後，被納入了聯堂的宣講組織，從原本的六座鸞堂，晉升成十一座鸞堂的宣講團體。

　　根據《鳳邑儒教聯堂概況繳書建醮各種書文藍本》記載了關於文人菁英參與寺廟募捐的情況，其內容如下：

> ……旋于民國五十三年，歲次甲辰年，東山鄉崁頭山孚佑宮重建，受南天關恩主指示，指派本聯堂協善堂鄭榮生、靈善堂陳振芳、樂善堂洪秋祥、喜善堂吳萬吉等四人，為孚佑宮顧問之職協助募捐，至民國五十四年，歲次乙巳年桐月十六日入火安座，並聘本聯堂之男女經生協助參加盛典……。[62]

聯堂參與臺南東山鄉孚佑宮的重建募捐工作係由關恩主指示，而指派的人員在各鸞堂中亦擔任唱鸞、錄鸞、宣講等職，具有相當的文人色彩，如此指派的主因實難得知，筆者推測與這些人員長期進行巡迴宣講有關。長期以來的巡迴宣講，累積與地方公廟交涉的經驗，知悉如何與地方公廟進行溝通，以此表達聯堂願意參與孚佑宮的重建經費勸募，使聯堂得以參與此重建工程，建立跨區域網絡聯結。

　　而文人菁英的鸞堂參與，最普遍也最基本的即是扶鸞相關事務。扶鸞儀式除正鸞生之外，從恩師派予文人菁英唱鸞、錄鸞二職，可以了解其重

62　不著撰人，《鳳邑儒教聯堂概況繳書建醮各種書文藍本》，頁 2。

要性，鳳山地區文人菁英參與鸞堂基本上擁有強烈的功能性，以自身所具備的漢文素養，來強化鸞文的文學性，校正生主要負責校閱鸞文，通常在著書期間才派任此職，鸞堂藉由扶鸞創作文章，而鸞文的檢校則依靠文人菁英。也因文人其學養背景，多數奉派為錄鸞生與唱鸞生之職，也因為六部生中以此二職接觸鸞文的頻率最高，故多數亦兼任宣講之職，以此可以了解錄鸞、唱鸞、宣講三種職務的共同特性與其中關聯。

文人菁英以文學功能參與鸞堂運作，透過成立宣講團體，巡迴各鸞堂與寺廟宣化聖諭，勸人為善，經由這樣的模式，吸引非鸞堂信仰者了解鸞堂信仰意涵，不過成效難以量化。訪談過程中，許多信仰者對鸞堂發展面臨困境皆有所感，認為早期農業社會民眾日出而作、日落而息，娛樂相當少，參與鸞堂成為了一種排解無聊的方式，一方面經由參與鸞堂修養生性，另一方面親朋好友同在鸞堂內，藉由鸞堂聯絡感情，巡迴宣講的活動在早期盛行因素亦在於此；但由於社會發展，娛樂漸多，宣講活動也日漸衰落，因此目前鳳山地區的鸞堂已無組織團體巡迴宣講，僅是各堂的宣講生在各自鸞堂宣講。

三、「跨信仰」參與的地方菁英

細究鳳山地區的鸞堂菁英，或多或少有身分的重疊性，同時具有政經與文人兩種類型，不過著重發展不同，在地方上對菁英類型認定而有差異，如養靈堂的歐陽維謀，同時具有政治與文人身分，但鑒於歐陽維謀在鳳山的漢文傳承具有貢獻，故多數人視其為文人。在鳳山多少可以看到地方菁英除鸞堂的參與外，也著重跨教派的參與或合作，也有地方菁英參與鸞堂及地方公廟事務。

鳳山地區具有跨教派參與的地方菁英，最顯著代表為鄭榮生，曾任協善堂主。鄭家是五甲聚落之望族，在五甲聚落常可見鄭氏家族參與地方事務，五甲庄廟龍成宮以及協善堂的倡建，也與鄭家息息相關。鄭榮生對信仰相當虔誠，不過受人關注的，不是他在鸞堂的參與，而是皈依齋堂「心德堂」後的相關活動。心德堂建於大正14年（1925），並設在協善堂後方，

亦謂協善堂的「後殿」，在齋教系統屬先天派，鄭榮生晚年致力於心德堂的發展，並四處協助齋堂設建，被視為南臺灣先天派代表人物。鄭堂主雖然對齋教有相當貢獻，但對鸞務的助益也不能小覷，在鄭榮生的自述中言道：

> 民國五十二年，暮春，恭謁林邊靈善堂，適先父監察天君鄭，登鸞
> 降筆，諭余曰，囑兒知之，……故父親果位，在世幸蒙恩主點醒，
> 同諸善友開堂辦道，而今爾善繼父志，教訓子孫，廣行善事，猶似
> 助父也，亦是天倫之樂矣，後日父子在於南天門相會，記之。[63]

鄭堂主自述，說明自身何以開堂辦道，透過引文了解，鄭堂主對鸞堂信仰極為虔誠，透過其父親登鸞降筆，並將囑咐之事奉為圭臬，陳述於其中，顯現鄭堂主對鸞堂的飛鸞闡教具有一定的認同，這也表現在鸞堂的聯著善書的活動。依照蒐集的善書觀察，五甲地區的兩座鸞堂協善與啟成，多以聯著方式進行善書著造。

表 3- 4　五甲地區鸞堂各科善書

書名	類型	著造形式	參與團體	頒行時間
苦海南針	善書	獨著	協善堂	1947.2
育生金鑑	藥書	聯著	協善堂、心德堂	1949.2
心中寶	善書	聯著	龍成宮、協善堂、心德堂 啟成堂、心吉堂、至誠堂	1955.6
普度金篇	善書	聯著	協善堂、龍成宮、心德堂 啟成堂、心吉堂、警善堂	1965.10

資料來源：1. 不著撰人，《苦海南針》（高雄：五甲協善堂，1947）。
　　　　　2. 不著撰人，《育生金鑑》（高雄：協善堂、心德堂，1949）。
　　　　　3. 不著撰人，《心中寶》（高雄：龍成宮、協善堂、心德堂、啟成堂、心吉堂、至誠堂，1955）。
　　　　　4. 不著撰人，《普度金篇》（高雄：協善堂、龍成宮、心德堂、啟成堂、心吉堂、警善堂，1965）。

63　鄭榮生，〈自述〉，收錄於《醮刊》（高雄：鳳山協善心德堂，1971），頁 13。

　　五甲地區的著書活動以聯著方式最為盛行，其中也跨越了鸞、齋兩種教派的閫膜，在鳳山地區聯著善書均以鸞堂信仰作為基礎，難有跨教派聯合著造善書，這種模式也是鳳山地區少見。這與鄭榮生篤信鸞齋的信仰有關，也因為鄭榮生的身分具有望族、協善堂、心德堂等堂主職務，在這樣的情況之下，契肇了跨教派合作的可能性。

　　「跨信仰」類型中，以同時參與鸞堂及地方公廟者最多，不過能同時擔任鸞堂及地方公廟要職者較少，最顯著者有洪秋祥、辜慶堂以及邱松正。洪秋祥曾擔任樂善堂主，並在民國 54 年（1965）擔任鳳山天公廟主任委員一職；辜慶堂為明善堂正鸞生，於民國 79 年（1990）任鳳山天公廟主任委員，並在該廟民國 85 年（1996）組織改制後擔任董事長；邱松正亦為明善堂正鸞生，後擔任該堂副堂主，並任赤山文衡殿董事長之職。

　　鳳山天公廟，在盧德嘉的《鳳山縣采訪冊》有如此記載：「玉皇宮（額『靈霄殿』，俗呼為天公廟），在登瀛街，大小九間，創建莫考。咸豐三年董事林港河等重修。」[64]，日治初期時，該廟係由前清秀才林靜觀負責管理，直至戰後才成立管理團體，洪秋祥為天公廟第二任的主任委員，但並非該聚落居民，為何能成為該廟的主委，其因與樂善堂的堂生有關。樂善堂有部分堂生為天公廟附近居民，另外更有許多堂生在天公廟周圍的市場擺攤，早先天公廟皆需仰仗市場攤販維護周邊的事務，慢慢地樂善堂與天公廟之間無形中也形成了一種互動的關係，其中樂善堂生有人進入天公廟擔任職員，如該堂正鸞生吳天杞、洪秋祥亦進入管理組織。洪秋祥擔任主任委員期間，樂善堂與天公廟的互動更加頻繁，天公廟全年的祭典，舉凡廟內神祇誕辰、祈禳消災等，多由樂善堂負責，當時鸞堂負責地方公廟祭典的狀況，皆以鸞堂負責所寄祀的廟宇為主，天公廟並無任何鸞堂寄祀，因此洪堂主擔任主任委員之時，即號召該堂堂生從事科儀，可數少見，正因如此也開啟了鸞堂科儀普遍見於鳳山地區的現象。

64　盧德嘉，《鳳山縣采風冊》，頁 164-165。

　　此外，在辜慶堂任職天公廟董事長時，全年的祭儀中，增加「送疏灰」儀式。送疏灰源自鸞堂著造善書科儀中的「送書灰」，「送書灰」乃源於清代傳統書院的「送字灰」、「送聖蹟」等風俗，主要是受華人社會「褻字招禍，敬字招福」的價值觀。[65]「送疏灰」，顧名思義係將疏文灰燼送走，儀式形成的肇因，係天公廟全年祭儀甚多，除神祇誕辰使用的「祭聖文疏」外，每月初 1、15，有大量民眾前往進行消災，消災需備有疏文，焚化疏文的灰燼則需審慎處理，故而援用鸞堂「送書灰」儀式進行「送疏灰」，兩者在科儀儀式完全相同，僅在物件不同而已。每年開春，天公廟即選定日期送疏灰，廟中雖已有誦經團，也另聘請其他鸞堂人員協助，所有儀禮亦按照鸞堂的祭儀進行。

　　從洪秋祥與辜慶堂兩位地方菁英，可知天公廟發展過程中，在科儀方面受鸞堂影響甚深，然而邱松正的狀況與洪、辜二位不同。邱松正世居赤山頂頭仔，民國 77 年（1988）文衡殿重建，擔任該廟的董事長。文衡殿為赤山庄廟，戰後文衡殿香火並不鼎盛，平時甚少庄民會前往祭拜，收支並不平衡，難以維繫該廟經營，民國 43 年（1954）明善堂設鸞寄祀於該廟後，該廟的管理與收入皆仰仗堂生的捐獻，直至文衡殿重建完成，組織重組才有改變。在文衡殿重建期間，明善堂也面臨何去何從的困境，綜觀十一鸞堂多數會另擇土地建造獨立堂所，或是借用堂生家中扶鸞，明善堂則是借用赤山角頭廟「文農宮」空間進行扶鸞，這其中有幾項因素：第一，堂生多數為赤山頂頭仔人，文農宮即位於頂角頭，如此堂生來往更為方便；第二，文農宮神農大帝原為邱家祖佛，文農宮的創建與邱家密切相關。在這些因素中，邱松正扮演角色相當重要，也是造成明善堂仍有空間繼續扶鸞闡教的原因。

　　文衡殿重建即將完成之時，明善堂更面臨到能否重回文衡殿的困境。當時曾傳出，庄內部分民眾不願讓明善堂回至文衡殿的聲浪，牽涉赤山庄

65　邱延洲，〈鳳山地區「送書灰」儀式之初步考察〉，《高雄文獻》3：3（2013 年 9 月），
　　頁 111-126。

兩個角頭的爭執，下頭仔的居民認為，庄廟是公，而鸞堂是私，但時任董事長的邱松正在會議中，以文衡殿在重建前，廟中所有開支皆由明善堂支應，使反對的庄民啞口無言，也讓明善堂重回文衡殿。依此可知，邱松正的跨信仰參與，讓鸞堂與地方公廟更加緊密，形成密不可分的情況。

據明善堂正鸞生邱明道表示，當時這些鸞堂的經生多會聚在一起消遣娛樂，如泡茶、聊天等，以此聯絡情誼，有科事也會相互通知。各堂活躍於鳳山地區的經生中，有邱松正、邱松齡、李皆得、吳天杞、林美玉等人，這些經生分布於各鸞堂，有以此作為職業者，有的則另有工作，將演經視為兼職。演經在鳳山地區被認為是一種「賺食（tsuán-tsiah）」，大多以喪葬科儀為主，透過這些經生相互支援，互相告知「攤頭（thuann-thâu）」，無形中也聯結鸞堂間科儀交流，甚至跨教派的互動，如邱松正的演經班底有寶善堂堂生，寶善堂屬齋堂系統的金幢派，藉由「賺食」的模式，也產生鸞堂與齋堂之間的科儀互動，亦有相互支援的情況。地方菁英的跨信仰參與，使鸞堂發展更深根在地，透過地方菁英的身分讓鸞堂能與聚落有緊密互動與聯結，以致相輔相成的發展現象。

第四章 禮尚往來，往而不息：
鳳山地區鸞堂的社會網絡

「社會網絡」的建立及其後續維持，都需要穩定的互動關係作維繫，傳統漢人認為網絡關係的建立及維持，主要是「禮尚往來」的觀念所致，也纔能「往而不息」。藉由這個題引，揭開鳳山地區鸞堂如何展開且維持社會網絡，說明鸞堂之間、與地方公廟、與民眾有怎樣的互動模式。鸞堂社會網絡也牽涉人群之間的互動關係，援引「祭祀圈」、「權力文化網絡」、「社會文化空間」等論述概念進行對話，思考鳳山地區鸞堂在網絡互動的結構性問題，進而思索鳳山地區鸞堂基於何種態度進行網絡互動，並說明鸞堂網絡以何種主要機制維持長期的互動關係。

第一節 鳳山地區鸞堂與寺廟、居民的互動

鳳山地區鸞堂的網絡互動，主要有鸞堂之間、與地方公廟、與民眾三類，基於性質上的差異，雖有共同互動模式，但也存在相異來往的機制。然而就近人鸞堂研究的成果，關乎此點並無深刻的討論，本節將就田野觀察及善書文獻等，說明這三種類型的互動模式異同之處。

一、鸞堂之間的聯繫

王志宇曾指出，鸞堂之間是互相獨立的，活動上皆分開進行，雖有「母子」關係，卻無統屬的問題。這樣的網絡關係，最主要係人際互動的表現，在第一代的堂生凋零後，堂與堂之間漸行漸遠，第二代堂生若無適當管道交流，關係便會產生中斷。[1] 透過善書等史料的閱讀，發現鳳山地區鸞堂之間有著許多互動，而這些互動的模式，有的與其重視之慶典有關，透過慶典的參與達到網絡的聯繫，有的則是藉由非慶典的參與，建立彼此情感。

---

[1] 王志宇，《臺灣的恩主公信仰——儒宗神教與飛鸞勸化》（臺北：文津出版社，1997年），頁69。

　　鸞堂的獨立性格，使得彼此間不易有所互動，互動的前提是堂生與堂生的交往。鸞堂在鸞務的運作上，均係維護自身的獨立性，不希望外堂（他堂）介入，當然也不會介入外堂的鸞務運作，乃至「母子」關係的兩座鸞堂也互不干涉，故鸞堂之間斷無法從平時的鸞務進行交流。不過，藉由著造善書系列祭儀，是有可能進行鸞務上的聯繫，鳳山地區鸞堂著書型態有三：1. 獨著，由單一鸞堂獨力完成著造善書；2. 參著，單一鸞堂面臨無法獨立完成著書時，向母堂或友堂等外堂提出援助，外堂允諾之後，再向恩師稟報，恩師允可即確立該科金篇具有參著型態，不過參著的單位僅掛上主要請旨的鸞堂，外堂並無掛名；3. 聯著，由某一座鸞堂發起，邀集各鸞堂聯著，並聯合焚疏請旨，並共同完成聯著金篇。

　　三種著書型態，後兩者較可能形成鸞務上的交流，然而隨著著書活動結束，交流也隨之落幕。然而參著與聯著，如何產生鸞務交流，從明善堂著《衛道》〈南天文衡聖帝關降　諭〉可了解其中參著狀況：

> ……茲爾鳳邑誠心社明善堂，甲午之春由十三子開堂，堂生雖少，盛情不亞，是以丁酉開著正風，戊戌告竣，其頒世也，斯界齊譽，奈知之而學之者寥寥無幾，此雖世之弊習，然可嘆之也，自此由盛而衰，至王、鄭、沈等率諸新生之入為機，中興之象顯，此功可謂徹修等恆誠不怠之所來者乎，邇來頻接請旨金篇之報，唯顧及諸生現況，左右為難，幸知靈樂兩善堂師生之善意，如許主席之請，不浸東道之限，欽准智慧兩卿等之贊助，協著正風之續，以衛斯道……。[2]

《衛道》係明善堂第二科善書，在完成首科《正風》後，該堂發展遭遇瓶頸，雖然王德中、沈義、鄭真襲等率人加入該堂有了轉機，但有感現實，關恩主仍無法答應開著金篇之事，而靈善堂與樂善堂師生願意協助，才得以准許開著，並派兩堂的正鸞生吳天杞（智卿）與李皆得（慧卿）協著。藉由正鸞生的協助著書，確立了「參著」型態，靈善與樂善兩堂參著《衛道》金篇的人員不

2　不著撰人，《衛道》，頁 12-13。

只有正鸞堂生，兩堂的六部生也參與其中。著書期間明善、靈善、樂善三堂即可對於鸞文的校正事宜，相互提出看法，進而在善書的編輯上有所交流，這是團體性的參著。

另外，亦有個人性質的參著，如靈善堂著造《法輪》時，有啟善堂、養靈堂等堂生以個人名義參著金篇，由於是個人名義，故在該書並無提及所屬鸞堂，參與者有啟善堂黃海含（奉派顧問）、黃捷（奉派外務助理）以及養靈堂王文鴻（奉派唱鸞兼錄鸞生）等人。[3] 這雖然是一種個人的行為，不過著書鸞堂亦會派予職務確立該人於該科金篇的身分，從三人的職務知悉，在著書期間都扮演相當重要的角色，這是試圖憑藉個人與鸞堂的關係，拉近與聯繫鸞堂之間的情誼。

「聯著」方面，以十一鸞堂著造《明道》善書最為盛大，綜觀鳳山地區其他聯著情形，尚無十一聯著的盛況。基本上，十一聯著乃為鳳山地區鸞堂統合工作的基礎作業，欲憑藉聯著達成組織鳳邑儒教聯堂，就其分衍脈絡，即有三個系譜之鸞堂，且各鸞堂分布範圍含括整個鳳山地區及部分鳥松地區，其中若無強烈的聯結關係，是難以組織的。實際促成聯著《明道》的主要因素，除修己利他等建立功德等觀念影響外，亦有各堂達成共識，協調以採用輪流扶鸞模式。即每期扶鸞由各堂輪流，如當期輪值舉善堂，則期六部生及堂生則至效勞，其餘鸞堂可以不到，作法相當彈性。

鸞堂之間欲維持長期的鸞務聯繫實屬不易，各自鸞堂對鸞務的堅持，不允許外堂介入本堂的運作，故不論是參著抑或是聯著，在著書結束之後，這種鸞務的聯繫立即終止，不過堂生仍會以自我的人際網絡，從事非團體性的鸞堂互動；換言之，即是堂生與堂生之間的人際交流。觀之明善堂《衛道》與其他小型聯著的著書型態，表面上是鸞堂彼此之間的網絡關係，實際上是一種人際互動的延伸。

3　不著撰人，《法輪》（高雄：鳳邑修心社靈善堂，1989），頁 14～21。

明善堂與靈善、樂善兩堂的來往，主要建構在堂生之間的人際網絡，樂善堂最早設鸞於赤山庄，明善堂與樂善堂係因為地緣關係而有所來往，明善堂與靈善堂的往來與邱松正有關，邱松正年輕時期曾居住於靈善堂附近，受雇看守果園，果園主人即是靈善堂生，在此情況下，與靈善堂有密切互動；另外，其兄長邱松齡也是靈善堂的正鸞生，更拉近邱松正與靈善堂的互動關係，地域與人際關係也延伸至明善堂與靈善、樂善兩堂的互動，明善堂早期在進行相關祭儀時，均未向母堂舉善求援而是求助於靈、樂兩堂，主要是明善堂與此二堂的人際網絡較於母堂來的緊密。另外，協善堂與啟成堂多科善書的聯著型態，係以地緣與母子堂兩種關係作為主要結構，而養靈、養生、養修三堂則完全以母子堂關係作為著書基礎。

無論著書型態以何種方式作為聯結的架構，其主要因素皆與地緣、人際網絡有莫大關聯，表面上多少有著鸞務的聯結與互動，不過這種互動關係是短暫的，人際網絡才是具有長期維持鸞堂之間來往的基礎架構。然而隨著前一代堂生的殞逝，鸞堂間的來往可能隨之結束，那麼需要依靠何種模式，才能繼續維持之間的關係？

鳳山地區鸞堂藉由參與友堂的慶典，將人際網絡轉化為鸞堂之間正式的「交陪」，具有明確彰顯網絡互動的慶典有二：第一是著書系列祭儀的參與；第二則是參與友堂正主席誕辰祭典。前者在社會網絡的展現上較後者強烈，鸞堂只要奉旨著書乃至於繳書醮典所費的人力、物力甚巨，並非一座鸞堂可以完成，定須邀請友堂協助，但正主席的聖誕祭典雖然重要，但有些鸞堂在財力與其他狀況考量下，並不會邀請友堂參加，僅是由自身鸞堂舉行科儀拜壽而已，故而著書系列祭儀在鸞堂網絡的展現比鸞堂神祇誕辰祭典更為強烈。

著書系列祭儀能反映的鸞堂「交陪」者，以接詔儀式、科儀的協助、拜醮儀式做呈現，尤其科儀的協助最可反映「交陪」深淺；換言之，外堂能協助著書鸞堂繳書醮典的科儀，表示與著書鸞堂的交陪與關係甚深。鸞堂的繳書醮典一般以五朝醮為常態，醮壇以五壇最為普遍，如此情況下，如何

排定何座鸞堂負責何種壇位，鸞堂之間「交陪」深淺即成為考量的主要原因，這些事務的規畫則由堂主與司經負責。以下茲引明善堂《弘道》繳書醮典各鸞堂負責壇位，以了解鸞堂「交陪」情況：

表4-1　癸亥年（1983）明善堂《弘道》繳書醮典各堂獻供分配明細表

日程 壇位	農曆 5月2日	農曆 5月3日	農曆 5月4日	農曆 5月5日
天壇	樂善堂	喜善堂	明善堂	靈善堂
佛壇	靈善堂	樂善堂	喜善堂	明善堂
諸真壇	喜善堂	明善堂	靈善堂	樂善堂
先靈壇	明善堂	靈善堂	樂善堂	喜善堂

資料來源：誠心社明善堂正鸞生邱明道先生提供。

　　明善堂《弘道》繳書，各醮壇的早、午、晚獻供科儀乃由明善、靈善、樂善、喜善等堂輪流負責。此外，各堂也另負責其他經懺，而明善堂的母堂，雖然並無負責獻供，不過也負責了《梁皇寶懺》一至四卷的誥誦。[4] 明善、靈善、樂善三堂的關係，也反映在《弘道》繳書醮典的科儀，可以得知協助醮典科儀，能表現鸞堂之間交陪的深淺。

　　醮典科儀的協助與支援，雖然不是任何鸞堂都能從事，在有限的日程與醮壇考量下，以親疏遠近、來往深淺作為邀請前提，一座鸞堂在長期發展下，必定建立許多「交陪」網絡，邀請友堂參與接詔大典與繳書拜醮，是彌補其他無法協助科儀的友堂遺憾之故。在接詔方面，雖然主要以扶鸞作為儀式的主軸，著書鸞堂亦會邀請友堂觀禮，並於接詔結束後舉行拜詔，拜詔之時邀請各友堂的堂主擔任陪祭，以顯示鸞堂之間的情誼。

4　不著撰人，〈癸丑年明善堂弘道頒書（經部）時間分配表〉（高雄：鳳邑誠心社明善堂，未出版）。

鸞堂一開始的網絡發展，大致上多由人際關係開始，漸漸地延伸至鸞堂之間的交往，鳳山地區鸞堂之間並無法藉由鸞務而有長期互動，是因重視自身鸞務的獨立性之故，縱有參著、聯著等鸞務互動，但亦是短期性，隨著書結束，其互動也隨之落幕。因此鸞堂皆藉由慶典，將私下的人際關係轉化為鸞堂之間的正式「交陪」，其中以科儀的協助與支援建立鸞堂網絡互動的主要機制，以此來維持並防止堂生殞逝所造成的互動中斷。

二、鸞堂與地方公廟的來往

目前明確說明鸞堂與地方公廟互動情況的文章，有許玉河〈澎湖鸞堂之研究（1853–2001）〉以及王志宇〈地方菁英、村莊公廟與民間教派——以臺灣彰化縣田尾鄉聖德宮的發展為例〉兩篇。許玉河文中，敘述鸞堂與地方公廟的「文武壇衝突」，指出文武壇的領導者若為同一人或同一組人，二者之間的配合較為順暢且能和睦共存。反之，即可能造成相互競爭與猜忌，進而引發衝突。更以許家村的村長選舉為例，指出文武壇的衝突，造成村庄居民派系對立，就是聚落主神降筆調停也無法改變，遂而指示撤堂；[5] 相較王志宇〈地方菁英、村莊公廟與民間教派——以臺灣彰化縣田尾鄉聖德宮的發展為例〉的討論，雖然鸞堂與地方公廟之間有所衝突，卻未造成聚落居民形成派系與相互對立，而地方菁英巧妙運用風水之說，也讓鸞堂與地方公廟之間能共同發展。[6]

細究鳳山地區鸞堂與地方公廟的互動，十一座鸞堂各有模式，創立初期設鸞於地方公廟者有：協善、舉善、啟成、明善、啟善、挽善、喜善等七堂，其餘皆是設於民宅，上述七堂藉由寄祀，展開與地方公廟來往，不過多數鸞堂在搬離地方公廟後即結束這樣的來往關係。我們也可以觀察

5　在澎湖，鸞堂俗稱為「文壇」，而地方公廟內的法壇稱為「武壇」，武壇的主要成員為小法與乩童。參見許玉河，〈澎湖鸞堂之研究（1853-2001）〉，頁 85-91。

6　王志宇，〈地方菁英、村莊公廟與民間教派——以臺灣彰化縣田尾鄉聖德宮的發展為例〉，收錄於陳允勇總編輯《媽祖信仰學術研討會論文集．2011 年》（彰化：彰化縣文化局，2011），頁 91-104。

到，兩者互動關係的建立，其中一項模式係藉由地方菁英來穩定，地方菁英擁有鸞堂與地方公廟執事的雙重身分，有助於彼此往來更為緊密。然而這種互動關係也可能無法長期維持，倘若地方菁英不再參與其中一個信仰團體，那麼兩者間的來往可能漸行漸遠。觀之地方菁英的媒介角色，地方公廟需要科儀來進行例行祭典時，鸞堂科儀即成為首選，在金錢、人情、方便性等種種考量下，便不會聘請無淵源的教派執掌祭典。如樂善堂主洪秋祥在擔任鳳山天公廟主任委員期間，適時地將樂善堂的經部引進，並從事該廟的例行性祭儀。

目前多數鸞堂與地方公廟的互動日趨減少，甚至已有鸞堂與地方公廟是零互動。以養靈堂為例，鳳山鎮安宮主祀文衡聖帝，該廟主神誕辰的祭聖科儀與 7 月的中元普度常年皆為養靈堂負責，近年養靈堂以堂生短缺與堂生年邁無法繼續執掌科儀，而中止了互動。養靈堂總堂生數量不到 20 人，且平均年齡高達 65 歲，以這樣的理由中止與鎮安宮的科儀執掌，是可以理解的。[7] 鸞堂要與地方公廟維持長期性的互動關係相當不易，然仍有鸞堂極力維持及重建與地方公廟的互動關係。

如啟善堂倡設之時，商借聚落公廟「竹仔腳北極殿」充當臨時堂所，作為懇請上蒼下詔賜予堂號之用，不久就遷離北極殿，因此啟善堂與北極殿的來往不深。近幾年，有堂生建議因為該堂的主筆司即「北極殿玄天上帝」，欲透過「共神」的祭祀，重建啟善堂與北極殿的互動關係，並以恩師誕辰之時前往從事祭聖科儀，在雙方交涉的過程中，有達到初步的共識，鑑於北極殿另外已聘請誦經團從事科儀，啟善堂基於此點上而作罷。[8] 啟善堂有意重建與地方公廟的關係，北極殿雖然有初步允諾，但因為北極殿另有活動上的安排，致使啟善堂無法順利達成其意願。故而啟善堂未完成前去北極殿進行科儀，與北極殿的來往即無正式重建。

7　鳳邑明新社養靈堂主王文鴻口述，於 2012 年 11 月 21 日進行訪談。
8　鳳邑養心社啟善堂主黃海舍口述，於 2012 年 11 月 10 日進行訪談。

再如，民國77年（1988）文衡殿重建，明善堂前往文農宮，兩者關係更加密切，在祀神上增派文農宮神農大帝為司禮神，在廟務管理明善堂也適時提供協助，廟內的科儀也由明善堂負責。其實明善堂未遷往文農宮前，兩方早有往來，文農宮的管理委員大多是明善堂生，因此明善堂負責文農宮例行性祭儀其來有自，但並非正式的來往，自明善堂寄祀於文農宮後，才正式開啟互動關係。而文衡殿重建完成，明善堂遷回原址，與文農宮的關係依舊，至今並未中斷，甚至文農宮的慶典，如謁祖進香、刈水香、南巡等活動，明善堂也盡力協助。明善堂如此維持與文農宮之間的關係，第一、在於延續老一輩堂生的傳統，第二，回報當時文農宮借予處所之情。

觀之鳳山地區鸞堂與地方公廟的往來，大多皆由發展上的因素，而形成互動關係。鸞堂與地方公廟的來往，多欲以「科儀」作為穩定網絡互動的機制，這從上述例子中可以看見的，雖仍有因故中止「科儀援助」，但鸞堂還是有這方面意願的提出，顯現維持與地方公廟互動的企圖。

依一般地方公廟的慶典來看，主要以神明的出巡、進香、繞境等作為社會網絡的展現，有「交陪」的友宮、友廟，在此時皆會出轎、出陣頭，來表現彼此之間的交往情況。在鳳山地區，鸞堂基本上被信仰者認為是「教育所」並非廟宇，恩師僅是在扶鸞之時臨堂闡教，有關鸞堂系列祭典活動，也未有遶境、進香等地方公廟才有的活動，顯示了鸞堂信仰者在認知上是有區隔的，面對有來往的地方公廟有慶典之時，無法以出轎、出陣頭表示慶賀，而是以科儀作為幫贊。

三、鸞堂與民眾的聯結

鸞堂在鳳山地區密度甚高，民眾接觸鸞堂信仰的機會增多，在幾次友堂的慶典活動中，曾觀察到各堂堂生均有往來，但這種人際關係的形成，多數並非透過參與鸞堂後所建立，而是先前皆處於同一環境，如同學、同事等同儕關係，且雙方多不知悉對方是鸞堂信仰者；此外，也有堂生帶家人參與活動，而家人並不具有正式堂生的身分，但與某堂堂生具有同儕關

係，處於這樣的場合上，經常聽到「你也行堂喔！」諸如此類的話語，雖然近似招呼性質，顯示了鸞堂信仰者，雖然信仰鸞堂，但在友堂慶典參與度不高，形成同儕之間亦不知其堂生身分的問題。值得關注的是，堂生的家人並不具有正式堂生身分，透過陪同參與，使他人得知該人也有鸞堂信仰的背景，這樣的現象促使筆者思考「隱藏性信仰者」的存在。

有一類信仰者，因沒有宣誓而不具正式堂生身分，但或多或少有鸞堂信仰的背景，多是自己與鸞堂信仰沒有直接關係（不是堂生），卻又有間接聯結（家人為堂生），致使信仰定位十分模糊。藉由堂生與其家人、親友建立鸞堂的信仰傳播，可從陪同年邁雙親進堂參拜、以及考試前至堂祈求考運等行為看出係有受影響之事。體現堂生以親屬關係，影響自己的家人對於鸞堂有所了解，也形成了鸞堂信仰的範圍有所擴大的現象，建立起鸞堂與非鸞堂信仰者的聯結，鸞堂雖以「宣誓」來認定是否為正式堂生，但在正式堂生的背後，可能存在一群無宣誓的「隱藏性信仰者」。

鸞堂的儒家色彩，亦是與民眾產生聯結因素之一。唐宋以來的科舉制度，深刻影響現今華人社會，認為「萬般皆下品，惟有讀書高」，科舉成為了階級流動最主要載具，取仕型態一直到現在，也沒有過多改變。高中職入學考試，大學學測、指考，研究所考試，國家考試等種類琳瑯滿目，補習班隨之而起，漸漸形成「考試領導教學」的思維，讀書不再是充實內涵，而是為謀求生活。由於科舉考試的高度不確定性，明清以來，與科舉有所相關的神祇，如文昌、倉頡、魁星等信仰，也隨著科舉制度而盛行。鸞堂以儒教自居，自然會促使為求功名者前往禮拜，如鳳山地區的文衡聖帝、孚佑帝君、太白金星三位恩主，皆有儒家色彩。鳳山地區鸞堂為符合民眾的功名需求，基本上對民眾以求功名為目的之參拜動機並不排斥。多數寄祀於地方公廟的鸞堂，如挽善堂（寄祀於雙慈亭）、明善堂（寄祀於文衡殿）、忠孝堂（寄祀於開漳聖王廟）等也兼備「文昌殿」的信仰性質，這確實也深化鸞堂與民眾之間在信仰功能上的關係。

鳳山地區民眾雖然透過「求功名」的模式，與鸞堂建立了一層信仰上的聯結，然俗有云：「一命、二運、三風水、四積陰德、五讀書」，這種價值

思維體現傳統漢人對如何得到功名有根深蒂固的看法。此種思維是源於宗教的因果觀念，王志宇說明傳統漢人功德觀念與捐助寺廟的相互關係，論述聚落居民的道德實踐，民眾受到「善／惡」與「因／果」等宗教價值觀的影響，遂而認為透過某些行為可以為自己累積果報，如捐貲建廟、助印善書等，是民眾進行道德實踐的模式。[9] 以鸞堂善書的著造為例，其在著造善書的系列祭儀，表面上看來是種內部的活動，其實不然，堂生努力完成善書，但對善書刊印與發行，卻也仰賴更多人參與，以「募捐」的方式進行勸募，對象並非限於各鸞堂及其信仰者，其他的社會人士與地方民眾亦在此範疇中，從善書的捐助名單之中可以發現有為數不少非鸞堂信仰者的捐助。鸞堂透過善書的募捐取得刊印的經費，並在善書出版後將善書交予捐助者，達到鸞堂與地方民眾產生聯結。

普度之目的主要是為了祭厲，鸞堂藉由開放普度，以「贊普」來聯結與民眾的關係。「贊普」依字面的解釋係協助、幫贊普度之意，透過民眾準備供品並參與儀式，這並非在刻意的情況下所建立，顯示鸞堂與聚落居民的互動，在唯有來往緊密的情況下，才可能使得民眾願意參與鸞堂主辦的普度；反之，普度也僅是鸞堂信仰者的宗教活動而已。此外，觀察樂善堂在進行普度前，會以堂費購置供品，或讓堂生與民眾「認普」，等待普度結束，再將供品送往偏鄉，進行社會救助，藉此也建構起鸞堂與偏鄉民眾的互動機制。

在該地各種婚喪喜慶的場合，或多或少可看到鸞堂的蹤跡，民眾聘請鸞堂或其堂生進行科儀，雖然這樣的聯結中可能存在「對價關係」，但不難發現其科儀深切的影響民眾，完整的科儀內容，除了能執掌地方公廟的科儀外，如結婚的「敬天公科儀」，喪葬的「功德科儀」，亦能符合民眾的需求。

時代變遷，休閒娛樂增多，年輕人對宗教文化的冷感，漸漸影響宗教經營的型態，鸞堂也受到這個問題的衝擊，面臨堂生青黃不接的狀況，造成堂生人數銳減。[11] 鸞堂多利用教授經懺科儀、聖樂等，吸引民眾的參

9　王志宇，《寺廟與村落──臺灣漢人社會的歷史文化觀察》，頁 215-227。

與意願並成為堂生，這都是為了延續發展而做的考量，也是欲與民眾聯結的一種機制，但民眾習得經樂後並不一定願意宣誓，細究其中因素，乃許多民眾將經樂視為一種謀生的技能。若以正向思考之，就算習得經樂不願成為堂生者，透過在鸞堂外從事科儀的謀生思維，卻也可以讓他人知悉鸞堂科儀的豐富性，多少也成為鳳山地區民眾生活經驗的一環。鸞堂為解決發展上的困境，宣講亦是一種機制，透過對外宣講，將教義與信仰本質傳播出去，雖然這樣的模式表現了鸞堂勸善目的，卻也能使之與民眾產生互動。

第二節　人群信仰網絡的幾種概念思考

有關人群信仰網絡的互動關係，多以「祭祀圈」作為研究的概念架構。此外，Paul R. Katz 引進西方社會學論述，如公共空間與象徵資本等，此外，他所援引的「文化權力網絡」也受到學界關注，而王志宇的「社會文化空間」，目前雖還不是普遍被運用在論地方社會研究，但其概念對地方社會的諸多現象卻有其精闢闡述。本書以社會網絡作為地區性鸞堂發展的主要論述，其中牽涉鸞堂之間、鸞堂與地方公廟、鸞堂與聚落民眾等互動關係，鸞堂的互動模式係本文極為關注之處，本節不想隨意套用理論，係採取概念取向的對話，對這三種論述概略說明，並結合前面幾章的討論，進行精略的對話，審視這三種概念能否呼應鸞堂的網絡互動。

一、祭祀圈概念的反思

「祭祀圈」的概念在目前臺灣學界常常運用於從事宗教信仰研究、地方史或區域史研究。學界認為第一個使用此概念者為岡田謙。施振民、許嘉明等透過彰化平原的區域調查，指出岡田謙透過士林研究，已發現不同祖籍人群以不同儀式奉祀不同神祇的現象，同時存在祭祀、通婚、市場交易互相重疊的狀況，遂而提出祭祀圈的概念來分析宗教與社會組織的關係。[10]

10　因岡田謙的文章是以日文撰寫，陳乃蘗將其譯為「祭祀範圍」。參見岡田兼著、陳乃蘗譯，〈臺灣北部村落之祭祀範圍〉，《臺北文物》9：41（960 年 12 月），頁14-29。

　　許嘉明更闡述不同的地域組織透過祭祀活動來維繫村廟與地方的關係，指出這些組織皆乃以進香、出巡等宗教活動表現其團體性格，並為「祭祀圈」定義：「祭祀圈是指以一個主祭神為中心，信徒共同舉行祭祀所屬的地域單位。其成員則以主祭神名義下之財產所屬地域單位內的住民為限。」[11]

　　林美容，在 1987 年首先發表了〈由祭祀圈來看草屯的地方組織〉，1988 年再發表〈由祭祀圈到信仰圈——臺灣民間社會的地域建構與發展〉，歸納整理了過去的祭祀圈研究，並進一步提出信仰圈概念與其內涵。以神明的祭祀活動為例指出，含有以下項目其中一個指標，才有討論祭祀圈的意義：1. 建廟或修廟居民共同出資；2. 有收丁錢或募捐；3. 有頭家爐主；4. 有演公戲；5. 有巡境；6. 有其他共同的祭祀活動。林美容運用祭祀圈之目的，是為描述臺灣漢人社會以神明信仰組織地方社區的方式，祭祀圈主要反映了一個地域的共同團體，這種團體大致以村莊作為基礎，最大可擴及鄉鎮範圍內。[12]

　　林美容另外透過對祭祀圈的省思，進一步提出「信仰圈」，指以一個神明或其分身之信仰為中心，信徒所形成的志願性宗教組織，信徒的分布需具有一定的範圍，通常有超越地方社區的情況，而信仰圈與祭祀圈不同之處，主要係：1. 信仰圈以一神為主，祭祀圈則是祭拜多神；2. 信仰圈內成員的資格是志願性，祭祀圈成員為義務性、強迫性；3. 信仰圈係區域性，祭祀圈是地方性。鄉鎮為區域性與地方性的分界，超越鄉鎮才可能有信仰圈；4. 信仰圈的活動係非節日性，祭祀圈則是節日性。[13]

11　許嘉明，〈祭祀圈之於居臺漢人社會的獨特性〉，《中華文化復興月刊》11：6（1978 年 6 月），頁 62。

12　林美容，〈由祭祀圈來看草屯的地方組織〉，《中央研究院民族學研究所集刊》62（1987 年 12 月），頁 53-114。

13　林美容，〈由祭祀圈到信仰圈——臺灣民間社會的地域構成與發展〉，頁 101、103-106。

不論是許嘉明所提的「祭祀圈範圍界定」，抑或是林美容的「祭祀圈範圍的指標」，都是以地方社會共同的祭祀活動為準則，居民皆有參與的義務及責任。十一鸞堂雖多少有聚落性質，其堂生也來自聚落居民，但聚落居民卻無參與鸞堂信仰及活動的義務性，也無強迫參加的行為，主因係鸞堂的組織規範嚴明所致。一般的信仰大眾欲正式進入鸞堂信仰，需經過「宣誓」才具有「堂生」的身分，有了堂生身分才有被分派各項職務的資格，這與祭祀圈概念中，只要生長、居住於某一地域即有參與地方公廟的資格與義務大相逕庭。

從諸多鸞堂研究可以看到鸞堂在地方社會上的轉型，蛻變成地方公廟的例子愈來愈多，反觀十一鸞堂在此點並不顯著。鸞堂被視為宗教的教育場所，並非單純的信仰中心，由於此種觀念的影響，實質上也造成鸞堂不易轉型的原因之一。有鑑於堂生身分的確定與不易轉型等因素，實際上很難以「祭祀圈」的概念解釋鳳山地區鸞堂信仰及其網絡互動，因為許嘉明與林美容的所提出的指標，並無任何一項適用於鳳山的鸞堂信仰。此外，祭祀圈概念著重單一範圍內的居民與單一廟宇的互動關係，對鸞堂網絡如此多元互動情況，顯然無法以祭祀圈的概念做清楚闡釋。

祭祀圈概念運用於地方開發史或地區信仰的研究上，透過宗教信仰與社會組織的討論，並無太大的問題，而鳳山地區鸞堂信仰具有與其他鸞堂、地方公廟、聚落居民等三種互動模式，這是祭祀圈概念無法解釋的地方，也是此概念有所不足之處，故祭祀圈概念無法完全且周詳應用在鳳山地區鸞堂網絡的討論架構。

二、文化權力網絡的再思考

文化權力網絡（Cultural nexus of power），亦有翻譯為「權力的文化網絡」。最早使用文化權力網絡論述中國傳統社會為 Prasenjit Duara（杜贊奇），以此概念理解晚清社會中，帝國政權、仕紳、及其他社會階層的相互關係，並透過宗族、水利組織等權力賴以維生的組織來分析文化及其正統性。地方菁英透過各種組織與人際關係，在地方社會展現權威力量，以文

化權力網絡獲取地方社會的權威與利益。在宗教方面，國家機器以商人團體、廟會組織、神話與大眾文化的象徵性資源，深入下層社會，非仕紳階層的地方菁英透過宗教事務參與，則能進入政治結構，透過參與官建廟宇的修建、祭祀活動等，與官方產生聯繫；再者，此類地方菁英也積極地使自己的表現與儒家文化保持一致性，以區隔與普羅大眾之間的不同。[14] 由於文化權力網絡在 Duara 的論述中，呈現了非仕紳階層地方菁英在宗教事務的參與，以致臺灣許多研究者也從這樣的論述脈絡，探討地方社會中地方菁英與寺廟的關係。

1999 年 Paul R. Katz 發表了 "Temple Cults and the Creation of Hsin-chuang Local Society"，對新莊的地方菁英與地方社會，做了詳盡討論，不難發現 Katz 透過廟記與碑文等史料置於社會脈絡中進行審視，可看到地方菁英與官方之間的關係，其中以新莊關帝廟的碑記探討，可視為地方菁英透過神祇的正統性以及官方支持，試圖作為調和地方的證據。[15] Katz 在討論新莊的地方菁英透過寺廟所展現出和官府以及地方社會的關係，雖然並不刻意強化文化權力網絡，但相較庶民大眾而言，地方菁英掌握更多的「話語權」，以此累積了自己的象徵資本。由此可見，文化權力網絡此種工具性取向的論述並無太大改變。

Katz 啟發了一批年輕研究者，其中陳建宏的研究與鸞堂有所相關，其以大溪普濟堂建廟為討論主軸，說明建廟前後不同時期地方菁英的參與情況，指出傳統地方菁英參與普濟堂活動，主要係地域及親屬作為關係結合的基礎，但在建廟之時加入了另一批地方菁英，削弱原先鸞生的勢力，導

14　Prasenjit Duara, *Culture, Power and the State: Rural North China, 1900-1942* (Sandford: Sandford University Press, 1988)；另參見 Prasenjit Duara 著，王福明譯，《文化、權力與國家：1900-1942 的華北農村》，頁 20-23、45-49、82-85、92-94、112-127、133、141。

15　Paul R. Katz,"Temple Cults and the Creation of Hsin-chuang Local Society", in Shi-Yeoung Tang, ed., *The Seventh Conference on Chinese Maritime Histoy*, Vol.7 (NanKang: Sun Yat-sen Institute of Social Sciences, 1999), pp.761-762.

致普濟堂扶鸞活動衰微，鸞堂信仰本質減弱，並以象徵資本概念指出，後來加入的地方菁英其象徵資本多於之前的地方菁英。[16]

王志宇亦曾撰文，試圖援引「文化權力網絡」與「公共領域」等概念討論苗栗苑裡地區清代至日治的地方寺廟發展情況，分析慈和宮何以成為苑裡地區的信仰中心，指出官方介入過程中，地方菁英的投入與支持有關，[17]文章脈絡雖使用「地方社會」一詞，但在方法論上還是以傳統地方史作為論證形式。2006 年再發表了〈廟會活動與地方社會——以臺灣苑裡慈和宮為例〉，以慈和宮祭祀活動和地方菁英的參與，以及寺廟碑文中展現的官方力量，說明戰後慈和宮建醮，某些人與公司何以能連續取得代表性地位，以官方透過賜匾、建碑等行為欲掌握地方社會的企圖。[18]

在鸞堂研究中，知識分子和地方菁英的參與，長期以來係主要被討論的焦點，知識分子參與鸞堂被視為一種延續漢文化的作用，以儒家文化作為兩者之間的強烈聯結，鸞堂自然的成為知識分子發揮之舞臺。在臺灣學界應用「文化權力網絡」、「象徵資本」與「公共領域」等概念來探討地方菁英，其背後含有工具性的邏輯推理，認為地方菁英參與地方事務係存在著某種目的，地方菁英帶著累積象徵資本和權力網絡的心態參與地方公廟，是為在地方上展現自我的影響力。

臺灣受到傳統漢人文化影響，在宗教上存在著善與惡，因與果的價值思維，在道教利用「解冤赦結」等科儀來解決人的自我救贖，鳳山的鸞堂則以「著造善書」來進行，鸞堂的基本功能是為世人進行善的教育，勸善則成為該信仰的主要核心，這是深受傳統漢人行善觀念影響，行善可以累積「陰德」，臺灣人普遍受到這種價值思維牽引，鸞堂信仰者認為參與鸞堂

16　陳建宏，〈寺廟與地方菁英——以大溪普濟堂的興起為例〉，《兩岸發展史研究》1（2006 年 8 月），頁 209-255。

17　王志宇，〈民間信仰與地方社會——以清及日治時代苑裡地區的祠廟為例〉，《社會科教育學報》6（2003 年 7 月），頁 106。

18　王志宇，〈廟會活動與地方社會——以臺灣苑裡慈和宮為例〉，《逢甲人文社會學報》12（2006 年 6 月），頁 239-262。

可以有效為自己及其家族積累「功果」，這種觀念是不分地方菁英抑或是庶民，鳳山的地方菁英參與鸞堂是否單純僅為「權力」，值得思考。

鸞堂係一種具有強烈「乩示神意」的宗教信仰，從堂生的派職，乃至著造善書的系列祭儀，縱使信仰者有任何意見，均以恩主與恩師的聖訓架構下斟酌進行，有問題者再透過「請鸞」以求神祇解決；換言之，鸞堂信仰者會以神意為依歸。以 1961 年十一鸞堂聯著《明道》善書為例，主要執行者黃鐘靈具鳳山鎮長身分，但聯著活動係經由南天關太子所指示才發起，且又要全鎮達半數以上鸞堂參與，才可能降下玉詔，若要將十一聯著視為黃鐘靈累積象徵資本與權力文化網絡的舞臺，可能過於放大他角色，也忽略致使聯著成功的種種因素。此外，鳳邑儒教聯堂的成立亦是「神意」的情況，亦非地方菁英欲主導即可完成，如果以統合性的組織介入各個鸞堂的運作，使鸞堂無法保有獨立運作的情形下，統合性組織則會受嚴重之挑戰，建立的網絡互動即受到影響。

臺灣人與宗教之間，不僅受到傳統價值觀念的影響，寺廟與聚落也是一種文化空間，民眾在傳統思維的濡化以及寺廟與地方組織的結合，宗教成為日常生活的一種態度，也脫離不了宗教信仰。若欲以「權力」觀點貫穿整個地方社會研究，進而歸結鳳山地區鸞堂網絡互動的形成與地方菁英有關，在此點上，也忽視聚落民眾參與鸞堂活動的能量。「文化權力網絡」濃厚的工具性論述，很難將鸞堂構築的網絡互動做清晰的說明。我們並不否認鸞堂菁英想要展現權力的慾望，只是網絡互動也不可能僅是藉由這樣的模式及機制建立，片面的導入文化權力網絡與象徵資本，係極難窺見鳳山地區鸞堂社會網絡的形成以及為何穩定。

三、社會文化空間與鸞堂網絡

王志宇所提「社會文化空間」概念，係以傳統地方史的研究為核心，透過爬梳史料與田野訪查的資料，作為研究地方社會的基礎架構。指出民眾與村庄、公廟的關係，是一種「天人感應」，也是「天人玄理思維模式」，如此思維模式是建構於傳統漢人文化對宇宙認知的思維。

　　呂理政對中國傳統對的自然宇宙認知，說明民間社會自漢代以來接受了陰陽五行結合「天人合一」等儒家學說，並引用此種思維來建構聚落生活，以儒家與陰陽家所揉合的天人感應，透過風水的發展，以及村莊、寺廟、社會組織與日常生活的相互滲容，形成普遍民眾接受的一種生活認知。[19] 王志宇也特別將這樣的模式稱為「天人玄理思維模式」。再者，也受陳春聲影響，陳氏以「信仰空間」論述廟宇與廟宇之間相互關係的形成，認為鄉村廟宇經由漫長的歷史演變，具有複雜的互動，說明此種信仰空間下，廟宇間的相互關係是由於歷史變遷中文化累積的結果。[20] 王志宇透過以上論述的啟發，將傳統漢人的宇宙觀納入信仰空間中討論，提出了「社會文化空間」。

　　「社會文化空間」是在聚落及地方公廟凝聚而成，具有歷史、社會、文化等多元互動關係的場域，社會文化空間有著具象化的形式（如寺廟、聚落空間、宗教儀式）、社會組織（如神明會、聯庄組織等）以及歷史傳承與文化融合的空間。王志宇指出在「天人玄理思維模式」的作用下，寺廟、聚落及住民，成為天、地、人的具象表徵，並相互聯結，形成一種整體結構。換言之，抽象的思維觀念，在社會文化空間內，發展成為一種相應的實體表現。[21]

　　《寺廟與村落——臺灣漢人社會的歷史文化觀察》，從歷史與文化等論述的呈現，村莊社會內在文化，係以寺廟作為文化展現的場域，如國家機器介入地方社會，欲以儒家文化掌握寺廟與聚落居民，說明儒家的民間化過程相當重要，儒家的思想觀念藉由戲曲、說書、善書宣講等作為傳播的形式。寺廟與神祇也在這村莊空間發揮重要作用，透過神祇的崇拜、遶境、安營等儀式進行，從宗教儀式中建構出神聖空間，並區隔我群與他群

19　參見呂理政，《天、人、社會——試論中國傳統的宇宙認知模型》（臺北：中央研究院民族學研究所，1990），頁 4、8、40-44。
20　陳春聲，〈信仰空間與社區歷史的演變——以樟林的神廟系統為例〉，《清史研究》2（1999 年），頁 1-13。
21　王志宇，《寺廟與村落——臺灣漢人社會的歷史文化觀察》，頁 273。

的不同，透過同一空間（群體）內培養出情感的交流與往來，強化住民對地域、神祇的歸屬與認同感。[22] 以下援引王志宇的「社會文化空間」系統圖做一說明（見圖 4-1）。

圖 4-1 中顯示，國家機器透過傳統儒家文化，如禮教、倫理、內聖外王等觀念影響社會文化空間的運作，進而對於社區、地方共識等產生認同感。民間文化也透道德實踐、儒家教化、寺廟捐獻、慈善救濟、宗教修行等，對寺廟及住民產生神祇教化、宗教儀式、行善思維的影響，而這些行為與認知相互牽引彼此。

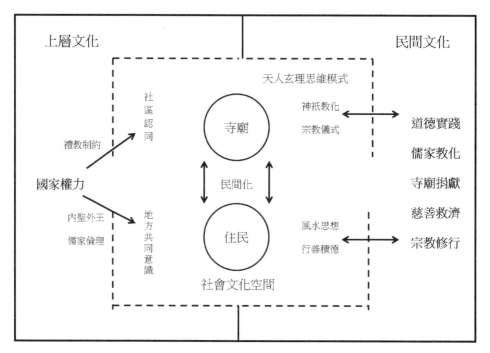

圖 4-1　社會文化空間系統圖。
說明：箭頭方向代表註記現象影響力的方向，雙箭頭代表相互影響。
資料來源：王志宇，《寺廟與村落——臺灣漢人社會的歷史文化觀察》，頁 276。

22　王志宇，《寺廟與村落——臺灣漢人社會的歷史文化觀察》，頁 275。

　　從鸞堂的祀神、鸞堂祭儀以及鸞堂與聚落公廟、地方菁英的關係，與社會文化空間所強調的道德實踐、儒家教化、寺廟捐獻、慈善救濟、宗教修行等思維，頗有吻合之處。鸞堂信仰強調勸善與修己，對傳統漢人而言，宗教的行善與不敢為惡，成為一種道德實踐。身為民間教派的鸞堂而言，更是將此類的道德實踐與儒家思想做結合，成為一種正統化的象徵。然而社會文化空間的概念雖然適合闡釋鸞堂信仰及其思想內涵，究其論述核心仍以民眾與寺廟信仰作為架構，對於不同社會文化空間的網絡互動關係之討論，王志宇並無顯著說明。

　　歸結「祭祀圈」、「權力文化網絡」以及「社會文化空間」，都是以人群如何參與地方社會的運作，作為論述的核心，屬於地方史可見的概念。但這三種概念，對信仰的社會網絡現象均無清楚釐清與解釋，造成只看到寺廟與住民的互動關係，實際上一個聚落乃至一個公廟牽涉複雜的網絡互動，這是無法從單一概念中可釐清的，尤其對鳳山地區鸞堂而言，也無法精確援引說明，其社會網絡互動的內涵。

第三節　鳳山地區鸞堂網絡互動模式的建立

　　《禮記・曲禮》有言：「……禮尚往來；往而不來，非禮也；來而不往，亦非禮也。」[23] 傳統漢人所謂的「禮」，不僅係一種規範，更是具有餽贈的意涵。[24]「禮尚往來」是人際網絡最重要的思維價值，如參與朋友之間的婚、喪、喜、慶等活動，以及逢年過節的禮品餽贈等。綜觀鸞堂社會網絡的形成，實際上是一種人際網絡的互動，人與人的往來肇因皆有差異，但往來的模式可謂大同小異，藉由人與人之間的往來，拉近鸞堂間的關係，建立與地方公廟的互動。以「網絡互動」來看，確實如 Marcel Mauss 認為的，

23　王夢鷗註譯，《禮記今註今譯（上冊）》（臺北：臺灣商務印書館，1981），頁 7。

24　沙蓮香，《社會學家的沉思：中國社會文化心理》（北京：中國社會出版社，1998），頁 281。

義務性的交換與餽贈，是社會階級秩序與權力關係能維持的主要因素。[25]
那麼，鸞堂網絡互動是否存在「交換」行為，希冀藉由與「交換理論」的對
話，來說明鸞堂網絡互動的表現，以及鸞堂網絡互動的機制。

一、「交換理論」與鳳山地區鸞堂網絡

　　交換理論係「庫拉交易圈」[26]及「誇富宴」[27]的後續研究，係一種屬於人
類學的研究觀點。Mauss 認為原始社會的禮物交換是一種不全然含有商業
性質的相互贈與，且與宗教或巫術有直接關係，在其論著《禮物：舊社會中
交換的形式與功能》，針對不同的交換模式提出「全面報稱體系」，此體系
有三項義務，分別為「給予」、「收取」以及「回報」等。[28]何翠萍認為禮物交
換係一種欲建立、維持或改善關係的表現，基於交換的「給予」、「收取」以
及「回報」等方式，及交換物的內容來決定往來關係的品質。[29]換言之，來往
禮物的給予及回報，最重要之前提是禮物需「等值」。

　　筆者認為討論交換理論時，應著重交換的「行為」，而非「禮物」，傳統
漢人社會重禮，「禮」並非單純指涉物質，並有非物質的指涉，可將其視為
「規範」，也就是所謂的「禮數」。這種「規範」並非強制，而是傳統社會所
形塑出的「價值觀」，俗云：「食人一口，還人一斗」，說明當人願意幫助你
時，日後必當加倍回報，此句俗諺通常用於提醒他人有恩定報的觀念，事

---

25 Marcel Mauss 著，汪珍宜、何翠萍等譯，《禮物：舊社會中交換的形式與功能》，
　　頁 55-59。
26 「庫拉交易圈」，原文為 kula ring，係指新幾內亞東部及附近各島嶼的許多民族與
　　部落存在的一種伴隨一定規模，物與物交換的儀禮性物品的交易圈，參見陳國強
　　主編，《文化人類學辭典》，頁 76。
27 「誇富宴」，原文為 potlatch，出自於美國華盛頓欽魯克印第安人之語，含有「給
　　予」之義，為印第安人的一種社會性儀式，一般舉行於婚喪喜慶，參見陳國強主
　　編，《文化人類學辭典》，頁 239。
28 Marcel Mauss 著，汪珍宜、何翠萍等譯，《禮物：舊社會中交換的形式與功能》，
　　頁 55-59。
29 Marcel Mauss 著，汪珍宜、何翠萍等譯，《禮物：舊社會中交換的形式與功能》，
　　頁 7。

實上也有交換的意涵，所謂「錢財易償，人情難還」，說明了傳統漢人社會對「人情債」的看法，基於人情的驅使，而有償還人情的行為。

由於「人情」的價值觀，造就傳統漢人受人點滴，當以思泉湧報，然而中西社會所關注的焦點並不相同，西方人際關係的來往強調等值，中國社會的交換，在於人情，而人情算不清、還不完，如此一來關係便持久維繫，並且在一來一往之下，通常交換情況愈來愈倍增，故傳統漢人社會的交換原則首重「回報」。原始的交換行為，乃藉以物易物，獲得自己短缺的物品，即以交換機制獲取自己沒有的「資源」。以「資源」而論，交換的內容就不一定是實際的物質，也可能以非物質的內容作為交換。

單從「物」這個字來闡述物質，是相當抽象的，一般所指的物，通常以「物件」形容之，也就是具有實際型體的東西，不過「物」也有另外的意涵，如「言之有物」，此物字乃指「內容」抑或是「證據」。根據《學典》對於物質的解釋有二：1. 具有質量且在空間占有體積，能被觀察到、觀察到的實體，更廣泛的說物質乃是能量存在的一種形式；2. 非精神性的實體。[30] 就物質與非物質如何判定，可以「有形」與「無形」兩種詞彙加以輔助闡釋，「有形」係指具有形體的物質，「無形」則指沒有具體形貌的物質。

觀察俗民生活的交換模式，發現大致上有三種不同型態：1. 物質與物質的交換，此型態最為單純，以物品作為餽贈，再以物品作為回報；2. 物質與非物質的交換，此型態共有兩種不同的贈予及回報，以物品餽贈，以非物品做回報，另外也有以非物品作餽贈，以物品做回報；3. 非物質與非物質的交換，此型態最複雜的交換模式，是非物品作餽贈，以非物品作回報，由於沒有明顯的交換物，致使欲了解交換型態，需深入觀察其中互動模式。於此，藉由田野現場所觀察的現象，進行三種交換模式的歸納，以了解鳳山地區鸞堂網絡互動中的交換模式。

30　三民書局學典編輯委員會，《學典（增訂三版）》（臺北：三民書局股份有限公司，2009），頁 770。

物質與物質的交換

物質與物質的交換，在臺灣社會是相當普遍的現象，例如婚禮的過程中，嫁、娶雙方各自以應有「禮數（物質）」相互餽贈，單方面的給予可稱餽贈，但由於相互皆有給予的行為，亦可認為係一種交換的模式，何翠萍認為婚禮中的交換，實際上是「訂盟」的功能，建立相互之間的關係。[31] 我們生活經驗常見的「紅包」、「白包」，也是物質與物質的交換。

在十一鸞堂中，物質與物質的交換，最明顯可觀察到的是善書之助印關係，鸞堂著造善書後，舉行一連串的慶典活動，但善書的出版發行，須面臨經費的問題，透過向友堂、堂生、社會大眾進行勸募，然後將所得的經費用於印行善書，最後根據個人捐著的金額可印製多少善書，再將善書交予助印者的手上。由於金錢與善書皆具有實際形體，單純從這樣善書助印模式，可清楚確定屬物質與物質的交換，其模式即係助印者給予金錢，鸞堂收取，隨後以善書做為回報。

善書助印算係一種階段性、立即性的物質交換模式，此種交換行為，會隨著鸞堂將善書做為回報之後，不再有任何其他的交換行為，去做反覆性的餽贈與回報，互動關係也會隨之結束，若是欲重啟這樣的機制，鸞堂就必須再奉旨著造新科金篇才有可能，若以助印善書的交換行為，建立長期互動關係，具有一定的困難度。

觀察鸞堂在物質交換的模式，多係立即性、短暫性，如鸞堂適逢正主席誕辰的慶典，各友堂與地方公廟會視情況贈送花圈、花籃等禮物，通常友堂也會集結堂生前往拜壽祝賀，辦理慶典的鸞堂也會以「宴請」的方式來回報友堂，也就是在一定的時間、空間內完成整個交換行為。若要以純物質的交換行為來看鸞堂的網絡互動，是很難觀察到全貌的，由於立即性與短暫性的特質，單從一次的慶典活動，無法確認彼此關係是否長久、穩定。

---

31 Marcel Mauss 著，汪珍宜、何翠萍等譯，《禮物：舊社會中交換的形式與功能》，頁 11-22。

物質與非物質的交換

　　物質與非物質的相互交換，試以「鸞堂處所的商借」與「科儀的請聘」做說明，以了解物質與非物質交換的模式與型態，並談談這種相互交換如何進行，是否能形成較穩定的網絡關係。

　　十一鸞堂倡設初期主要有兩種型態，其一係商借地方公廟的處所，其二是借用堂生住所。在面對「商借空間」，借用一方都需要進行回報。在此將「商借」視為「Gift」的行為，實因「借」與「餽贈」都牽涉「還」與「回報」，行為上具有相同模式。鸞堂借得空間後，多數會以派此處所的神祇擔任恩師當做回報，如明善堂設鸞於赤山文衡殿，即派任文衡殿主神為主壇司，文衡殿重修時，明善堂遷往文農宮，亦增派該廟主神為司禮神；又如慈善堂設鸞於堂主吳金星家中時，派任吳家奉祀的文衡聖帝為司禮神。顯示了以物質（處所）作為餽贈，鸞堂接受處所，鸞堂以非物質（祀神）做為回報，達成交換行為。

　　若將地方公廟或堂生提供處所給鸞堂使用，鸞堂接受並派任該處所神祇為恩師視為一個階段，鸞堂有感於「商借」的人情，也會促使另一個階段的交換模式立即啟動，即「祭聖科儀」與「處所」的交換。由於鸞堂以派任借用處所的神祇為恩師，故恩師誕辰時必須以祭聖科儀進行祝壽，而地方公廟或提供處所者有感於此種人情，更加鞏固了鸞堂在商借處所的使用。換言之，科儀（非物質）視為一種餽贈的禮物，地方公廟或提供處所者接受，其處所（物質）作為鸞堂長期使用回報，透過這種反覆性的交換行為，維持鸞堂與他者的長期互動，若雙方沒有強烈的衝突，基本上這種網絡關係不易破壞。反之，其中一方片面中斷餽贈或回報，即有可能造成互動決裂。不過，透過田野的觀察發現，縱使中斷某一種交換的模式，並不一定會造成關係的決裂，其中因素取決於「人情」，倘若人情還在，雙方亦會改變其他形式的交換，以維持互動關係。

　　物質與非物質交換最明顯的現象，是以金錢「聘請」鸞堂進行科儀，由於鸞堂科儀內容極度完備，對於婚、喪、喜、慶等活動均有科儀可以進

行。有鑑於此，鳳山地區民眾聘請鸞堂執事進行科儀相當普遍。民眾或地方廟宇透過金錢聘請（餽贈），執事收取金錢，再以科儀做為回報，這種模式為雖然係一種單純的交易行為，卻也是交換機制中最普遍的模式。

物質與非物質的交換，相較純物質交換，雖然也可能存在立即性與短暫性的狀況，如以金錢聘請鸞堂進行科儀等，但由於「人情」牽引，也形塑出物質與非物質交換的反覆模式，從「空間商借」的說明即可了解。然而，網絡互動必須有一種長期性的行為，短暫性的交換無法有效維持鸞堂網絡的互動關係。

非物質與非物質的交換

物質之間的交換和非物質與物質的交換，兩者皆有以物質作為餽贈或回報的性質，因此較容易觀察到之間的交換行為，這兩種型態，也常被前人作為研究的討論主軸。非物質之間的交換卻是鮮少被討論，既然物質與非物質的交換模式在十一鸞堂有例可循，那麼非物質之間的交換模式應可成立，以下則來談談鸞堂網絡關係中有哪些是屬於這一類的交換模式。

鳳山地區鸞堂對外的互動，主要反映在慶典活動，這與地方公廟是相同的，但對慶典的認知與內容卻有所差異，地方公廟慶典主要為進香、遶境等廟會活動，鸞堂慶典則係著造善書的系列祭儀。以著造善書系列祭儀觀之，的確展現鸞堂網絡互動關係，鳳山地區鸞堂在因應龐大的慶典活動之時，會向友堂提出協助的請求，以彌補人力、物力短缺的情況，長期下來自然發展出鸞堂在慶典之時相互支援的互動關係。

善書助造系列祭儀有：1. 焚疏請旨；2. 恭接玉詔；3. 繳書醮典；4. 送書灰，其中有顯著網絡互動的展現，集中在「恭接玉詔」及「繳書醮典」。恭接玉詔時邀請友堂觀禮，目的在於通知，讓友堂知悉該堂有新科善書的開著，提前讓友堂準備，待著書完成後，須仰仗友堂協助醮務。友堂參與接詔雖然僅是一種「觀禮」的行為，然而鸞堂互相參與，在「主」、「客」相互易位的互動來看，雖然今天的身分是「客」，他日變成「主」的時候，也必須邀請友堂參與並給予協助，在這樣的心態驅使下，難掩互動關係也含

有「交換」的思維，只是我們很難把這樣的思維具體形象化。

　　繳書醮典則是反映非物質交換最顯著的案例。其非物質的內容係「科儀」，友堂透過協助科儀進行達到餽贈的行為，繳書的鸞堂則接受友堂協助，但若要以相同的模式進行回報是無法立即實現，通常係在友堂繳書之時再做回報。一部善書的著造並非短期間就能達成，而藉由繳書醮儀維持互動關係，必須存在長期性的來往，這也與接詔有著相同的心態與思維。

　　就明善堂與文衡殿、文農宮兩座地方公廟的互動，對明善堂都有寄祀之情，一開始都以「處所」交換「科儀」的互動模式，但時間一久，也逐漸形成非物質之間的交換，當文衡殿與文農宮有慶典之時，明善堂乃以此二廟所提之需求進行協助，如執掌廟中神祇的誕辰的祭聖科儀、遶境進香時的聖樂伴奏等，這是出自「還情」的心態，兩座地方公廟基於明善堂的「幫贊」行為，也會適時、適地的給予回報，而回報的機制，即是協助明善堂的需求，如明善堂早晚的奉茶敬香，又如明善堂的對外慶典活動也由兩座地方公廟協助公告並通知聚落居民參與。

　　鸞堂在進行非物質間的交換，主要存在著「相挺（sio-thing）」、「幫贊（pang-tsān）」、「協助」等的心態，這一類的交換常以科儀作為非物質的內容。鸞堂的非物質交換展現了他人對自己的回報視為是餽贈行為，基於這樣反覆性的交換，也造成了給予、回報不斷循環發生，致使互動關係長期維繫。臺灣人強調「相挺」、「幫贊」，為了好友不求任何的回報，但接受「相挺」的一方，也會以任何形式「相挺」回去，這種交換模式，在任何一方都不會視為「回報」，而是「餽贈」，只有在關係趨近於決裂時，才會將「餽贈」視為「回報」。接受回報即代表交換行為結束，也就不必再進行任何的餽贈。

　　物質與物質、物質與非物質、非物質與非物質等三種交換模式，可以發現物質之間的交換通常係短暫性、立即性的交換行為，而物質與非物質以及非物質之間是具有長期且反覆的交換，而且此二項有相互補足的無法以相同禮物進行交換遺憾。亦因鳳山地區鸞堂網絡的交換行為，並非單次

性，而是長期進行，三種模式也都是鸞堂常可見到的，因應不同互動場合、情況，以不同模式應對，都是為求自身鸞堂在網絡關係中能夠穩定，促使這三種模式同存鸞堂，無非是基於鸞堂均會將對方每次的「回報」視為是對自己的「餽贈」。

二、科儀與儀式作為鸞堂網絡互動的共通機制

「科」按《說文解字注》的闡釋為：「科，程也。從禾、從斗。斗者，量也。」[32]該字為禾、斗二字之合寫，有區分品類、等級，亦有準則、條目或法規等多重意義；「儀」字在《說文解字注》為：「儀，度也。」[33]「度，法制也。」[34]具有法度、準則、規範和儀式等意涵。另據任繼愈主編的《宗教辭典（修訂本）》所載之科儀，曰：「道門科儀」，其解釋為：「道教名詞。道教各種法規與儀式的條文……」[35]。史孝進認為只有道教稱「科儀」，佛教稱為「儀軌」，儒家則稱之為「禮」，並進一步解釋科儀的意涵，認為「儀」本指各種規定的行為規範，包括排場、儀仗，當事者行止的規矩、次序等；而「科」可解釋為「動作」。[36]

科儀與儀式之間的指稱也有模糊之處，依陳國強主編《文化人類學辭典》，對「儀式」做以下解釋：

> 指按一定的文化傳統將一系列具有象徵意義的行為集中起來的安排或程序。由此言之，大多數宗教和巫術行為都具有儀式意義。但儀式這一概念並不限於宗教和巫術，任何具有象徵意義的人為安排或程序，均可稱之為儀式。……人類社會生活的許多場合都是以儀式作為標誌的。諸如達成新的契約、新政體的誕生、權力的正常交

---

32 漢·許慎，《說文解字》，清·段玉裁注，《說文解字注》（上海：上海古籍出版社，1993），頁327。

33 漢·許慎，《說文解字》，清·段玉裁注，《說文解字注》，頁375。

34 漢·許慎，《說文解字》，清·段玉裁注，《說文解字注》，頁116。

35 任繼愈主編，《宗教辭典（修訂本）》（上海：上海辭書出版社，2009），頁981。

36 史孝進，《威儀莊嚴——道教科儀及其社會功能》（上海：上海辭書出版社，2012），頁1-2。

接、個人或社會從一個發展階段進入另一個階段等等……。[37]

　　文化人類學中的「儀式」，主要以人類生活中具有象徵意涵的現象作為闡述的核心，引文中也提到，宗教與巫術的行為皆具有儀式意義。此外，人類社會生活中具有象徵意涵的程序亦可視為儀式。透過引文可了解「儀式」與「科儀」大致的本質意涵是相同的，其差異僅是「科儀」為道教專稱，「儀式」則不限任何宗教或任何人類生活中具有象徵意義的程序。

　　由於臺灣的歷史發展屬移墾社會，在宗教上關於教團的進入相當晚期，信仰也雜揉出佛、道融合的「民間信仰」，故而對科儀與儀式的指稱，通常較無明確的區別，這也造成學術上對於這兩種辭彙的混用，主要係研究資料取於民間所致。一般臺灣民眾對於科儀的認知係較具有「動作性」、「表演性」的儀式展演；反之，較「文靜」的儀禮則認為是儀式。對於史孝進所認為的，道教稱科儀、佛教稱儀軌、儒家稱禮等具有強烈教派的指稱差別，有著不同的文化詮釋。既然民間對科儀與儀式有混用的情況，本文主要「田野調查」作為討論架構，基於田野與學術倫理，行文上仍以報導人以及田野資料所呈現的文辭作為指稱。

　　在臺灣時常可見，祭拜道教神祇的廟宇用佛教的祭儀，或以佛教的法師進行科儀；祭拜佛教神祇的廟宇用道教的祭儀，或以道教的道士、小法從事科儀，這樣的文化現象，除顯示臺灣在信仰文化上有著雜揉的性格外，主要仍是因為臺灣各地區發展不同所致，也演變出各地區在信仰文化的特色。

　　楊士賢在「臺灣釋教科儀」的研究，點出地區發展與科儀文化的關係，宜蘭地區「真字教」原為道教靈寶派道士，但因為境內住民習慣以釋教科儀，在市場考量下，遂而學習釋教法事。[38] 各地區因發展不同，確實影響宗教科儀與儀式文化變異，如此情況全臺各地或多或少皆有，也非僅存在於宜蘭地區。經由前幾章節的討論，可了解鸞堂科儀在鳳山地區相當蓬勃，

37　陳國強主編，《文化人類學辭典》，頁 218。
38　楊士賢，〈臺灣釋教喪葬拔度法事及其民間文學研究──以閩南釋教系統為例〉（花蓮：東華大學民間文學研究所博士論文，2011），頁 54。

其他教派的科儀儀式似乎難以獲得該地區居民的認同，主要是因為地區發展所致。

　　無論何種的宗教科儀與儀式，其程序與做法，最重要之目的都是「敬祀神鬼」，透過進行祭儀求「遠離災難，確保平安」。儀式與科儀究其源乃是原始社會的巫術，本指為達到某種目的，幻想藉助超自然的力量，對客體施加影響或控制而產生一系列的行為，不一定涉及神靈的概念，主要是想力圖駕馭超自然現象。[39] 英國學者 Frazer（弗雷澤）提出「交感巫術」的兩種概念——「接觸」與「模擬」，認為此兩類巫術皆是透過「交感律」，即是通過「交感作用」將兩種毫無關係的事物產生作用。[40] 雖然 Frazer 從未親身實踐任何田野調查，但從前人在原始社會的研究中，可觀察出原始人類對大自然現象的恐懼與憂慮，進而探討人類如何以「交感巫術」解決此種困境，故而從社會功能觀之，巫術具有人類憂慮心理排解。

　　鄭志明認為在傳統社會，信仰的宗教儀式與生活的禮俗儀式是緊密結合，也是集體共有的行為模式，透過日常生活所累積的秩序規範，傳達集體生活的文化理念，並且具有神聖與世俗溝通的功能。[41] 鄭氏認為「儀式」主要可分為人與人、人與天地、人與鬼神等三種主體運作的模式，[42] 並透過「神聖空間」加以論述，空間的「虛、實」、「俗、聖」等轉換與三項主體運作模式如何發生作用。這三種主題性儀式乃以人為核心，透過儀式知悉人際網絡、尊重自然、崇敬鬼神，唯有如此，才可以讓宇宙運行獲得平衡。

　　然而，從功能論之，「儀式」隨著時代演變、文化提升，也有不同意義的呈現。史孝進認為「科儀」在當代社會中，最重要的兩種功能為「人際關係」與「心理問題」的調節。以「科儀」作為對「共同利益」的關心，如透過地區性的齋醮，形塑出民眾的集體參與，這是對地方社會的認同，儀式的

39　陳國強主編，《文化人類學辭典》，頁 199。

40　陳國強主編，《文化人類學辭典》，頁 194、199、209、220、277。

41　鄭志明，《傳統宗教的文化詮釋——天地人鬼神五位一體》（臺北：文津出版社有限公司，2009），頁 247-248。

42　鄭志明，《傳統宗教的文化詮釋——天地人鬼神五位一體》，頁 248。

集體性也強化了人際網絡的作用；而且，儀式的展演，也可使參與民眾獲得內心解放，人們有了某種的心理需求，就會有相對應的儀式出現，每種儀式也都會滿足人們某種精神祈求。[43]

綜觀鄭志明對儀式的運作模式，以及史孝進儀式的功能作用等論述，知悉儀式所呈現的意涵，兩人也都提到儀式的進行有助人際關係，這在宗教研究鮮少被討論的。人際關係與社會網絡係有緊密關係，根據筆者對十一鸞堂社會網絡結構的觀察，確實發現鸞堂在從事與鸞堂、地方公廟、民眾三類群體的網絡互動時，都會以「鸞堂祭儀（科儀）」作為共通的機制，也是最主要的互動模式。以下來談談這樣的互動機制的形成原因何在。

在鳳山地區，一座組織完備的鸞堂除了六部（鸞務）健全之外，經部與樂部亦要有所兼備，才能算是一座組織完整的鸞堂，依照田調訪談資料呈現，經部與樂部等科儀組織都會在首科金篇繳書前成立，顯示鸞堂已可獨立完成鸞堂所需的基本科儀，不必凡事麻煩母堂與友堂的協助。在鳳山地區雖然鸞堂被視為是教育場所，但從鸞堂積極籌立科儀組織的情況下看來，卻也表現出鸞堂在信仰儀式的需求，某種程度而言，「會科儀」也是鸞堂必備能力。

在每座鸞堂都擁有科儀的情況下，鳳山的鸞堂信仰又如此蓬勃，該地區民眾接觸鸞堂科儀的機會增多，民眾接觸鸞堂科儀的契因，這與鸞堂發展初期設鸞於地方公廟有絕對關係，透過地方公廟為中介，聚落居民進公廟參拜時，或多或少接觸鸞堂科儀，進而了解鸞堂信仰，如透過鸞堂所寄祀的廟宇主神誕辰之時，鸞堂進行祭聖科儀，又如鸞堂所寄祀之廟宇在農曆 7 月時，鸞堂以蒙山科儀進行普度，均讓民眾有接觸的機會。

在鸞堂間的互動行為，僅保持著相互尊重，行儀如禮的互動，對扶鸞儀式，各堂強調鸞務自主並未有太多的鸞務互動，僅在某些情況下，才可能交流，但這種交流也是短暫性的，隨著活動落幕而結束，因此鸞堂網絡的互動，也需要有一種能長期維持的機制，才得以讓鸞堂網絡有所鞏固。

43　史孝進，《威儀莊嚴——道教科儀及其社會功能》，頁 139-146、162-183。

姑且將鸞堂科儀視為是一種可交換的資源，實因信仰需求，各鸞堂紛紛籌立科儀組織，達到具備科儀資源。

表面上，各鸞堂均具備科儀資源，似乎不需要友堂在科儀上的協助，實際卻是不然，如繳書醮典，因為科儀目眾多，所耗費的財力、人力、物力甚鉅，絕大多數的鸞堂會向友堂提出協助的邀請，由於醮務的繁雜，縱然堂生都會科儀，也無法完全負責醮典的科儀，基於現實面的考量，堂生仍需負責其他的庶務，因此在負責庶務的同時，即無法負責科儀。在人力有限的困境下，尋求友堂協助，則是鳳山地區鸞堂普遍現象，長期以來在繳書醮典時相互支援科儀，成為鳳山地區鸞堂之間互動最主要的機制。

在鳳山，科儀作為鸞堂必備的資源，也因地方公廟早期沒有經懺組織，故面臨需求時，就聘請鸞堂人員執掌科儀，來滿足宗教儀式的需求，鸞堂與地方公廟在相互發展下，科儀也成為了最主要的互動機制。據明善堂主王國柱先生表示，鳳山地區鸞堂的發展最鼎盛的時間約莫於 1980 年代左右，他敘述其回憶時做如此描述：「當時高雄大寮地區有一座鸞堂進行繳書，儒教聯堂亦動員各鸞堂，十一鸞堂中絕大多數的鸞堂都有參加，而且每一堂都有近百名的堂生參與」，[44] 可見鸞堂信仰蓬勃的盛況。一般大眾，除了以地方公廟為接觸鸞堂科儀的中介外，細究其他模式，主要仍以婚、喪、喜、慶者為多，通常是主家的某一位成員與鸞堂內的堂生有其人際關係，透過該位堂生聘請鸞堂人員執掌儀式與科儀。

「科儀」作為鳳山地區鸞堂網絡互動的模式，與鸞堂發展的地區性有絕對關係，由於鸞堂脈絡發展，以及鸞堂對宗教儀式的重視，促使科儀成為鳳山地區鸞堂的必備資源，滿足了其他鸞堂、地方公廟、一般民眾等對於宗教儀式的需求。鳳山地區鸞堂信仰蓬勃，顯現於一個地區擁有高密度的鸞堂信仰。在宗教儀式上，鸞堂科儀成為眾多教派科儀中的優勢與主流，其中鸞堂信仰者與非鸞堂信仰之間的人際網絡，也成為鸞堂科儀得以拓展的主要因素，其他教派如道教、佛教、齋教等科儀並無法如同鸞堂深入鳳山地區的寺廟與民眾生活，亦是鸞堂信仰的蓬勃所致。

44　鳳邑誠心社明善堂主王國柱口述，於 2013 年 8 月 24 日進行訪談。

第五章 結 論

　　本書所討論的鳳山地區，現今隸屬於高雄市，在清代初期僅是鳳山縣內的一個聚落，稱下埤頭街，直至林爽文事件，莊大田於南部響應，鳳山縣城被破之後，才逐漸確立其政經地位，1847 年正式確定下埤頭街為鳳山縣城所在，鳳山自清末以來即是臺灣南部重要的政經區域。在政治與經濟有著穩定發展，對教育的需求逐日倍增，鳳儀書院之設立即是反映了這樣的需求，如此的社會環境也提供了日治中晚期以來，鸞堂信仰在鳳山地區有所發展的溫床。

　　鳳山地區在戰後的臺灣鸞堂信仰中，具有相當重要的地位，「鳳邑儒教聯堂」被視為戰後鸞堂整合運動的重要組織，[1] 也是現今「中國儒教會」的前身，[2] 然而目前學術研究，似乎對鳳山地區的鸞堂信仰並無關注，相關論述也寥寥可數。最早曾討論該地區鸞堂信仰為 D. L. Overmyer（歐大年），在其與 D. K. Jordan 合著 *The Flying Phoenix: Aspect of Chinese Sectarianism in Taiwan* 一書中提及：「……在高雄市附近的鳳山，有一個很大的拜鸞團體，要求加入的禮拜者用撒落嫩枝葉上的露珠來淨化自己。」[3] Overmyer 雖觀察到鳳山地區鸞堂儀式中相當細微的現象，卻並無太多說明。而張有志的碩士論文〈日治時期高雄地區鸞堂之研究〉也存在著相同問題，對鳳山地區鸞堂發展並無太多著墨。

　　鳳山地區的鸞堂屬於臺灣島內傳衍，不似其他地區的鸞堂有著與中國原鄉關係甚密之香火關係，鸞堂在鳳山的緣起，主要有三個脈絡，第一是協善堂（1917 年），第二為舉善堂（1927 年），第三則係養靈堂（1955 年）。前二者所設立的時間都在日治中晚期，後者則是戰後所成立，協善堂為左

1　王志宇，《臺灣的恩主公信仰──儒宗神教與飛鸞勸化》，頁 64。

2　李世偉，〈儒教會緣起〉，收錄於中國儒教會編著，《中國儒教會會志》（屏東：睿煜出版社，2008），頁 6-8。

3　D. K. Jordan 與 D. L. Overmyer 合著，周育民譯，宋光宇校正，《飛鸞──中國民間教派面面觀》（原書名：*The Flying Phoenix: Aspect of Chinese Sectarianism in Taiwan*），頁 67。

營啟明堂分衍，舉善堂則出自於旗津開基修善堂，養靈堂則是信徒自行焚牒請旨，並無母堂的傳衍。本文以曾參與1961年《明道》善書聯著活動的十一鸞堂為討論對象，十一鸞堂為協善堂、舉善堂、啟成堂、靈善堂、慈善堂、樂善堂、明善堂、啟善堂、養靈堂、喜善堂、挽善堂，其中僅有協善、啟成、養靈三堂不是舉善堂系統，這也形成了現今鳳山鄰近地區的鸞堂，如鳥松、大寮、仁武等，受到舉善堂在信仰、組織、祭儀乃至發展上有諸多影響。

鸞堂以儒為宗，以神道設教，最主要的功能在於勸善，透過扶鸞撰寫文章達到醒化人心之目的，故扶鸞儀式對鸞堂而言相當重要。在鳳山，鸞堂強調鸞的六部，扶鸞儀式架構於正副鸞、唱鸞、錄鸞、誥誦、司香果、把門六部鸞生，六部以正鸞生為核心，六部生的選派取決於該人是否具有堂生身分，透過宣誓成為堂生，爾後再由神祇派任職務，嚴謹的選派過程，主要係為了讓鸞務能更加順遂。然而，鸞堂的組織運作不僅只有鸞務，扶鸞以外的更多事務，如鸞堂的財政管理、祭祀活動以及對外的互動（如宣講等等）皆由堂務系統運作，由於堂生常常一人身兼鸞務與堂務的工作，也造成多數人對堂務與鸞務組織無法清楚區分。觀察各鸞堂關於堂生派職情形，均有差異，這是因為各堂在組織發展的情況不大相同，致使衍生出各項符合鸞堂自身的特殊職務，但雖有不同之處，仍以六部生職務為十一鸞堂的共同組織架構。

十一鸞堂的倡設是以人際關係作為聯結，吸引親人、朋友以及同聚落居民進入鸞堂並參與信仰，透過這層關係，迅速擴張鸞堂信仰，也形成鳳山地區幾個較大的聚落均有鸞堂。也由於戰後鳳山地區的鸞堂信仰發展快速，雖然奠定了儒教聯堂成立基礎，但在組織成立前，透過發起十一鸞堂聯著善書，作為日後尋求組織運作得以成形的最大可能，希冀強化同一地區鸞堂信仰的認同感。然而，「儒教聯堂」最初係建構於「聯著善書」的基礎，其成果也僅有《明道》，雖然聯堂初期發展在高雄地區有著良好的回響，但聯堂在接下來的組織運作上並無太多的實際作為，這也讓鳳邑儒教聯堂日趨形成名存實亡的窘境，有心之士，如吳兆麟者，長期投入鸞堂正

名，以及推動政府承認儒教的存在等活動，有鑑於儒教聯堂的組織運作無法達到以上目的，遂而以儒教聯堂的成員鸞堂為基礎，聯合中部的聖教神明會，一同促使「中國儒教會」的成立，並使政府承認儒教為合法宗教，以此可更加確定鳳山地區鸞堂發展的重要性。

在鳳邑儒教聯堂與鳳山地區鸞堂發展的關係，經由文獻以及田野的考察發現，該組織雖然在成立過程有著困境，但最終可以成立因素除了官方默認、政治人物以及地方菁英的努力外，主要在於擁有相當雄厚的信仰資源，這樣的資源取決於鳳山地區鸞堂透過其信仰與科儀儀式所建構的社會網絡。

從鳳山地區鸞堂的組織與祭儀，祀神與聚落等情況來看，表面上屬於信仰層面的範疇，然十一鸞堂的社會網絡的建立與穩定，也都是透過這些來達成。歸結本書的討論與說明，鸞堂社會網絡有著兩大面向的特色「信仰上的網絡建立」與「實質互動的網絡發展」。

鳳山地區鸞堂系統脈絡以舉善堂系統為主，在恩主的信仰組合是文衡聖帝、孚佑帝君、太白金星等三恩主信仰系統，這也是舉善堂所傳衍的子堂、孫堂共同之信仰現象，透過這樣的神學架構，強化其系統脈絡對以舉善堂為各鸞堂源頭的認同，這也是為何筆者在進行田野訪談時詢問各堂何堂為鳳山第一座鸞堂之時，絕大多數鸞堂皆答覆「舉善堂」的原因之一，既使不同脈絡的養靈堂亦做如此答覆，顯示養靈堂也受其影響之故。然而協善堂與啟成堂對於恩主的認知與舉善堂有所不同，卻也間接地影響兩個系統之間的互動關係愈來愈薄弱。祀神體系一致的各鸞堂均有良好的互動關係，而協善堂等已無和舉善堂系統有來往的情況。信仰的異同聯結，確實也形成了正面與反面的影響。

鳳山地區鸞堂雖然有著不同的系統與脈絡，在恩主信仰組合上也有些許不同，但皆以文衡聖帝關恩主為首。關恩主的信仰經由歷代帝王的崇祀與國家機器介入，塑造出關公信仰的祀典以及形象的「儒家化」，第四章第一節更探討國家權力的形塑過程，也使關恩主具有「司掌文衡」的職能，確

立其文教形象，更有「五文昌之首」的說法。此外，孚佑帝君及太白金星兩位恩主，在其事蹟與傳說中也具有「讀書人」的形象。

傳統漢人社會乃至當代臺灣，皆具有「萬般皆下品，唯有讀書高」的價值思維，進而影響華人社會對於追求「功名」的渴望，在如此情形下也產生了每逢考期，奉祀文昌、關帝等廟宇皆有准考證供於神前，這等有趣的現象。由於鸞堂信仰在恩主的崇祀上具有文教性與儒家化，致使鳳山地區的民眾至鸞堂祭拜求功名較勝於地方公廟。此外，幾座仍寄祀於地方公廟的鸞堂，如明善堂、挽善堂等皆被認為是地方公廟內的「文昌殿」，這反映了鸞堂祀神的儒家化與文教性，以及民眾對於「功名」的渴望。因此民眾進入鸞堂，雖然具有某種「功利性」的祭祀需求，但也是基於鸞堂信仰文教性所牽引。以此信仰認知與祭祀行為，也更加呈現鸞堂祀神的儒家化與文教性，有利於與聚落民眾產生信仰聯結。

雖然恩主信仰的認知差異對於不同系統的互動關係有所影響，但基本上仍僅止於鸞堂間的互動，對各自鸞堂內部祀神情況與聚落關係並無太多的影響。恩師信仰係恩主信仰的延展，鸞堂遍布各地，恩主無法親自處處闡教之故，各鸞堂的闡教工作就必須由其他神祇負責。這樣的神學觀念就與聚落公廟產生聯結，因此十一鸞堂的神祇派任上，可以看到聚落公廟的主神進入鸞堂的信仰體系。鸞堂信仰將鸞堂視為進行宗教教育的處所，以神為師學習聖賢之道，據此產生「恩師」一詞，表現對這些神祇的尊崇。

「恩師」所指係以派任於鸞堂擔任職務之神祇，其職務主要有：正主席、副主席、正馳聘、副馳聘、主筆司、主壇司、功過司、司禮神。這些恩師皆是協助恩主進行闡教、勸世等工作。基本上，從鸞堂的恩師派任情況，可看出鸞堂祀神反映了聚落的信仰現象，不僅如此，如明善堂的恩師信仰亦可觀察到跨聚落的信仰情況反映在其祀神之中，又如喜善堂其恩師的崇祀，也反映的聚落與地方家族的互動情形。透過此信仰聯結，產生鸞堂與聚落信仰的共神性，而這樣共神現象的建構，在於堂生來自聚落，共神反映了聚落民眾對於聚落與跨聚落信仰的依歸與認同。

　　藉此可清楚了解鳳山地區的各鸞堂在祀神方面，與其他鸞堂、聚落民眾以及與地方公廟建立信仰上的網絡，透過如此網絡，也架構了鸞堂與其網絡之間實質互動的雛形。

　　鸞堂作為宗教教育以及信仰的處所，雖然透過信仰與祀神建立網絡關係基礎架構，人際關係的影響是對民眾如何深入鸞堂、進入鸞堂、乃至成為鸞堂信仰者的主要因素。各鸞堂的設立均係一群人而非一個人所發起建立，透過人際關係的作用，鸞堂得以順利設立。此外，透過人際關係的運作，鸞堂發展日漸茁壯，十一鸞堂所設立的時代，臺灣的經濟體系還是以農業發展為主，農業社會的娛樂類型不似現今多樣，藉由鸞堂信仰者的人際關係，影響親戚、友人等參與鸞堂，可視為一種娛樂的參與，並加上宣講等活動，促使親朋好友宣誓成為堂生。另外，地方菁英的參與，也影響了他人參與鸞堂信仰的想法，從靈善堂觀之，其歷任堂主中即有兩位擔任過鳳山鎮長，確切影響鎮公所的職員加入靈善堂，進而產生靈善堂有「公所系統」的鸞堂之稱。而養靈堂係有「東茂製材行」所發起建立，也影響著與東茂有往來者，參與其鸞堂，甚至從其堂傳衍，成為其子堂等情況。因此鸞堂的網絡發展也可視為人際網絡的延伸。

　　鸞堂以勸世作為信仰的核心價值，並以著造善書達到其成果，著造善書反映鸞堂信仰者在道德的實踐。驅使信仰者願意投入善書著造，最主要的因素在於功德觀念的影響，著書可累積功德，上可超度先祖，下可消弭自身罪孽。著造善書不僅是鸞堂信仰者進行自我道德實踐的模式，深入探究，更是一種網絡互動的聯結，透過「聯著」、「參著」等著書型態，其中含括了多座鸞堂參與友堂發起與協助友堂的著書活動，產生對於鸞務的交流，這種交流包含了信仰者的道德實踐與網絡關係。透過參與著書，不僅可為自己累積功果，亦可維繫鸞堂之間的互動。著書系列祭儀係鳳山地區鸞堂信仰最重要的慶典，透過此種盛大的活動中，不難發現以慶典來表現鸞堂與鸞堂之間往來情誼。

　　著書系列祭儀包含請旨、接詔、繳書、送書灰等四大項的儀式活動，其中接詔與繳書有顯著互動的表現，通常參與接詔的友堂，在繳書醮典時亦會被分配負責部分科儀，顯示鸞堂之間互動關係的深淺。而這鸞堂交往深淺關係的建立，通常有三種情況：第一，母子堂關係；第二，鸞堂幹部私自人際網絡的延展；第三，地緣關係的影響。藉此促使彼此之間往來關係更加頻繁，進而建立相互支援、協助的互動，進而奠定彼此的來往關係。因此，著造善書不僅只有為鸞堂信仰者創造道德實踐的機會，更為鸞堂彼此之間建構一個可以相互來往、互相援助的互動場域。

　　人際關係透過某些互動得以進行長時間的維持，鸞堂網絡作為人際網絡的延展，亦如同人際關係。如 Mauss 所談的「禮物交換」，說明了透過交換行為，得以維持彼此的網絡關係，鸞堂網絡互動的架構中，的確具有這樣的情況，並且是一種常見於鳳山地區的現象。主要肇因是大多數鸞堂設立初期寄祀於地方公廟，以及該信仰在鳳山地區有著蓬勃的發展。

　　由於地方公廟提供空間給予鸞堂使用，鸞堂基於「人情」必須有所行為，想當然耳，這樣的行為可以視為一種「回報」，通常鸞堂會以「科儀」進行回報，也確立鸞堂與地方公廟實質的雙方互動，經由長時間進行這樣反覆性的來往，促使鸞堂與地方公廟有著穩定的互動。同時透過鸞堂科儀在地方公廟反覆的展演，也創造了聚落居民對鸞堂科儀有了解的機會，藉由鸞堂信仰的蓬勃發展，使得鸞堂科儀的能見度增高，並形塑出鸞堂科儀為鳳山地區有關宗教儀式展演的主流。

　　基於科儀儀式具有調節民眾的心理，與拉近人際關係等功能，更有社會對宗教儀式的需求，科儀必定係一種宗教信仰的必備資源。鸞堂透過自身信仰對科儀的需求，將科儀納為鸞堂組織，成立「經部」與「樂部」執掌鸞堂在儀式上之所需，透過友堂、地方公廟以及民眾的需求，以協助、受邀、聘請等模式建立起互動，經由長期發展，即變成是一種得以穩定維持鸞堂網絡互動的模式。

　　鸞堂在實際網絡互動的發展，主要係建構於人際網絡的延展，透過人際關係促使鸞堂設立並且茁壯發展，透過地方菁英的影響，也形成鸞堂的堂生背景屬性有所不同，以此作為鸞堂信仰擴張的基礎。再者，慶典不僅表現鸞信仰者的道德實踐，更反映出鸞堂之間的往來與互動；此外，透過科儀建立並維持鸞堂與其他鸞堂、地方公廟、聚落民眾之間的實質互動。

　　鳳山地區鸞堂並非只是一種單純的民間教派，從信仰的結構上言之，具體表現了鸞堂與聚落的共神性，透過鸞堂信仰的發展再加上聚落民眾的認同，發展成一種具有聚落化的信仰體系。鳳山地區的鸞堂不僅係一種信仰，更是一種表現鸞堂教義與聚落信仰融合共生的宗教處所，如此信仰現象取決於鳳山地區民眾的認同與依歸，而這樣的集體思維透過地方菁英進行實際行為的表現，但地方菁英在表現這些思維時，基本上皆不會違背多數聚落居民的認知。故確實可以看到鸞堂信仰深入聚落的現象。

　　鸞堂深入鳳山地區並影響民眾，是鸞堂信仰所建構之強大的網絡互動體系所致，由於鸞堂信仰在鳳山地區高度的發展及活動能量，與地方公廟及聚落民眾產生了往來關係，這與人際互動有著絕對的聯結。鳳山地區鸞堂科儀的特殊性，形塑出以科儀維持網絡互動的模式。鸞堂、地方公廟、民眾三者對宗教儀式的需求，也確立鸞堂科儀在信仰發展，被視為是一種必備的資源。鳳山地區鸞堂信仰以儒家文化作為根基，符合了社會大眾對於傳統價值觀的認知，又將聚落信仰納入其神學體系，聚落居民對此產生信仰的依歸與認同，以此創造了鸞堂網絡拓展的基礎，又以鸞堂科儀作為一種宗教資源進行實際的網絡互動與聯結。鳳山地區鸞堂信仰及其社會網絡，即是在這樣的發展架構下，形塑出鳳山地區特殊的鸞堂信仰，以及鸞堂的社會互動網絡。

參考文獻

〈依舊慣の社寺廟宇建立廢合辦法〉，臺灣總督府令第 59 號，1899 年 7 月 11 日。

《中國時報》，〈申設新興宗教團體條件將放寬〉，1999 年 5 月 19 日，第 9 版。

《臺灣省行政長官公署公報》，春季第 3 期，1947 年。

《臺灣省政府公報》，〈保護寺僧財產〉，1946 年 8 月 14 日。

《臺灣省政府公報》，秋季第 34 期，1954 年。

D. K. Jordan 與 D. L. Overmyer 合著，周育民譯，宋光宇校正 2005 《飛鸞——中國民間教派面面觀》。香港：中文大學出版社。

Marcel Mauss 著，汪珍宜、何翠萍等譯 1984 《禮物：舊社會中交換的形式與功能》。臺北：允晨文化實業股份有限公司。

Paul R. Katz 2013 〈埔里的個案研究：鸞堂與近代臺灣的地方社群〉，收錄黎志添主編，《十九世紀以來中國地方道教變遷》，頁 1-70。香港：三聯書店。

Prasenjit Duara 著，王福明譯 1994 《文化、權力與國家：1900-1942 的華北農村》。南京：江蘇人民出版社。

丁仁傑 2013 《重訪保安村——漢人民間信仰的社會學研究》。臺北：聯經出版事業股份有限公司。

三民書局學典編輯委員會 2009 《學典（增訂三版）》。臺北：三民書局股份有限公司。

丸井圭治郎 1993 《臺灣宗教調查報告書〈第一卷〉》。臺北：捷幼出版社。

不著撰人 〈鳳邑誠心社明善堂沿革〉，立碑年代不詳。

不著撰人 〈鳳邑誠心社明善堂聖示堂規律例〉，立匾年代不詳。

不著撰人 《協合壇咒文簿》。臺南：協合壇，無出版。

不著撰人 《協合壇賞兵科儀》。臺南：協合壇，無出版。

不著撰人　1937　《總教大法真經》。高雄：開基明心社修善堂。

不著撰人　1947　《苦海南針》。高雄：五甲協善堂。

不著撰人　1949　《育生金鑑》。高雄：協善堂、心德堂。

不著撰人　1955　《心中寶》。高雄：龍成宮、協善堂、心德堂、啟成堂、心吉堂、至誠堂。

不著撰人　1958　《正風》。高雄：鳳邑誠心社明善堂。

不著撰人　1962　《明道》。高雄：鳳邑儒教聯堂。

不著撰人　1965　《普度金篇》。高雄：協善堂、龍成宮、心德堂、啟成堂、心吉堂、警善堂。

不著撰人　1967　《普濟醫宗》。高雄：啟展社樂善堂。

不著撰人　1967　《衛道》。高雄：鳳邑誠心社明善堂。

不著撰人　1969　《霧海明燈（卷一卷二合訂本）》。高雄：養靈堂、養修堂、養生堂。

不著撰人　1971　《醮刊》。高雄：協善心德堂。

不著撰人　1975　《天醫錄》。高雄：靈善堂、喜善堂、崇善堂、忠孝堂。

不著撰人　1975　《正道》。高雄：鳳邑誠心社明善堂。

不著撰人　1976　〈東南帝闕重建落成紀念碑〉。

不著撰人　1977　〈鳳邑挽善堂沿革碑記〉。

不著撰人　1977　〈鳳邑啟明社樂善堂沿革紀實〉。

不著撰人　1979　〈旗津明心社修善堂沿革碑〉。

不著撰人　1979　《鳳邑儒教聯堂概況、繳書建醮各種疏文藍本》。高雄：鳳邑儒教聯堂。

不著撰人　1983　〈鳳邑修心社靈善堂重建記〉。

不著撰人　1983　《弘道》。高雄：鳳邑誠心社明善堂。

不著撰人　1984　〈本堂副主席降示〉。高雄：鳳邑誠心社明善堂。

不著撰人　1984　《啟化玄機》。高雄：養生堂、養靈堂。

不著撰人　1984　《怠道》。高雄：鳳邑修心社靈善堂。請造字

不著撰人　1986　《挽轉頹風》。高雄：養生堂、養靈堂。

不著撰人　1987　〈鳳邑靜心社舉善堂 60 周年沿革紀念碑〉。

不著撰人　1987　《覺世古譚》。高雄：鳳邑靜心社舉善堂。

不著撰人　1988　《三教妙法真經》再版。高雄：鳳邑靜心社舉善堂。

不著撰人　1989　《法輪》。高雄：修心社靈善堂。

不著撰人　1989　《道藏要籍選刊》。上海：上海古籍出版社。

不著撰人　1991　〈鳳邑白龍庵沿革碑〉。

不著撰人　1991　《力挽狂瀾》。高雄：養生堂、養靈堂。

不著撰人　1993　《人道》。高雄：鳳邑修心社靈善堂。

不著撰人　1994　《同道立身》。高雄：啟明社樂善堂。

不著撰人　1997　《諄話纂述》。高雄：鳳邑靜心社舉善堂。

不著撰人　1998　《忠恕之道》。高雄：誠心社明善堂。

不著撰人　1998　《參玄悟道》。高雄：啟明社樂善堂。

不著撰人　2002　《儒門甘露》。高雄：鳳邑養心社啟善堂。

不著撰人　2004　《儒光點熾》。高雄：鳳邑明德社喜善堂。

不著撰人　2005　《樂道明心》。高雄：鳳邑啟明社樂善堂。

不著撰人　2006　《浮生映道》。高雄：鳳邑誠心社明善堂。

不著撰人　2006　《養心明律》。高雄：鳳邑養心社啟善堂。

不著撰人　2009　《儒光面淳》。高雄：鳳邑明德社喜善堂。

不著撰人　2009《諄話纂訓續篇》。高雄：鳳邑靜心社舉善堂。

不著撰人　2011　《啟教興儒》。高雄：鳳邑養心社啟善堂年。

不著撰人　2011　《儒宗明燈》。高雄：鳳邑明德社喜善堂。

不著撰人　2014　《誠一之道》。高雄：鳳邑誠心社明善堂。

中國儒教會編著　2008　《中國儒教會會志》。屏東：睿煜出版社。

王世慶 1986 〈日據初期臺灣之降筆會與戒煙運動〉,《臺灣文獻》37（4）：111-152。

王志宇 1997 〈儒宗神教統監正理楊明機及其善書之研究〉,《臺北文獻直字》120：43-63。

王志宇 1997 《臺灣的恩主公信仰——儒宗神教與飛鸞勸化》。臺北：文津出版社有限公司。

王志宇 2003 〈民間信仰與地方社會——以清及日治時代苑裡地區的祠廟為例〉,《社會科教育學報》6：91-110。

王志宇 2006 〈廟會活動與地方社會——以臺灣苑裡慈和宮為例〉,《逢甲人文社會學報》12：248-250。

王志宇 2008 《寺廟與村落：臺灣漢人社會的歷史文化觀察》。臺北：文津出版社有限公司。

王見川 1996 《臺灣齋教與鸞堂》。臺北：南天書局有限公司。

王見川 1997 〈西來庵事件與道教、鸞堂之關係——兼論其周邊問題〉,《臺北文獻直字》120：71-91。

王見川 1997 〈略論陳中和家族的信仰與勸善活動〉,《臺北文獻直字》119：135-154。

王見川 1997 《高雄縣教派宗教》。高雄：高雄縣政府。

王見川 2008 《漢人宗教、民間信仰與預言書的探索》。臺北：博揚文化事業有限公司。

王見川、李世偉等主編 2009 《民間私藏臺灣宗教資料彙編：民間信仰・民間文化第一輯》。臺北：博揚文化事業有限公司。

王秋桂、李豐楙主編 1989 《中國民間信仰資料彙編・廣列仙傳》。臺北：臺灣學生書局有限公司。

王秋桂、李豐楙主編 1989 《中國民間信仰資料彙編・歷代神仙通鑑》。臺北：臺灣學生書局有限公司。

王瑛曾 1962 《重修鳳山縣志》。臺北：臺灣銀行經濟研究室。

王夢鷗註譯　1981　《禮記今註今譯(上冊)》。臺北:臺灣商務印書館。

史孝進　2012　《威儀莊嚴——道教科儀及其社會功能》。上海:上海辭書出版社。

皮慶生　2008　《宋代民眾祠神信仰研究》。上海:上海古籍出版社。

任繼愈主編　2009　《宗教辭典(修訂本)》。上海:上海辭書出版社。

伊能嘉矩著,楊南郡譯註　2012　《臺灣踏查日記》。臺北:遠流出版事業股份有限公司。

吳育臻　2010　《臺灣全志卷二‧土地志‧聚落篇)》。南投:國史館臺灣文獻館。

吳瀛濤　1992　《臺灣民俗》。臺北:眾文圖書股份有限公司。

呂宗力、欒保群　1991　《中國民間諸神》。臺北:臺灣學生書局有限公司。

呂明原　2008　〈臺灣當代蒙山施食儀式研究〉。新竹:玄奘大學宗教學研究所碩論文。

呂理政　1990　《天、人、社會——試論中國傳統的宇宙認知模型》。臺北:中央研究院民族學研究所。

宋光宇　1994　〈關於善書的研究及其展望〉,《新史學》5(4):167。

宋光宇　1995　《宗教與社會》。臺北:東大圖書股份有限公司。

宋光宇　1998　〈清末和日據初期臺灣鸞堂與善書〉,《臺灣文獻》49(1):1-19。

李世偉　1996　〈清末日據時期臺灣的士紳與鸞堂〉,《臺灣風物》46(4):111-143。

李世偉　1997　〈日治時期臺灣的宣講勸善〉,《臺北文獻直字》119:111-135。

李世偉　1997　〈日治時期臺灣的儒教運動(上)〉,《臺北文獻直字》120:93-131。

李世偉　1997　〈日治時期臺灣的儒教運動(下)〉,《臺北文獻直字》121:43-82。

李世偉　1998　〈日據時期鸞堂的儒家教化〉，《臺北文獻直字》124：59-80。

李世偉　1999　《日據時代臺灣儒教結社與活動》。文津出版社有限公司，1999 年。

李世偉　2011　〈海濱扶聖道：戰後臺灣民間儒教結社與活動（1945–1970）〉，《民俗曲藝》172 期：205-230。

李立涵　2009　〈高雄無極明善天道院的起源與發展〉。臺中：逢甲大學歷史與文物研究所碩士論文。

李光濤　1957　《明清史料戊編（第三本）》。臺北：中央研究院歷史研究所。

李百勳　2012　〈善化慶安宮五文昌祭典始末〉，《臺南文獻》1：197-203。

李茂祥　1970　〈略談拜鸞〉，《臺灣風物》20（2）：37-39。

李淑芳　2010　〈清代以來臺灣宣講活動發展研究——以高雄地區鸞堂為例〉。高雄：高雄師範大學臺灣歷史研究所碩士論文。

李添春　1965　《省通志稿人民志宗教篇》，臺北：臺灣省文獻委員會。

李福清　1999　《關公傳說與三國演義》。臺北：雲龍出版社。

李豐楙　1996　《誤入與謫降：六朝隋唐道教文學論集》。臺北：臺灣學生書局有限公司。

李豐楙　1997　《許遜與薩守真：鄧志謨道教小說研究》。臺北：臺灣學生書局有限公司。

李豐楙、朱榮貴編　1996　《儀式、廟會與社區——道教、民間信仰與民間文化》。臺北：中央研究院文史哲研究所。

李麗涼　2012　《弌代天師：張恩溥與臺灣道教》。臺北：國史館。

杜劍鋒　2006　《舊城滄桑——鳳山縣舊城建城 180 年懷舊》。高雄：高雄市文獻會。

汪小洋主編　2011　《善好光明——中國神仙誌》。臺北：世界書局股份有限公司

汪明怡　2004　〈臺南寺廟聯境組織變遷之研究〉。臺南：臺南大學鄉土文化研究所碩士論文。

沙蓮香　1998　《社會學家的沉思：中國社會文化心理》。北京：中國社會出版社。

周勛初　2004　《李白評傳》。南京：南京大學出版社。

孟祥榮　2000　《武聖關公》。高雄：宏文館圖書股份有限公司。

岡田謙著、陳乃蘗譯　1960　〈臺灣北部村落之祭祀範圍〉，《臺北文物》9：14-29。

林永根　1984　〈臺灣的鸞堂──一種蓬勃發展的民間信仰與傳統宗教〉，《臺灣風物》34（1）：71-78。

林金德　2007　〈鳳山鎮南宮仙公廟呂仙祖誕辰儀式音樂之研究〉。臺南：臺南藝術大學民族音樂學研究所碩士論文。

林美容　1987　〈由祭祀圈來看草屯的地方組織〉，《中央研究院民族學研究所集刊》62：53-114。

林美容　1997　《高雄縣民間信仰》。高雄：高雄縣政府。

林茂賢　2004　〈臺灣外臺戲中的神仙〉，《傳統藝術》48：19-25。

林原億　2000　〈高雄文化院的扶鸞儀式研究〉。臺北：輔仁大學宗教研究所碩士論文。

林漢章　1993　〈余清芳在西來庵事件中所使用的善書〉，《臺灣史料研究》2：116-122。

邱延洲　2013　〈鳳山地區「送書灰」儀式之初步考察〉，《高雄文獻》3（3）：111-126。

邱延洲攝影　「鳳邑誠心社明善堂辛卯年恭接第七科金篇接詔大典紀錄片」，未發行。

邱偉雲　2009　〈記憶、權力、身體──觀看文昌信仰中的文化展演與社會意義〉，《新世紀宗教研究》7（3）：154-196。

姚瑩　1957　《東槎紀略》。臺北：臺灣銀行經濟研究室。

施添福總編纂　2000　《臺灣地名辭書（卷五）：高雄縣第二冊》。南投：國史館臺灣文獻館。

馬書田　1990　《華夏諸神》。北京：燕山出版社。

高拱乾　1960　《臺灣府志》。臺北：臺灣銀行經濟研究室。

張有志　2007　〈日治時期高雄地區鸞堂之研究〉。臺南：臺南大學臺灣文化研究所碩士論文，2007 年。

張炎憲主編　1988　《中國海洋發展史論文集（第三輯）》。臺北：中央研究院三民主義研究所。

張家麟　2008　《臺灣宗教儀式與社會變遷》。臺北：蘭臺出版社。

張家麟　2010　《臺灣宗教融合與在地化——以民間宗教儀式為焦點》。臺北：蘭臺出版社。

許玉河　2003　〈澎湖鸞堂發展史〉，《臺灣文獻》54（4）：153-204。

許玉河　2004　〈澎湖鸞堂之研究（1853-2001）〉。臺南：臺南大學鄉土文化研究所碩士論文。

許玉河　2009　〈神道設教——澎湖鸞堂的社會關懷（上）〉，《咕咾石》54：93-118。

許玉河　2009　〈神道設教——澎湖鸞堂的社會關懷（下）〉，《咕咾石》55：88-106。

許地山　1994　《扶箕迷信的研究》。臺北：臺灣商務印書館。

許淑娟　2004　《臺灣全志卷二・土地志・地名篇）》。南投：國史館臺灣文獻館。

許嘉明　1978　〈祭祀圈之於居臺漢人社會的獨特性〉，《中華文化復興月刊》11（6）：59-68。

陳允勇總編輯　2011　《媽祖信仰學術研討會論文集 . 2011 年：彰化縣媽祖遶境祈福》。彰化：彰化縣文化局。

陳文達　1961　《鳳山縣志》。臺北：臺灣銀行經濟研究室。

陳兆南　1991　〈宣講及其唱本之研究〉。臺北：文化大學中國文化大學中國文學 究所博士論文。

陳秀蓉　1998　〈戰後臺灣寺廟管理政策之變遷（1945-1995）〉。臺北：臺灣師範大學歷史研究所碩士論文。

陳建宏　2004　〈公廟與地方社會——以大溪鎮普濟堂為例〉。桃園：中央大學歷史研究所碩士論文。

陳建宏　2006　〈寺廟與地方菁英——以大溪普濟堂的興起為例〉，《兩岸發展史研究》1：209-255。

陳春聲　1999　〈信仰空間與社區歷史的演變——以樟林的神廟系統為例〉，《清史研究》2：1-13。

陳昭瑛　1997　〈清代臺灣鳳山縣的儒學教育〉，《高雄歷史與文化論文集（四）》，頁 1-13。

陳省身　2012　《普濟幽冥：瑜珈焰口施食》。臺北：臺灣書房出版有限公司。

陳國強主編　2006　《文化人類學辭典》。臺北：恩楷股份有限公司。

鳥松鄉志編輯委員會編輯　1985　《鳥松鄉志》。高雄：鳥松鄉公所。

彭三光主編　1988　《鳳山市志》。高雄：鳳山市公所。

黃有興　1992　《澎湖的民間信仰》。臺北：臺原出版社。

黃俊傑編　1997　《高雄歷史與文化論集（四）》。高雄：財團法人陳中和翁慈善基金會。

楊士賢　2010　〈臺灣釋教喪葬拔度法事及其民間文學研究——以閩南釋教系統為例〉。花蓮：東華大學民間文學研究所博士論文。

楊玉姿　2005　《高雄開發史》。高雄：高雄市文獻會。

溫國良　〈淺談日治時期臺灣建立社寺等之法源〉，《臺灣文獻館電子報》64（2010 年 10 月），下載日期：104 年 7 月 8 日。網址：http://www.th.gov.tw/epaper/view2.php?ID=64&AID=861。

漢·許慎，《說文解字》，清·段玉裁注　1993　《說文解字注》。上海：上海古籍出版社。

臺灣慣習研究會　1984　《臺灣慣習記事（中譯本）》〈第一卷下〉。臺灣省文獻會。

裴普賢編著　1997　《詩經評註讀本（下）》二版。臺北：三民書局股份有限公司。

鳳邑誠心社明善堂編　《天壇經・發表科儀》，編輯年代不詳。

鳳邑誠心社明善堂編　1984　「癸亥年明善堂《弘道》繳書醮典各堂獻供分配明細表」。

鳳邑靜心社舉善堂　1997　「鳳邑靜心社舉善堂丁丑年旨繳《諄詁纂述》暨70周年堂慶紀錄片」。高雄：鳳邑靜心社舉善堂。

劉仲宇　2003　《中國民間信仰與道教》。臺北：東大圖書股份有限公司。

劉佑成　2010　〈戰後臺灣「改善民俗運動」之探討（1945-1990）〉。臺中：逢甲大學歷史與文物所碩士論文。

劉枝萬　1994　《臺灣の道教と民間信仰》。東京：風響社。

劉海燕　2004　《從民間道經典──關羽形象與關羽崇拜的生成演變史論》。上海：三聯書局。

劉寧顏主編　1989　《重修臺灣省通志卷七》。臺中：臺灣省文獻委員會。

增田福太郎　1996　《臺灣本島人の宗教》。臺北：南天書局有限公司。

蔡懋棠　1974　〈臺灣現行的善書（佛道等教勸善知書）〉，《臺灣風物》24（4）：86-117。

蔡懋棠　1976　〈臺灣現行的善書（續）〉，《臺灣風物》26（4）：84-123。

蔡懋棠　1979　〈臺灣現行的善書〉，《臺灣風物》29（3）：21-93。

鄭志明　1984　〈臺灣民間鸞堂儒宗神教的宗教體系初探〉，《臺北文獻直字》68：79-130。

鄭志明　1988　《中國善書與宗教》。臺北：臺灣學生書局有限公司。

鄭志明　1999　《臺灣民間宗教結社》。嘉義：南華管理學院。

鄭志明　2001　〈近五十年來臺灣地區民間宗教之研究與前瞻〉，《臺灣文獻》52（2）：127-148。

鄭志明　2009　《傳統宗教的文化詮釋——天地人鬼神五位一體》。臺北：文津出版社有限公司。

鄭育陞　2008　〈鍛乩、修行與功德：埔里鸞堂信仰與實踐〉。南投：暨南大學人類學研究所碩士論文。

鄭喜夫　1981　〈從善書見地談「白衣神咒」在臺灣〉，《臺灣文獻》32（3）：120-167。

鄭喜夫　1982　〈臺灣善書初探〉，《臺灣文獻》33（3）：45-72。

鄭喜夫　1983　〈關聖帝君善書在臺灣〉，《臺灣文獻》34（3）：115-148。

盧德嘉　1960　《鳳山縣采訪冊》。臺北：臺灣銀行經濟研究室。

賴錫中　1989　〈臺灣《十三腔》之研究〉。臺北：文化大學藝術研究所碩士論文。

賴錫中　2004　〈臺灣第三音系「十三腔」微探〉，《高市文獻》17（4）：72-85。

賴薇如　2009　〈左營啟明堂神祇祭典儀式音樂及樂團之研究〉。臺南：臺南藝術大學民族音樂學研究所碩士論文，2009年。

戴炎輝　1979　《清代臺灣之鄉治》。臺北：聯經出版事業股份有限公司。

鍾華操　1979　《臺灣地區神明的由來》。臺中：臺灣省文獻委員會。

簡炯仁主編　2004　《鳳山市志》。高雄：鳳山市公所。

Paul Katz, "*Temple Cults and the Creation of Hsin-chuang Local Society*", in Shi-Yeoung Tang, ed., *The Seventh Conference on Chinese Maritime Histoy,* Vol. 7. NanKang: Sun Yat-sen Institute of Social Sciences, 1999.

Prasenjit Duara，"*Culture, Power and the State: Rural North China, 1900–1942*", Sandford: Sandford University Press, 1988.

附錄

附錄 1：鳳山地區各鸞堂政治菁英一覽表

姓名	服務單位	職稱	屆數	任期	所屬鸞堂	曾任鸞堂職務
丁　添	鳳山鎮公所	鎮長	第3屆代表選舉	1949.11 至 1951.6.11 止	靈善堂	堂主
黃鐘靈	鳳山鎮公所	鎮長	第3、4屆	1960.1.6 至 1968.3.1 止	靈善堂	堂主
陳清文	高雄縣參議會	副議長		1946.4.15 至 1951.1.11 止	慈善堂	堂主
	高雄縣議會	議長	第1、3、4屆	1951.1.11 至 1953.1.16 止 1955.1.16 至 1961.2.21 止		
盧　虎	鳳山鎮代表會	代表	第2屆	1948.5.25 至 1950.11.6 止	舉善堂	堂主
沈　義	鳳山鎮代表會	代表	第1、2屆	1946.3.15 至 1950.11.6 止	明善堂	堂主
		代表主席	第4屆	1953.3.6 至 1954.12.29 止		
	高雄縣議會	議員	第3、7、8屆	1955.1.16 至 1958.2.21 止 1968.2.21 至 1973.5.1 止		
王德中	鳳山鎮代表會	代表	第1屆	1946.3.15 至 1947.6 止	明善堂	副堂主
	鳳山鎮文山里	里長	第1～5屆	1946.1.20 當選		
	鳳山鎮代表會	代表	第7、8屆	1961.6.1 至 1968.5.31 止		
鄭真襲	鳳山鎮文山里	里長	第6屆	1946.3 當選	明善堂	司經
	鳳山鎮代表會	代表	第3屆	1950.11.7 至 1953.3.5 止		
許天賜	鳳山鎮代表會	代表	第3屆	1950.11.7 起，後因任公務員而辭職	明善堂	副堂主
楊明旺	鳳山鎮代表會	代表	第3、4、5、6屆	1950.11.7 至 1961.5.31 止	明善堂	迎送生

（續上表）

姓名	服務單位	職稱	屆數	任期	所屬鸞堂	曾任鸞堂職務
鄭來富	鳳山鎮文山里	里長	第8屆	1968.9 當選	明善堂	進菓生
	鳳山市文山里		第1屆	1972.7.1 改制為市		
鄭水池	鳳山市代表會	代表	第2、3屆	1973.11.1 至 1982.3.1 止	明善堂	堂主
	高雄縣議會	議員	第10、11屆	1982.3.1 至 1990.3.1 止		
鄭榮生	鳳山鎮鎮南里	里長	第3屆	1950.10.15 當選	協善堂	堂主
陳規直	鳳山鎮代表會	代表	第1屆	1946.3.15 至 1948.5.24 止	協善堂	堂主
	鳳山鎮鎮南里	里長	第4屆	1953.8.9 當選		
蔡正心	鳳山鎮代表會	代表	第7屆	1961.6.1 至 1964.5.31 止	協善堂	校正兼錄唱膳真生
洪秋祥	鳳山鎮鎮西里	里長	第1屆	1946.1.20 當選	樂善堂	堂主
謝傳世	鳳山鎮代表會	代表	第1屆	1947.6 至 1948.5.24 止	樂善堂	正鸞生
歐陽維謀	鳳山鎮和德里	里長	第1屆	1946.1.10 當選	養靈堂	宣講生
	鳳山鎮代表	代表	第1、2屆	1946.3.15 至 1950.11.6 止		
林德旺	鳥松鄉公所	鄉長	第1屆	1951.6.16 至 1953.2.6 止	喜善堂	堂主

資料來源：

1. 彭三光主編，《鳳山市志》，頁 103-160、505、536-575。
2. 鳥松鄉志編輯委員會編輯，《鳥松鄉志》（高雄：鳥松鄉公所，1985），頁 208。
3. 不著撰人，《覺世古譚》，頁 6。
4. 誠心社明善堂主王國柱先生口述，於 2013 年 3 月 5 日訪談。
5. 明新社養靈堂主王文鴻先生口述，於 2013 年 3 月 20 日訪談。

附錄2：鸞堂各科善書職務變化表

職務	誠心社明善堂				靜心社舉善堂			修心社靈善堂			啟明社樂善堂		
書名	正風	衛道	忠恕之道	浮生映道	覺世古譚	諳詁纂述	諳詁纂述續篇	念道	法輪	人道	普濟醫宗	參玄悟道	樂道明忱
統監						◎ *21	◎ *30				◎ *49	○	○
副統監						◎ *22	◎ *31						○
堂務委員		○	○	○									
堂主	○	○	○	○	○	○	○	○	○	○	○	○	○ *65
副堂主	○	○	○	○	○	○	○	○	○	○	○		○ *66
監理	○	○	○	○							◎ *50		
總理	○		○	○									
副總理			○	○									
內務監理					○ *16						◎ *51		◎ *67
外務監理					○ *17						◎ *52		◎ *68
堂務監理								○	○	○		○	
內務總理		○				○	○ *32	○	○	○		○	
外務總理		○				○	○ *33	○	○	○		○	
堂務總理						○	○	○	○				
內務助理								○	○				
外務助理								○	○	◎ *46			
堂務助理									○	○ *47			
顧問			◎ *9	◎ *13	○	○	○	○	○ *45		○		○ *69
總務	○	○	○	○									○
會計出納		○	○	○	○	○	○	○					

鸞堂總體事務統籌

	書名／職務	誠心社明善堂				靜心社舉善堂			修心社靈善堂			啟明社樂善堂		
		正風	衛道	忠恕之道	浮生映道	覺世古譚	諄話纂述	諄話纂述續篇	念道	法輪	人道	普濟醫宗	參玄悟道	樂道明忱
鸞堂六部生	鸞務監理			○	○	○	◎ *23	◎ *34	○	○	○	○	○	○
	正鸞	○	○ *3	○	○	○	◎ *24	◎ *35	○	○	○	○	○ *59	○
	副鸞	○	○ *4	○	○	○	◎ *25	◎ *36	○	○	○	○	○	○
	唱鸞	○	○	○	○	○	○	○	○	○	○	○	○	○
	錄鸞	○ *1	○ *5	○ *10								○ *53	○ *60	○
	謄錄					○	○	○	◎ *42	○		◎ *54	○	
	諷誦	○	○	○	○	○	○	○	○	○	○	○	○	○
	司香	○	◎ *6	○	○	○	○	○	○	○	○	○	○	○
	進果	○	○	○	○	○	○	○	○	○	○	○	◎ *61	○
	把門	○	○	○	○	*18	*26	*37	*43					*70
鸞堂經懺事務	經部					○	○	○				◎ *55	○ *62	○
	經務總理								○	○	○			
	經務監理													
	經務助理								○	○				
	司樂			○	○									
	樂部					○	○	○				◎ *56	○ *63	○
	樂務總理								○	○	○			
	樂務監理													
	樂務助理								○	○				

（續上表）

職務＼書名		誠心社明善堂				靜心社舉善堂			修心社靈善堂			啟明社樂善堂		
		正風	衛道	忠恕之道	浮生映道	覺世古譚	諠詁纂述	諠詁纂述續篇	念道	法輪	人道	普濟醫宗	參玄悟道	樂道明忱
鸞文與宣講	校正生		○	○	○	○	○	○ ＊38	○	○	○		○	○
	宣講生			○	◎ ＊14		◎ ＊27	◎ ＊39	○		○			◎ ＊71
鸞堂的庶務	備果生					○	○	○		○	○	◎ ＊57		
	糾察生								○	○	○			
	候勞生	○ ＊2				◎ ＊19	○ ＊28	○ ＊40	○		○ ＊48	◎ ＊58	◎ ＊64	○ ＊72
	迎送生	○	○ ＊7	○ ＊11	○									
	參著生								○ ＊44					
	其他	○ ＊8	○ ＊12	○ ＊15		○ ＊20	○ ＊29	○ ＊41						○ ＊73

說明：

I. 符號說明：

  1.「○」：表示同標題名稱。

  2.「◎」：表示另有異稱。

  3.「＊」：表示註解。

II. 註解說明

  ＊1 另派有助理錄鸞生。

  ＊2 本書所派候勞生為女生，男性為迎送生。

  ＊3 另派有助理正鸞生。

  ＊4 另派有助理副鸞生。

  ＊5 另派有助理錄鸞生。

  ＊6 本書稱為進香生。

  ＊7 本書分別派男、女迎送生。

  ＊8 另派有女執事。

  ＊9 本書無派顧問，但所派名譽委員類似此職。

  ＊10 另派有副錄鸞生。

  ＊11 本書分別派有男、女迎送生。

＊12 另派有女執事。

＊13 本書無派顧問，但所派榮譽委員類似此職。

＊14 本書稱之闡道宣諭生。

＊15 另派有女執事。

＊16 另派有副內務監理。

＊17 另派有副外務監理。

＊18 分別派有內外把門生。

＊19 本書將其職分為男女，男稱男效勞生，女稱女效駕生。

＊20 另派有司儀生。

＊21 本書稱之總監。

＊22 本書稱之副總監。

＊23 本書稱之鸞務總理。

＊24 本書稱之左鸞生。

＊25 本書稱之右鸞生。

＊26 分別派有內外把門生。

＊27 本書稱之宣諭生。

＊28 本書將其職分為男、女候勞生。

＊29 另派有司儀生。

＊30 本書稱之總監。

＊31 本書稱之副總監。

＊32 另派有內務副總監。

＊33 另派有外務副總監。

＊34 本書稱之鸞務總理。

＊35 本書稱之左鸞生。

＊36 本書稱之右鸞生。

＊37 本書分男、女把門生。

＊38 另派有校對生。

＊39 本書稱之宣諭生。

＊40 本書分男女候勞生。

＊41 另派有司儀生。

＊42。

＊43 本書分內、外把門生。

＊44 本書分派男女參著生。

＊45 派有執事顧問及顧問二職。

＊46 本書稱之外務協理。

＊47 本書稱之堂務協理。

＊48 本書分男女候勞生。

＊49 本書稱之總堂主。

＊50 本書稱之監督。

＊51 本書簡稱內務。

＊52 本書簡稱外務。

＊53 另派有普練錄鸞生。

＊54 本書稱之謄抄生。

＊55 本書稱之經典組長。

＊56 本書稱之聖樂組長。

＊57 本書稱之備茶果生。

＊58 本書稱之效勞生。

＊59 另派有普練鄭鸞生。

＊60 另派有普練錄鸞生。

＊61 本書稱之敬茶果生。

＊62 另派有副部與協理。

＊63 另派有副部與協理。

＊64 本書稱之效勞生，分別男效勞與女效勞。

＊65 另派有名譽堂主。

＊66 另派有名譽副堂主。

＊67 本書稱之內務組長。

＊68 本書稱之外務組長。

＊69 本書除派有顧問職外，另有元老、長老類似職務。

＊70 本書除派有把門生外，亦另派女把門生。

＊71 本書稱之宣化生。

＊72 本書稱之效勞生。

＊73 本書派有祭典、文書、採購、營繕等組。

資料來源：

1. 不著撰人，《正風（卷一仁部）》（高雄：誠心社明善堂，1958），頁 13-14。
2. 不著撰人，《衛道（卷一禮部）》（高雄：誠心社明善堂，1968），頁 23-30。
3. 不著撰人，《忠恕之道》（高雄：誠心社明善堂，1998），頁 17-20。
4. 不著撰人，《浮生映道》（高雄：誠心社明善堂，1996），頁 17-21。
5. 不著撰人，《覺世古譚》（高雄：靜心社舉善堂，1987），頁 24-28。
6. 不著撰人，《諄詁纂述》（高雄：靜心社舉善堂，1997），頁 17-22。
7. 不著撰人，《諄詁纂述續篇》（高雄：靜心社舉善堂，2009），頁 16-20。
8. 不著撰人，《念道》（高雄：修心社靈善堂，1984），頁 13-22。
9. 不著撰人，《法輪》（高雄：修心社靈善堂，1989），頁 14-21。
10. 不著撰人，《人道》（高雄：修心社靈善堂，1993），頁 13-19。
11. 不著撰人，《普濟醫宗》（高雄：啟展社舉善堂，1967），頁 22-24。
12. 不著撰人，《參玄悟道》（高雄：啟明社舉善堂，1998），頁 14-18。
13. 不著撰人，《樂道明忱》（高雄：啟明社舉善堂，2005），頁 235-241。

附錄 3：《明道》〈鳳邑儒教聯堂人職〉表

命派職務	命派人員
董事兼堂務總監理	黃鐘卿
董事兼堂務副監理	王誠修
董事兼鸞務總監理兼唱鸞	郭玄修
董事兼校正兼唱鸞	顏星卿
董事兼校正兼錄鸞	陳規直
董事兼錄鸞	黃振來
董事	陳清卿、余顯明、陳德明、林祿明、林德旺
總理兼校正兼唱鸞	蔡芳卿
總理兼校正兼錄鸞	丁寬修
總理兼校正兼錄鸞	林古木
總理兼校正	吳祥卿
總理兼錄鸞	胡克修
總理	陳文修、陳登卿、盧修明、李護明、李光卿
總理兼唱鸞	鄭徹修
內總務兼誥誦	黃榮明
內總務兼會計兼誥誦	楊相
內總務兼會計兼唱鸞	洪秋祥
內總務兼錄鸞	王悟修
內總務	鄭啟村、鄭榮生
外總務兼誥誦	陳現卿
外總務兼錄鸞	蔡仁修
外總務兼把門	吳 秋、鍾招陽、陳清順
總校正兼主講	歐陽裕修
正鸞兼監鸞	邱觀卿、辜弘修、蔡龍明
正鸞	李慧卿、吳智卿、張禎卿、顏靜卿、邱忠修、吳精修、吳明修、陳　標、鄭佛來、許清江、林古來、葉炳輝、蔡黃元、吳　堯、黃伯林、龔展昌
副鸞兼唱鸞	余天鴻
副鸞	謝傳明、錢武雄、詹松卿、龔誠修、陳明修、陳華明、吳廣成、劉清甲、王敏修、王迺進、陳炎城、吳　滿、陳彭壽、黃信雄、黃居和、謝喜郎、曾天生、高振源、黃　捷、呂錦田
鸞務副總監兼校正兼唱鸞	李哲修
唱鸞兼校正	蘇雲卿、許　土

命派職務	命派人員
唱鸞	鄭和卿、胡鎮明、王敦修、洪啟東、周進達、吳進財、黃振緄、李祥卿、吳世元
錄鸞兼副總校正	鄭玄卿
錄鸞兼校正	陳國基
錄鸞	吳燦明、謝宏明、鄭哲明、陳天賜、趙　達、王春秋
司香	吳志明、鄭禮修、吳覺修、許金振、余　城、郭壽山、黃　塗、龔萬廷、陳　新、蔡賴添、曾悅溫、陳　草、羅海清、劉天寶、鍾庚辛、楊啟明、張源成
進菓	楊心修、陳克修、黃明發、連森然、阮順意、林勝潔、方　才、李朝聘、吳滿堂、陳　亂、黃　添、蔡榮助、張振貴、李玉王、鍾財旺、張新春
誥誦	林悟修、尤善修、吳明進、郭清條、楊攀柱、林　枉、陳和順、吳登讚、葉和清、許天賜、王守中、許清海、吳清來、郭炳乾、呂有德、許福來、鄭明達
把門	簡懷修、蘇朝為、邱世雄、簡　趁、林　忠、柯查某、周金輝、黃瑞福、黃海舍、柯焜煌、劉榮成、黃天福、游金波、蘇振茂、余世代、謝審匏、高　復、廖義親、曾玉輝、廖金義、陳梅芳、蕭榮瑞、黃有財、蔡天賜、楊三義
候勞生兼校正	劉芳樵
男候勞生	蕭敏昌、林地木、周一郎、吳榮次、劉忠慶、陳酒雄、楊文正、陳連生、聞　雄、陳國珍、陳義崑、錢吉雄、莊丹其、楊　華、陳受郎、高天燦、劉宗良、王迺州、黃光平、林朝清、陳瑞芳、張簡石典、朱春財、黃馨苗、梁日遠、莊泉奢、陳鴻廷、陳賢、吳武吉、陳溪生、張誦經、王雲頭、顏祖彭、廖樹景、郭慶雲、郭福添、黃健義、吳金能、楊登貴、蘇東榮、郭上海、楊大樹、邱玉樹、吳漏稱、黃銅、陳財旺、黃文雄、姜林金火、許耀星、蘇銘坤、陳客禎、楊萬生

（續上表）

命派職務	命派人員
女候勞生	謝　闇、陳烏肉、陳水連、陳月雲、陳月娥、陳月蘇、陳　赤、李　壁、李　善、林素明、林皈明、江節明、江阿汋、洪蓮明、洪偉言、張簡戡、張錦霞、黃秀治、方　扣、曾　算、吳不纏、王朝珠、石　梅、王　淑、何玉英、周　棗、黃　英、林白壳、吳綉琴、簡　涼、何定市、何金莝、洪秋菊、游　早、陳　玉、鄭林環、吳　印、黃金卿、王　忍、蔡　順、林　治、曾玉香、鍾　閂、盧紅蝦、黃岡市、鍾　纏、黃　快、潘招治、王美玉、陳蔡實、陳登妹、陳　謹、謝阿爽、林進金、李鄞昌、蔡　箱、莊菊、陳桂寶、劉春留、紀秀英、孫惠香、王陳豆、王許吉治、王洪自、王洪引、王趙秋日、吳李茶、陳洪招寶、胡曹添妹、龔方桂花、顏　緞、連王治、梁玉霞、陳綉琴、王陳月娥、尤駕鴦、李莊環、吳陳綿、梁陳水哖、陳賴秀金、張簡劉趁、顏陳春、洪吳綉緣、葉王秀鸞、王李花、楊謝李順、張　恨、張金英、薛蕃婆、吳楊金葉、陳椅楠、謝　犇、林陳不纏、黃翠玉、黃美珠、陳月花、黃麗華、王　拿、王朝秀、陳　九、吳　宜、阮　換、郭春金、郭　雪、吳　敏、王鳳珠、王惡麻、鄭天金、盧金枝、林緞、周月卿、許陳金釵、陳金枝、陳麗霞、陳枝葉、李有福、楊　謝決

說明：

1. 以上命派職務人員，並非每一位均以真名呈現，其中姓名最後一字若為「卿」、「修」、「明」者，皆是「鸞堂賜號」。「鸞堂賜號」主要由恩主或所屬鸞堂正主席賜予，作為鸞堂修道名，十一鸞堂中也有鸞堂認為賜號代表「果位」。

2. 命派董事者為各鸞堂堂主，命派總理者為各鸞堂副堂主，除特別情況，如歐陽裕修（維諜）為鳳山地區甚為重要的「漢學先生」，特派總校正兼主講外，其餘人員所派職務均是其在原鸞堂之職務。

資料來源：不著撰人，《明道（卷一智部）》（高雄：鳳邑儒教聯堂，1961），頁 13-18。

附錄 4：鳳邑靜心社舉善堂旨繳《諄詁纂述續篇》醮典秩序表

鳳邑靜心社舉善堂旨繳《諄詁纂述續篇》醮典早、午、晚供各友堂輪擔日程表					
日程 壇位	農曆 10月9日	農曆 10月10日	農曆 10月11日	農曆 10月12日	農曆 10月13日
天壇	修善堂	明善堂	靈善堂	南聖堂	舉善堂
佛壇	明善堂	靈善堂	南聖堂	舉善堂	修善堂
諸真壇	靈善堂	南聖堂	舉善堂	修善堂	明善堂
孤魂壇	南聖堂	舉善堂	修善堂	明善堂	靈善堂
先賢壇	舉善堂	修善堂	明善堂	靈善堂	南聖堂

第一天（10月9日）				
時間	醮儀項目	經懺名稱	諷誦位置	負責單位／人
05：00 ～ 06：00	奏鼓 昇通天旛		天壇	全體參與人員
06：00 ～ 07：00	各壇演淨		各壇	各壇負責人員
08：00 ～ 09：00		金剛明經（全卷）	佛壇	徐雲河
09：00 ～ 10：00		彌陀尊經（全卷）	佛壇	吳迫月
10：00 ～ 11：00		普門品經（全卷）	佛壇	簡秀如
11：00 ～ 12：00	午供		各壇	各壇負責人員
13：00 ～ 14：00		救苦真經（全卷）	佛壇	蘇寶月
14：00 ～ 15：00		四聖真經（全卷）	諸真壇	李修慶
		藥師尊經（全卷）	佛壇	修善堂
15：00 ～ 16：00		清淨真經（全卷）	諸真壇	蘇先進
		地藏本願經（上卷）	佛壇	修善堂
16：00 ～ 17：00		太白金星救世經（全卷）	諸真壇	陳建源
		地藏本願經（中卷）	佛壇	修善堂
17：00 ～ 18：00	晚供		各壇	各壇負責人員
19：00 ～ 20：00		地藏本願經（下卷）	佛壇	修善堂
20：00 ～ 21：00		三教妙法真經（全卷）	諸真壇	蔡秋霞
		血盆真經（全卷）	佛壇	李惠蓉
21：00 ～ 22：00		大洞真經（全卷）	諸真壇	李玉王
		愣嚴經（卷一）	佛壇	靈善堂
22：00 ～ 23：00		桃園明聖經（全卷）	諸真壇	工美鶴
		愣嚴經（卷二）	佛壇	靈善堂

第二天（10 月 10 日）				
時間	醮儀項目	經懺名稱	誥誦位置	負責單位／人
04：00〜05：00	發小表	東獄科儀	天壇	本堂
05：00〜06：00	早供		各壇	各壇負責人員
07：00〜08：00		愣嚴經（卷三）	佛壇	靈善堂
08：00〜09：00		愣嚴經（卷四）	佛壇	靈善堂
09：00〜10：00		愣嚴經（卷五）	佛壇	靈善堂
10：00〜11：00		愣嚴經（卷六）	佛壇	靈善堂
11：00〜12：00	午供		各壇	各壇負責人員
13：00〜14：00		愣嚴經（卷七）	佛壇	靈善堂
14：00〜15：00		愣嚴經（卷八）	佛壇	靈善堂
15：00〜16：00		愣嚴經（卷酒）	佛壇	靈善堂
16：00〜17：00		愣嚴經（卷七）	佛壇	靈善堂
17：00〜18：00	晚供		各壇	各壇負責人員
19：00〜20：00		血盆寶懺（上卷）	佛壇	靈善堂
20：00〜21：00		血盆寶懺（中卷）	佛壇	靈善堂
21：00〜22：00		血盆寶懺（下卷）	佛壇	靈善堂

第三天（10 月 11 日）				
時間	醮儀項目	經懺名稱	誥誦位置	負責單位／人
04：00〜05：00	發大表	西獄科儀	天壇	本堂
05：00〜06：00	早供		各壇	各壇負責人員
07：00〜08：00		金剛寶卷（全卷）	天壇前	本堂
08：00〜09：00		梁皇寶懺（卷一）	佛壇	明善堂
09：00〜10：00		梁皇寶懺（卷二）	佛壇	明善堂
10：00〜11：00		梁皇寶懺（卷三）	佛壇	明善堂
11：00〜12：00	午供		各壇	各壇負責人員
13：00〜14：00		梁皇寶懺（卷四）	佛壇	明善堂
14：00〜15：00		梁皇寶懺（卷五）	佛壇	明善堂
15：00〜16：00		梁皇寶懺（卷六）	佛壇	明善堂
16：00〜17：00		梁皇寶懺（卷七）	佛壇	明善堂
17：00〜18：00	晚供		各壇	各壇負責人員
19：00〜20：00		梁皇寶懺（卷八）	佛壇	明善堂
20：00〜21：00		梁皇寶懺（卷九）	佛壇	明善堂
21：00〜22：00		梁皇寶懺（卷十）	佛壇	明善堂

第四天（10 月 12 日）				
時間	醮儀項目	經懺名稱	諷誦位置	負責單位／人
04：00～05：00	早朝		天壇	本堂
05：00～06：00	早供		各壇	各壇負責人員
07：00～08：20		三昧寶懺（上卷） 三昧寶懺（中卷）	佛壇	南聖堂
08：20～09：00		三昧寶懺（下卷）	佛壇	南聖堂
09：00～10：00		藥師寶懺（上卷）	佛壇	南聖堂
10：00～11：00		藥師寶懺（中卷）	佛壇	南聖堂
11：00～12：00	午供		各壇	各壇負責人員
13：00～16：00		彌陀寶卷（全卷）	先靈壇	本堂
13：20～14：20		藥師寶懺（下卷）	佛壇	南聖堂
14：20～15：10		地藏寶懺（上卷）	佛壇	明善堂
15：10～16：00		地藏寶懺（中卷）	佛壇	明善堂
16：00～17：00		地藏寶懺（下卷）	佛壇	明善堂
17：00～18：00	晚供		各壇	各壇負責人員
19：00～20：00		十王寶懺（上卷）	佛壇	靈善堂
20：00～21：00		十王寶懺（中卷）	佛壇	靈善堂
21：00～22：00		十王寶懺（下卷）	佛壇	靈善堂

第五天（10 月 13 日）				
時間	醮儀項目	經懺名稱	諷誦位置	負責單位／人
23：00～	降通天旛 發醮儀		天壇	全體人員
	奏表 焚書儀			
	天壇謝壇			
05：00～06：00	早供			各壇負責人員
07：00～	代行接客 友堂拜醮			
11：00～12：00	午供		各壇	各壇負責人員
12：00～17：00	普度	易經		謝清強
		蒙山科儀		本堂
17：00	圓滿謝壇			本堂

附錄 5：祭聖科儀相關內容

1. 演淨科儀及其內容

2. 祝壽科儀及其內容

3. 獻敬科儀及其內容

(1)「獻供科儀（南）」

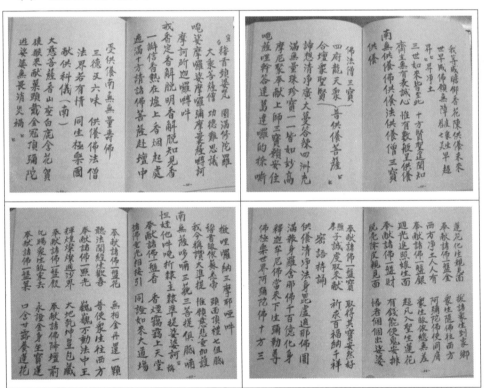

(2)「午供（四大稽首）」

稽首：皈依法寶鎮龍寫龍

南無佛法僧三寶

午供

南無寶讚等薩摩訶薩 三稱

大悲菩薩香山座白鹿含化貨

猿撤來獻菓頭戴金冠彌陀尼

進送婆無畏消災福

稽首：皈依佛佛法僧三寶 三

南無福田僧伽耶南無同向菩薩摩訶薩

稽首：皈依僧心似水清水

南無海藏達摩耶

宮閣寶藏王軸論三乘

清秋月現志忘福田僧

南無香供養菩薩摩訶薩 三稱

南無供養佛供養法供養僧三寶供養

佛法僧三寶

四府龍天眾（普供養菩薩）

合壇聖眾

若夫羅列三德交廚大開香墻

之深奉獻酥陀妙供

教有密言

香熱爐焚寶鼎中栴檀沉乳

真堪供養雲線繞達花動諸佛

菩薩下天宮天臺山羅漢來受

人間供

南無普供養菩薩摩訶薩 三稱

三花聚頂光菜燦五氣朝元亮堂堂

七珍萬寶過處現九品金蓮呈供養

南無一心奉獻

千花臺上百寶光中三十二相

之能仁八十種好之大覺過現

未來無量佛寶惟願不捨慈悲

請降道場普沾

供養真如佛陀耶

南無一心奉獻

瑪瑙共珊瑚明珠一百寶馬明

萬茶湖洲茶此食供養大釋迦

妙法菩提菓奉獻法中王千茶

或香定香與慧香戒牡丹芍藥地

謹當持捅　洗淨凡

王奉獻佛菩薩

供養福田僧伽耶

南無一心奉獻

天真地聖水晢鄉賢四府皆羅

十方賢聖惟賴不捨慈悲請降

西天竺國白馬獻來修多羅了

用上乘十二部真空妙境過現

未來無量法寶惟願不捨慈悲

請降道場普沾

供養海藏達摩耶

南無一心奉獻

供養福田僧伽耶

此地他方或供養於人間天上

過現未來無量僧寶惟賴不捨

慈悲請降道場普沾

三明八解四果六通或說法於

南無普供養菩薩摩訶薩 三稱

供養清淨法身毘盧遮那佛圓

滿教身盧舍邪佛千百億化身

釋迦牟尼佛當來下生彌勒尊

佛極樂世界阿彌陀佛十方三

世一切諸佛諸尊菩薩摩訶薩

烏羅什香鑊迦樓羅富樓那十

代高僧若人皈依僧不墮傍生

稽首皈依佛法僧三寶三寶慈尊

給孤長者捨祇園佛滿金錢苦

才重子五十三參超生死渡果

生早得超昇若人皈依佛法僧

三寶不墮阿鼻

摩訶般若波羅蜜三德六味供

南無香雲蓋菩薩摩訶薩 三稱

天地水府三界高真無邊法期

大悲仁濟度應良辰福被萬民

援罪度迷津

大哉乾元賜福人間巍巍功德

重知山救罪解冤愆一炷香傳

直透九重天

供養僧法界有情齊登正覺

唵誠誠娑三婆姪幾日耀斛之

大眾菩薩僧　功德修陀羅

唵婆羅婆婆摩羅彌摩賈菩薩嗽訶

摩訶祈迦囉囕吽

轉三官獻供

附錄 6：各鸞堂恩師表

恩師＼鸞堂	舉善堂	協善堂	靈善堂	慈善堂	明善堂	樂善堂	喜善堂
正主席	龍虎山慈濟真君許	本堂玄天上帝蔣	豁落靈官天君王	南極御前護駕神冀	龍虎山慈濟真君許	龍虎山正一漢天師張	南宮太乙星君柳
副主席	順天府成都大帝革	無	南宮太乙星君柳	鳳邑雙慈亭天上聖母林	順天府成都大帝革	清虛宮神農大帝	八隆宮池府千歲池
						南天八臂太子中壇元帥	流溝聖帝殿文衡聖帝李
正馳聘元帥	南天督察府副主席李	協善堂關聖帝君廖	西方齊天大聖孫	南極御前護駕神呂	大社青雲宮神農大帝郭	花果山水廉洞齊天大聖	南宮天君辛
副馳聘元帥	南天文書院副主席陳	協善堂廣澤尊王蔡	南天天君辛	南極御前護駕神李	八隆宮池府千歲池	鳳邑雙慈亭天上聖母	鳥松福龍宮吳府千歲戴
功過司	南天左君侯李	南天將軍周	鳳邑威靈顯赫蘇	鳳邑威靈侯郭	鳳邑威靈顯赫蘇	鳳邑威靈侯	鳳邑城隍蘇
							南天夫炎尊王陳＊1
理濟世	無	協善堂觀世音佛祖羅	無	無	無	無	無
主壇司	南天翰林院副主席蘇	無	鳳邑鎮南宮文衡聖帝劉	慈玉宮劉府千歲余	鳳邑赤山文衡殿文衡聖帝張	冥府第七殿閻君泰山王	大社青雲宮神農大帝駱
							八隆宮福德正神陳＊2
主筆司	南天督察府副主席余	無	鳳邑西園宮劉府千歲馬	星安宮玄天上帝阮	五塊厝文衡聖帝徐	樂善堂地藏王菩薩	吳家文衡聖帝董
							南天使者林＊3

鸞堂＼恩師	舉善堂	協善堂	靈善堂	慈善堂	明善堂	樂善堂	喜善堂
司禮神（迎送神）	南天右君侯陳	龍成宮天上聖母林 龍成宮城隍尊神鄭 司禮神駱	司禮神黃	顏家文衡聖帝	大埤福德正神楊	鳳德三子亭福德正神	南天使者何
掌壇神	掌壇神吳	無	無	無	無	無	無
掌印神	掌印神王	無	無	無	無	無	無
紀錄神	紀錄神許	無	無	無	無	無	無
通報神	通報神張	無	無	無	無	無	無
鸞務監察神	無	無	無	無	無	無	黃家城隍徐 林家清水祖師紀＊4

說明1：＊1：副功過司。　＊2：副主壇司。　＊3：副主筆司。　＊4：副鸞務監察神。

說明2：此七座鸞堂，就各自歷部善書，均有恩師的改派、增派以及不續派等情況，但唯有舉善堂在著造《諄詁纂述續篇》時，除正副主席外，其餘恩師作了大幅度的改派，與增派掌壇、紀錄、通報、鸞務監察等神職。

資料來源：

1. 不著撰人，《諄詁纂述續篇》（高雄：鳳邑靜心社舉善堂，2009），頁13-15。

2. 不著撰人，《苦海南針（卷一中部）》（高雄：五甲協善堂，1947），頁5-6。

3. 不著撰人，《人道》（高雄：鳳邑修心社靈善堂，1993），頁11-12。

4. 不著撰人，《樂道明忉》（高雄：鳳邑啟明社樂善堂，2005），頁12-13。

5. 不著撰人，《儒宗明燈》（高雄：鳳邑明德社喜善堂，2011），頁26-28。

6. 誠心社明善堂堂主王國柱先生口述，於2012年7月29日訪談。

7. 學心社慈善堂堂生陳進壽先生口述，於2012年11月30日訪談。

附錄 7：鳳山聚落對應表

清代		日治時期					國民政府時期	
鳳山縣 （光緒 20 年； 1894）		鳳山廳 （明治 34 年；1901）			高雄州轄下鳳山郡 的鳳山街 （大正 9 年；1920）		高雄縣轄下 鳳山鎮 （民國 35 年，1946）	高雄縣轄下 鳳山市 （民國 87 年，1998）
里名	街庄名	里名	街庄名	小地名	大字	小字	里名	里名
大竹里	埤頭街	大竹里	鳳山街	縣口街 石橋仔街 捕廳巷 城隍廟街	鳳山	縣口	縣衙里	縣衙里
				粟倉後				鳳崗里
				虎廟前後 豆油巷 照牆後 臭崛垞 大廟後 店仔口			縣口里	縣口里
				王厝菜園 西門街		大老衙	興仁里	興仁里
				大廟口 柴市仔 大老衙街 大老甘宅			成功里	成功里
				內北門街 火房口街 莿桐腳街 新打路街		火房口	光明里	光明里
				登瀛街、 三角通街、 魚市、 鴨市仔、 大坪底				
			竹仔腳庄	下橫街 打鐵街	鳳山 竹仔腳		三民里	三民里
			鳳山街	中和街、 草店尾街、 田仔下	鳳山	草店尾	南興里	南興里
	下菜園		鳳山街 道爺廍	瓦磘尾 下菜園	鳳山 道爺廍	草店尾 下菜園	和德里	和德里

（續上表）

清代		日治時期					國民政府時期	
赤山里	寓潮埔	赤山里	牛潮埔庄	牛潮埔 漏窖 頭前	牛潮埔		鎮北里	鎮北里
				北門仔 武洛塘山				北門里
				後厝				忠誠里
								武松里
鳳山里	埤腹內	小竹上里	山仔頂庄	埤腹內	大寮庄 山仔頂		大寮鄉 埤頂村	埤頂里
								鳳東里
								中正里
								美齡里
								海光里
								海風里
大竹里	德乃嘉	大竹里	竹仔腳庄	過溝仔	竹仔腳		鎮東里	鎮東里
				竹仔腳				瑞竹里
				柴頭埤				瑞興里
								新興里
小竹里		小上竹里	山仔頂庄		大寮庄 山仔頂		大寮鄉 埤頂村	誠德里
大竹里		大竹里	竹仔腳庄		竹仔腳			東門里
								誠信里
								誠智里
鳳山里	灣仔頭 過路窟	鳳山上里	灣仔頭庄	相思林	灣仔頭			誠正里
				灣仔頭				誠義里
大竹里		大竹里						生明里
			竹仔腳庄		竹仔腳		鎮東里	
			灣仔頭庄	山仔腳 過埤仔	灣仔頭	過埤仔		過埤里
鳳山里	山仔腳 過埤仔	鳳山上里	過埤仔庄	過埤子	田中央、 頂中庄、 埤墘、 埤仔後、 土庫、 園尾、 萬金、 草埤腳、 龜仔壽陂			
	田中央、 頂中下 莊、陂仔 後、 塗庫仔、 園尾庄、 草埤腳							

（續上表）

清代		日治時期					國民政府時期	
大竹里	五甲庄	大竹里	五甲庄	五甲	五甲	五甲	鎮南里	鎮南里
								五福里
								福成里
								福興里
								福祥里
								富甲里
			五甲庄七老爺庄	五甲	五甲	五甲		富榮里
					七老爺	一甲		美善里
	牛寮仔陂岸腳			牛寮坤岸腳	五甲七老爺	牛寮一甲		南成里
			五甲庄	五甲	五甲	五甲		天興里
								大德里
								南和里
								龍成里
	七老爺		七老爺庄	七老爺庄	七老爺一甲頂頭仔	七老爺一甲	七爺里	七爺里
	新甲庄		新甲庄		新甲			新甲里
			新甲庄道爺廊庄	新甲	新甲道爺廊	道爺廊		新強里
			新甲庄		新甲			新富里
								海洋里
								新樂里
								新武里
								新泰里
	中崙庄		七老爺庄	中崙	七老爺	七老爺		中崙里
								中榮里
								中民里
	一甲庄			一甲		一甲		一甲里
								二甲里
			新甲庄		新甲			武漢里
								武慶里
			七老爺庄	田寮	七老爺一甲			正義里

（續上表）

清代			日治時期					國民政府時期
大竹里	道爺廍庄		道爺廍庄	道爺廍	道爺廍	道爺廍	興仁里	興中里
								協和里
								國泰里
						道爺廍		國光里
								國隆里
								國富里
						下菜園	和德里	和興里
			新庄仔庄 赤山庄		新庄子 赤山			曹公里
	新庄仔		新庄仔庄	新庄仔 竹巷	新庄子		鎮西里	鎮西里
	竹巷庄			巷尾				中和里
								忠義里
								忠孝里
赤山里	赤山庄	赤山里	赤山庄	頂頭仔 後庄仔	赤山		赤山里	文山里
								文英里
								文華里
								文德里
				下頭仔				文福里
								文衡里

資料來源：施添福總編纂，《臺灣地名辭書卷五：高雄縣第二冊（上）》（南投：國史館臺灣文獻館，2008），頁 328-331。

附錄 8：戰後鳳山地區廟宇一覽表

里別	聚落／庄頭	廟名	主神	大略位置	備註
文衡	赤山	文衡殿	關聖帝君	文殿街 2 號	清代創建
文衡	赤山下頭	神農宮	神農大帝	文殿街 110 號	日治時期創建
鎮北	牛潮埔	北辰宮	巫府千歲	北辰街 1 號	戰後創建
北門	太平新村	威武廟	威武侯 平水大王 三大侯王	太平 3 巷	戰後創建
忠義	西門	保興宮	保生大帝	自由路 138 號	戰後創建
中和	竹巷	三子亭	中壇元帥	信義街 303 巷 1 號	戰後創建
鎮西	竹巷尾	南誠堂	觀音佛祖	中山西路 80 巷 9 號	目前仍為公厝型態
鎮西	竹巷口	開漳聖王廟	開章聖王	忠義街 132 號	清代創建
鎮西	新庄仔	新復寺	觀音佛祖	新生街 60 號之 5	日治時期創建
縣口	縣口	雙慈亭	天上聖母	三民路 285 之 1 號	清代創建
興仁	白大路	西園宮	劉府千歲	中山路 229 巷 10 號	日治時期創建
和德	草店尾	龍山寺	觀音佛祖	中山路 7 號	清代創建
南興	田仔下	鎮安宮	關聖帝君	中山路 30 號	日治時期創建
和興	下菜園仔	田南宮	田都元帥	樂街街 8 號	戰後創建
和興	下菜園仔	鎮南宮	孚佑帝君	國泰路 1 段 220 號	戰後重修
新甲	新甲	北極殿	玄天上帝	武營路 209 號	日治時期重修
老爺	七老爺	大將公廟	雷府大將公	五甲 1 路 732 號	清代創建
中崙	中崙	武聖廟	關聖帝君	中崙里 1、2 鄰	戰後創建
正義	一甲	美泰宮	天上聖母	南昌街 23 號	戰後創建
鎮南	五甲	龍成宮	天上聖母	五甲 2 路 730 巷 6 號	日治時期創建
南成	五甲頂頭角	順南宮	順天聖母	林森路 146 之 2 號	戰後創建
埤頂	埤頂	鎮南宮	劉府千歲	鳳埤街 58 號	日治時期創建
瑞竹	相思林	瑞安宮	天上聖母	中山東路 213 巷 5 號	原位於相思林庄的民宅，後因日治時期，日軍徵收土地，而後「遷庄」，至現今瑞竹里一帶，故稱為「相思林新厝地」；於戰後創建。
瑞竹	竹仔腳	北極殿	玄天上帝	鎮東路 2 巷 35 號	日治時期創建
過埤	過埤仔	真君宮	保生大帝	小港區孔宅里 孔宅街	原寺廟登記於鳳山市轄內過埤里；清代創建
過埤	過埤仔	福德祠	福德正神	過埤巷 51 巷 19 之 1 號	戰後重建
過埤	過埤頂庄仔	鳳南宮	池府千歲	過雄街 52 巷	戰後創建

資料來源：林美容，《高雄縣民間信仰》（高雄：高雄縣政府，1997），頁 229-257。

附錄 9：內政部全國宗教資訊系統

索引網址：http://religion.moi.gov.tw/web/04.aspx

寺廟名稱	主祀神祇／配祀神祇	行政區	地址	教別	建別	組織型態	電話	負責人
財團法人台灣省高雄縣鳳山市真君宮	保生大帝	鳳山區	過埤里過雄街 52 巷 31 附 1 號	道教	募建	董事會制	未填	楊國風
飛鳳宮	張府尊王	鳳山區	南成里保華一路 136 號	道教	募建	未填	(07)7965351	陳東發
財團法人台灣省高雄縣鳳山市鳳南宮	池府千歲	鳳山區	過埤里過雄街 52 巷 31 號附 1	道教	募建	董事會制	(07)7922216	郭萬成
財團法人台灣省高雄縣五甲協善心德堂	觀世音菩薩	鳳山區	五甲二路 722 號	道教	募建	董事會制	(07)8217749	鄭明達
財團法人鳳山市新甲北極殿	北極玄天上帝	鳳山區	武漢里 7 鄰武營路 209 號	道教	募建	董事會制	(07)7719670	王萬力
財團法人台灣省高雄縣鳳山市順南宮	順天聖母	鳳山區	南成里林森路 146 之 2 號	道教	募建	董事會制	(07)8318532	楊文雄
財團法人高雄市鳳山區美泰宮	天上聖母	鳳山區	正義里南昌街 23 號	道教	募建	董事會制	(07)7712792	李明吉
財團法人高雄鳳邑新復寺	觀音佛祖	鳳山區	鎮西里新生街 60 之 5 號	道教	募建	董事會制	(07)7420489	陳德華
飛鳳寺	廣澤尊王	鳳山區	紅毛港路 27 號	道教	募建	管理委員會制	(07)7966969	洪明三
修善堂	觀音佛祖	鳳山區	南成里六成街 125 號	道教	募建	管理委員會制	(07)7965508	楊明通
海眾廟	海眾先師	鳳山區	南成里國慶 7 街 130 號	道教	募建	管理委員會制	未填	楊啟瑞
朝鳳寺	觀音佛祖	鳳山區	紅毛港路 90 號	道教	募建	管理委員會制	(07)7920511	洪啟宗
保安堂	郭府千歲	鳳山區	南成理國慶 7 街 132 號	道教	募建	管理委員會制	(07)7966198	鍾慶宗
鳳山彌陀精舍	釋迦牟尼佛	鳳山區	中和街 108 號	佛教	募建	執事會	(07)2512113	黃明正
洪氏佛祖廟	觀世音菩薩	鳳山區	南成里偉成街 1 號	道教	募建	管理委員會制	(07)7965666	洪輝霖

（續上表）

寺廟名稱	主祀神祇 / 配祀神祇	行政區	地址	教別	建別	組織型態	電話	負責人
財團法人高雄縣鳳山市北極殿	玄天上帝	鳳山區	瑞竹里 1 鄰鎮東路 2 巷 35 號	道教	募建	董事會制	(07)7428890	李美雲
財團法人鳳山市文衡殿	文衡聖帝	鳳山區	文衡里文殿街 2 號	道教	募建	董事會制	(07)7760615	錢俊皞
財團法人高雄市鳳山天公廟	玉皇上帝	鳳山區	光明里 17 鄰光明路 151 號	道教	募建	董事會制	(07)7463815	黃順德
財團法人高雄縣鳳山鎮南宮仙公廟	孚佑帝君	鳳山區	和興里五甲 1 路 213 巷 35 號	其他	募建	董事會制	(07)7479641	戴秋彬
財團法人鳳邑靜心社舉善堂	關聖帝君	鳳山區	和興里 20 鄰五甲 1 路 213 巷 37 號	道教	未填	董事會制	(07)7461378	蘇先進
財團法人高雄縣鳳山市雷府大將公廟	雷府大將公	鳳山區	老爺里二十鄰五甲一路七三二號	道教	募建	董事會制	(07)7631245	薛東森
財團法人鳳山佛教蓮社	阿彌陀佛	鳳山區	三民里 8 鄰三民路 58 號	佛教	募建	董事會制	(07)7462527	黃依妹（釋慧嚴）
正軍堂	水吉成公	鳳山區	南成里 2 鄰家和 3 街 100 號	道教	募建	管理委員會制	(07)8417546	洪啟宗
三清宮	元始天尊	鳳山區	過埤里過勇路 2 之 1 號	道教	募建	管理人（住持）制	(07)7159301	王小玲
沐暉堂	馬府千歲	鳳山區	正義里光榮街 50 號	道教	募建	管理委員會制	(07)7270343	梁銀川
天奉宮	天上聖母	鳳山區	國泰路 2 段 298 附 2 號	道教	募建	管理委員會制	(07)7472143	林李秋勤
皇奉堂	東廚帝君	鳳山區	鎮南里鎮南街 105 巷 10 號	道教	募建	管理委員會制	(07)8154105	郭國居
三姑宮	三姑娘娘	鳳山區	南江街 109 巷 17 號	道教	募建	管理委員會制	(07)7711650	黃高燦
同安廟	清水祖師	鳳山區	三民路 156 號	道教	募建	管理人（住持）制	(07)7475105	曾守金
湄聖宮	天上聖母	鳳山區	正義里 10 鄰華興街 119 號	道教	募建	管理人（住持）制	(07)7715253	蔡莊素蕊（暫代）
代德宮	池府千歲	鳳山區	南成里 2 鄰五甲 4 巷 20 號	道教	募建	管理委員會制	(07)7920961	吳德霖
仁聖宮	池府千歲	鳳山區	新富路 106 之 1 號	道教	募建	管理委員會制	(07)7132928	李皆道
鳳山寺	廣澤尊王	鳳山區	鎮南里龍成路三四巷一七號	道教	募建	管理人（住持）制	(07)8113971	陳貴圖代
赤山福德祠	福德正神	鳳山區	文山里 9 鄰文南街 122 號	道教	募建	管理人（住持）制	未填	歐國南

寺廟名稱	主祀神祇 / 配祀神祇	行政區	地址	教別	建別	組織 型態	電話	負責人
百姓公福德祠	百姓公 福德正神	鳳山區	王生明路 150 之 6 號	道教	募建	管理委員 會制	(07)7474884	謝文山
天彰聖堂	明明上帝	鳳山區	北門里博愛路 585 號	一貫道	募建	管理人 (住持)制	(07)7417108	王壽
彌陀寺	三寶佛	鳳山區	福祥里自強 2 路 5 巷 2 號	佛教	募建	管理人 (住持)制	(07)8213255	莊金花 (釋莊定)
振天寺	釋迦牟尼佛	鳳山區	新強里新強路 8 之 1 號	佛教	募建	管理人 (住持)制	(07)7717261	薛淑月
萬應宮	萬聖公媽	鳳山區	鎮西里中華街 32 之 1 號	道教	募建	管理委員 會制	(07)7902786	林諒
福德宮	福德正神	鳳山區	過埤里過埤巷 51 巷 19 之 1 號	道教	募建	管理委員 會制	(07)7920404	簡輝雄
慈福宮	李府千歲	鳳山區	自由路 53 巷 17 號	道教	募建	管理委員 會制	(07)7423347	沈金重
萬姓公媽廟	萬姓公媽祖	鳳山區	北門里民興路 61 之 1 號	道教	募建	管理委員 會制	(07)7472145	陳進師
佈善堂	劉府千歲	鳳山區	鳳埤街 60 巷 6 號	道教	募建	管理人 (住持)制	(07)7019742	梁正道
澎湖東吉啟明宮	徐府王爺	鳳山區	保安 1 街 149 號	道教	募建	管理委員 會制	(07)7925931	陳文生
興安宮	五府千歲	鳳山區	建國路 3 段 319 巷 16 號	道教	募建	管理委員 會制	(07)7473272	丁清止
神農宮	神農大帝	鳳山區	文衡里文殿街 101 號	道教	募建	管理人 (住持)制	(07)7768825	謝順炎 (代理)
紫竹林精舍	釋迦牟尼佛	鳳山區	武漢里漢慶街 60 號	佛教	未填	管理人 (住持)制	(07)7133891	釋見頤
瑞安宮	天上聖母	鳳山區	瑞竹里八鄰中山東路 213 巷 5 號	道教	募建	管理委員 會制	未填	盧博樟 (暫代)
鳳德 三子亭	三太子爺	鳳山區	中和里三鄰信義街 303 之 1 號	道教	募建	管理委員 會制	(07)7453545	葉美蓮
福德宮	福德正神	鳳山區	鎮東街 37 號	道教	募建	管理委員 會制	(07)7417350	沈龍泉
龍山寺	觀音佛祖	鳳山區	和德里 1 鄰中山路 7 號	佛教	募建	管理委員 會制	(07)7467391	劉盡忠
鎮安宮	關聖帝君	鳳山區	南興里十七鄰中山路 三十號	道教	募建	管理委員 會制	(07)7403419	簡彥彬
北辰宮	巫府千歲	鳳山區	鎮北里北辰街 1 號	道教	募建	管理委員 會制	(07)7451531	趙福蔭
白龍庵	五福大帝	鳳山區	和德里 14 鄰立志街 34 號	道教	募建	執事會	(07)7427742	王文鴻
鎮南宮	劉府千歲	鳳山區	埤頂里鳳埤街 58 號	道教	募建	管理委員 會制	(07)7015462	王惠隆
西園宮	劉府千歲	鳳山區	興仁里十鄰中山路 229 巷 10 號	道教	募建	管理委員 會制	(07)7439728	林武雄

（續上表）

寺廟名稱	主祀神祇 / 配祀神祇	行政區	地址	教別	建別	組織 型態	電話	負責人
開漳 聖王廟	開漳聖王	鳳山區	鎮西里忠義街 132 號	道教	募建	管理委員 會制	(07)7471659	陳梅芳
鳳邑 養心社 啟善堂	關聖帝君	鳳山區	瑞竹里 18 鄰鎮東 2 巷 12 之 1 號	道教	未填	管理委員 會制	(07)7427693	黃海含
鳳邑 學心社 慈善堂	關聖帝君	鳳山區	鳳明街 68 號	道教	募建	管理人 (住持)制	(07)7418675	蘇清江
保興宮	保生大帝	鳳山區	自由路 138 號	道教	募建	管理委員 會制	(07)7467308	蔡增男
慈青堂	何仙姑	鳳山區	忠孝里 11 鄰青年路 2 段 103 巷 22 號	道教	募建	管理人 (住持)制	(07)7428565	陳世傑
鳳山 代天府	五府千歲	鳳山區	瑞竹里中山東路 229 巷 22 之 1 號	道教	募建	管理委員 會制	(07)7465202	蔡忠勇
樂善堂	張天師	鳳山區	鎮西里文聖街 70 號	道教	募建	管理委員 會制	(07)7424823	謝明照
南誠堂	觀音佛祖	鳳山區	鎮西里 15 鄰中山西 路 80 巷 9 號	道教	募建	管理委員 會制	(07)7470869	施正壽
田南宮	田都元帥	鳳山區	和興里 22 鄰樂園街 8 號	道教	未填	管理委員 會制	未填	王明節
代天宮	五府千歲	鳳山區	瑞興里瑞芳街 411 號	道教	募建	管理委員 會制	(07)7416499	黃勝宏
鳳邑 省化社 喚善堂	王天君	鳳山區	瑞興路 180 號	道教	募建	管理委員 會制	(07)7466311	呂清森
精妙宮	巧聖先師	鳳山區	瑞竹里中山東路 219 巷 21 號	道教	募建	管理委員 會制	(07)7466882	張耀成
龍成宮	天上聖母	鳳山區	五甲 2 路 730 巷 6 號	道教	募建	管理委員 會制	(07)8312677	黃振塊
明善寺	觀世音菩薩	鳳山區	黃埔路 57 號	佛教	募建	管理人 (住持)制	(07)7460410	釋悟清
法元寺	釋迦牟尼佛	鳳山區	博愛路 571 號	佛教	募建	管理人 (住持)制	(07)7463207	釋宜定
鳳邑 修心社 靈善堂	靈官 王天君	鳳山區	興仁街安寧街 250 巷 1 號	道教	募建	管理委員 會制	(07)7427739	蔡宏雄
清和宮	五福大帝	鳳山區	興仁里 38 鄰安寧街 53 號	道教	募建	管理委員 會制	(07)7413814	楊超玉
寶善堂	阿彌陀佛	鳳山區	和德里中山路 5 巷 8 號	佛教	募建	管理人 (住持)制	(07)7463506	王志傑
城隍廟	城隍尊神	鳳山區	鳳崗里 17 鄰鳳明街 66 號	道教	募建	管理委員 會制	(07)7468360	楊獻欽
鳳邑 福能宮	福德正神	鳳山區	北門里鳳松路 20 巷 5 號	道教	募建	管理委員 會制	(07)7469488	張加引
雙慈亭	天上聖母	鳳山區	三民路 285-1 號	道教	募建	管理委員 會制	(07)7468637	蘇榮銓

附錄 10：明德社喜善堂各科善書恩師更迭表

	創堂初期	明燈引本	正道歸宗	救世醫鑑	儒宗正俗	六書傳世	儒宗明燈
正主席	南宮 柳星君	南宮 柳星君	南宮 柳星君	南宮 柳星君	南宮 柳星君	南宮 柳星君	南宮 柳星君
副主席	八隆宮 池府千歲	八隆宮 池府千歲	八隆宮 池府千歲	八隆宮 池府千歲	八隆宮 池府千歲 流溝 文衡聖帝	八隆宮 池府千歲 流溝 文衡聖帝	八隆宮 池府千歲 流溝 文衡聖帝
正馳聘	南天 辛天君	南天 辛天君	南天 辛天君	南天 辛天君	南天 辛天君	南天 辛天君	南天 辛天君
副馳聘	無	南天 周天君	南天 周天君	南天 周天君	南天 周天君	福龍宮 吳府千歲	福龍宮 吳府千歲
功過司	鳳邑 威靈顯赫	鳳邑 威靈顯赫	鳳邑 威靈顯赫	鳳邑 威靈顯赫	鳳邑 威靈顯赫	鳳邑 威靈顯赫	鳳邑 威靈顯赫
副功過司	無	無	無	無	南天 夫炎尊王	南天 夫炎尊王	南天 夫炎尊王
正主筆司	無	吳家 文衡聖帝	八隆宮 福德正神	吳家 文衡聖帝	吳家 文衡聖帝	吳家 文衡聖帝	吳家 文衡聖帝
副主筆司	無	無	無	無	南天 使者 何	南天 使者 何	南天 使者 何
正主壇司	青雲宮 神農大帝	青雲宮 神農大帝	青雲宮 神農大帝	青雲宮 神農大帝	青雲宮 神農大帝	青雲宮 神農大帝	青雲宮 神農大帝
副主壇司	無	無	無	無	八隆宮 福德正神	八隆宮 福德正神	八隆宮 福德正神
正鸞務監察神	無	無	無	無	無	黃府城隍 徐	黃家城隍 徐
副鸞務監察神	無	無	無	無	無	林府 清水祖師 紀	林家 清水祖師 紀
司禮神	虯龍居 福德正神	八隆宮 福德正神	虯龍居 福德正神	虯龍居 福德正神	南天 使者 林	南天 使者 林	南天 使者 林

資料來源：不著撰人，《儒宗明燈》（高雄：鳳邑明德社喜善堂，2011），頁 9-12。

附錄 11：聯著《明道》恩師一覽表

聯堂職務	神祇	備註
主理	都天糾察靈官　　王	靈善堂、啟善堂正主席
	南宮太乙星君　　柳	喜善堂正主席、 靈善堂、啟善堂副主席
	龍虎山慈濟真君　　許	舉善堂、明善堂、挽善堂正主席
	龍虎山天師　　張	樂善堂正主席
	南天御前護駕　　襲	慈善堂正主席
	五福大帝應靈公　　鍾	養靈堂正主席
	龍成宮天上聖母　　林	啟成堂正主席
	協善堂玄天上帝　　柯	協善堂正主席
副主理	順天府成都大帝　　革	舉善堂、明善堂副主席
	雙慈亭天上聖母　　林	慈善堂、挽善堂副主席
	八隆宮千歲　　池	喜善堂副主席
	五福大帝赫靈公　　趙	養靈堂副主席
	神農大帝　　陳	樂善堂副主席
	龍成宮清水祖師　　董	啟成堂副主席
正馳聘	南天天君　　溫	
	南天天君　　鄧	
副馳聘	南天元帥　　黃	
	南天元帥　　趙	
主壇司	鎮南宮仙師　　呂	下菜園庄境主
	開漳聖王　　關	竹巷庄境主
主筆司	文衡殿聖帝　　張	赤山庄境主
	龍山寺佛　　徐	草店尾公廟
功過司	威靈顯赫　　蘇	鳳邑新治城隍尊神
司禮神	西園宮劉府千歲　　馬	白大路公廟
	鎮安宮文衡聖帝　　劉	田仔下公廟
	北極殿玄天上帝　　呂	竹仔腳境主
	清德堂普庵祖師　　周	養靈堂正馳聘
	城德堂托塔天王　　李	該廟位於何處不詳，今鳳山城隍廟內有一空間奉祀城德堂五福大帝劉部靈公
	靈善堂司禮神　　黃	

資料來源：

1. 不著撰人，《明道（智部）》，頁 11-12。
2. 筆者實地田野調查所得。

附錄 12：聯著《明道》恩師與聚落對應表

聯堂職務	所屬鸞堂	神祇	廟宇位置	所屬聚落	祭祀範圍
主理	養靈堂	白龍庵（清德堂） 五福大帝　鍾	縣城內	南門	部分和德里
	啟成堂	龍成宮天上聖母　林	縣城外	五甲	鎮南里
					五福里
					福成里
					福興里
					福祥里
					富甲里
					富榮里
					部分美善里
					部分南成里
					天興里
					大德里
					南和里
					龍成里
副主理	慈善堂	雙慈亭天上聖母　林	縣城內	大廟口	幾近全鳳山
	挽善堂				
	啟成堂	龍成宮清水祖師　董	縣城外	五甲	鎮南里
					五福里
					福成里
					福興里
					福祥里
					富甲里
					富榮里
					部分美善里
					部分南成里
					天興里
					大德里
					南和里
					龍成里
	養靈堂	白龍庵（清德堂） 五福大帝　趙	縣城內	南門	部分和德里

（續上表）

聯堂職務	所屬鸞堂	神祇	廟宇位置	所屬聚落	祭祀範圍
主壇司	無	鎮南宮孚佑帝君 呂	縣城外	下菜園	部分和德里
					部分新強里
					興中里
					部分協和里
					國泰里
					國光里
					國隆里
					國富里
					和興里
	舉善堂	開漳聖王廟 開漳聖王 關	縣城外	竹巷	部分鎮西里
					中和里
					忠義里
					忠孝里
主筆司	明善堂	文衡殿文衡聖帝	縣城外	赤山	文山里
					文英里
					文華里
					文德里
					文福里
					文衡里
	無	龍山寺觀音佛祖 徐	縣城內	草店尾	幾近全鳳山
功過司	舉善堂系譜下之鸞堂	鳳邑城隍尊神 蘇	縣城內	城隍廟街	全鳳山
司禮神	舉善堂 靈善堂	西園宮劉府千歲 馬	縣城內	白大路	部分興仁里
	舉善堂 靈善堂	鎮安宮文衡聖帝 劉	縣城內	田仔下	南興里
	啟善堂	北極殿玄天上帝 呂	縣城外	竹仔腳	部分三民里
					鎮東里
					瑞竹里
					瑞興里
					新興里
	養靈堂	白龍庵（清德堂）普庵祖師 周	縣城內	南門	部分和德里
	無	城德堂托塔天王 李	縣城內	不詳	不詳

資料來源：

1. 不著撰人，《明道（智部）》，頁 11-12。

2. 林美容，《高雄縣民間信仰》（高雄：高雄縣政府，1997），頁 229-257。

3. 施添福總編纂，《臺灣地名辭書卷五：高雄縣第二冊（上）》，頁 328-331。

國家圖書館出版品預行編目（CIP）資料

臺灣鳳邑儒教聯堂的飛鸞勸化與其社會網絡／邱延
洲作 . -- 初版 . -- 高雄市：高市史博館，
2016.12
面；公分 . --（高雄研究叢刊；第 3 種）
ISBN 978-986-05-1683-8（平裝）

1. 民間信仰 2. 宗教與社會 3. 臺灣

733.08 106000028

高雄研究叢刊　第 3 種

臺灣鳳邑儒教聯堂的
飛鸞勸化與其社會網絡

作　　者　邱延洲
策畫督導　曾宏民
策劃執行　李旭騏、王興安

高雄史料集成編輯委員會
召 集 人　吳密察
委　　員　李文環、陳怡宏、陳計堯、楊仙妃、謝貴文

執行編輯　王珮穎、李麗娟
美術編輯　施于雯
封面設計　闊斧設計

發 行 人　楊仙妃
出版發行　行政法人高雄市立歷史博物館
地　　址　803 高雄市鹽埕區中正四路 272 號
電　　話　07-5312560
傳　　真　07-5319644
網　　址　http://www.khm.gov.tw

共同出版　巨流圖書股份有限公司
地　　址　802 高雄市苓雅區五福一路 57 號 2 樓之 2
電　　話　07-2236780
傳　　真　07-2233073
網　　址　http://www.liwen.com.tw
郵政劃撥　01002323 巨流圖書股份有限公司
法律顧問　林廷隆律師
登 紀 證　局版台業字第 1045 號

　ISBN　978-986-05-1683-8（平裝）
　GPN　1010503186
初版一刷　2016 年 12 月

定價：320 元

（本書如有破損、缺頁或倒裝，請寄回更換）